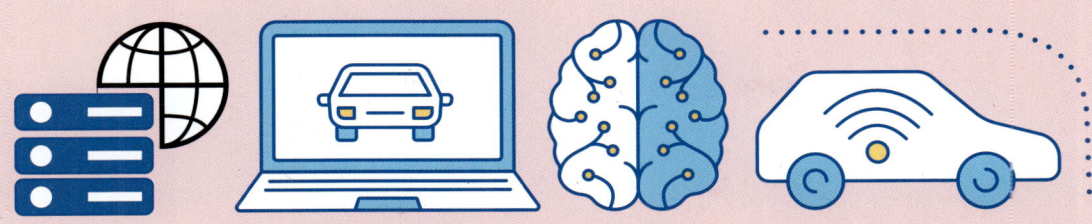

파이썬으로 구현하는
AI 자율주행 자동차
with 아두이노 자동차 만들기

1단계 AI 자율주행 자동차 만들고 웹서버로 조종하기

2단계 파이썬 기초 익히기

3단계 OpenCV를 활용한 자동차 조종하기

4단계 인공지능 자율주행 자동차 만들기

5단계 OpenCV 자율주행 자동차 만들기

6단계 인공지능 객체 검출하여 자율주행하기

1단계 아두이노 자동차 개발환경 구성

2단계 아두이노 자동차 기능 테스트

3단계 웹서버로 조종하는 자동차 만들기

앤써북
ANSWERBOOK

파이썬으로 구현하는
AI 자율주행 자동차
with 아두이노 자동차 만들기

초판 1쇄 발행 | 2023년 11월 10일

지은이 | 장문철
펴낸이 | 김병성
펴낸곳 | 앤써북

출판사 등록번호 | 제 382-2012-0007 호
주소 | 파주시 탄현면 방촌로 548
전화 | 070-8877-4177
FAX | 031-942-9852
도서문의 | 앤써북 http://answerbook.co.kr
ISBN | 979-11-93059-11-1 13000

- 이 책의 일부 혹은 전체 내용을 무단 복사, 복제, 전재하는 것은 저작권법에 저촉됩니다.
- 본문 중에서 일부 인용한 모든 프로그램은 각 개발사(개발자)와 공급사에 의해 그 권리를 보호합니다.
- 앤써북은 독자 여러분의 의견에 항상 귀기울이고 있습니다.

[안내]
- 이 책의 내용을 기반으로 실습 및 운용 결과에 대해 저자, 소프트웨어 개발자 및 제공자, 앤써북 출판사, 서비스 제공자는 일체의 책임지지 않음을 안내드립니다.
- 이 책에 소개된 회사명, 제품명은 각 회사의 등록 상표 또는 상표이며 본문 중 TM, ⓒ, ® 마크 등을 생략하였습니다.
- 이 책은 소프트웨어, 플랫폼, 서비스 등은 집필 당시 신 버전으로 설명하였습니다. 단, 독자의 학습 시점에 따라 책의 내용과 일부 다를 수 있습니다.

Preface
머리말

인공지능을 활용한 다양한 어플리케이션이 삶의 다양한 영역으로 확장되고 있습니다. 그림 생성, 음악 생성, 컨텐츠 추천, 광고 추천 등 다양한 분야에서 인공지능이 활용되고 있습니다. 특히, 이 책에서는 자율주행 자동차를 중점적으로 다룹니다.

이 책은 이미지 처리를 통해 자율주행을 구현하는 방법을 파이썬 코드를 사용하여 설명하며, 이를 이해하고 습득하는 것을 목표로 합니다. 또한, 실제 자율주행 자동차를 구현해보며 인공지능을 이해하고 활용하는 것을 목표로 하고 있습니다.

이 책은 크게 두 부분으로 나누어져 있습니다. 첫 번째 부분에서는 PC에서 파이썬을 사용하여 자율주행 자동차를 만드는 과정을 다룹니다. 이 챕터에서는 파이썬 코드를 사용하여 인공지능을 어떻게 적용하며, 영상 처리를 어떻게 수행하는지에 대한 학습이 이루어집니다.

두 번째 부분에서는 아두이노를 활용하여 웹을 통한 영상 스트리밍 및 원격 조종이 가능한 자동차를 만드는 것이 목표입니다. 이 과정에서 아두이노를 이용한 웹 서버 구축, 모터 제어, OLED 등에 대한 학습이 이루어지며, 최종적으로는 웹을 통해 조종 가능한 자동차를 제작합니다.

이 책을 통해 직접 인공지능 자율주행 자동차를 만들어보며 인공지능을 이해하고 파이썬과 아두이노를 습득하길 바랍니다.

마지막으로, 이 책의 완성에 기여해준 아내와 딸 다인에게 감사의 인사를 전합니다.

2023년 10월
저자 장문철

Reader Support Center
독자 지원 센터

독자 지원 센터는 이 책을 보는데 필요한 책 소스 파일, 독자 문의 등 책을 보는데 필요한 사항을 지원합니다.

책 소스 및 프로젝트 파일

이 책과 관련된 실습 소스 및 프로젝트 파일은 앤써북 카페(answerbook.co.kr)의 [도서별 독자 지원 센터]-[파이썬으로 구현하는 AI 자율주행 자동차] 게시판을 클릭합니다. 5480번 〈파이썬으로 구현하는 AI 자율주행 자동차 with 아두이노 자동차 만들기_ 책 소스 및 정오표〉 게시판 공지글을 클릭한 후 안내에 따라 다운로드 받으시면 됩니다.

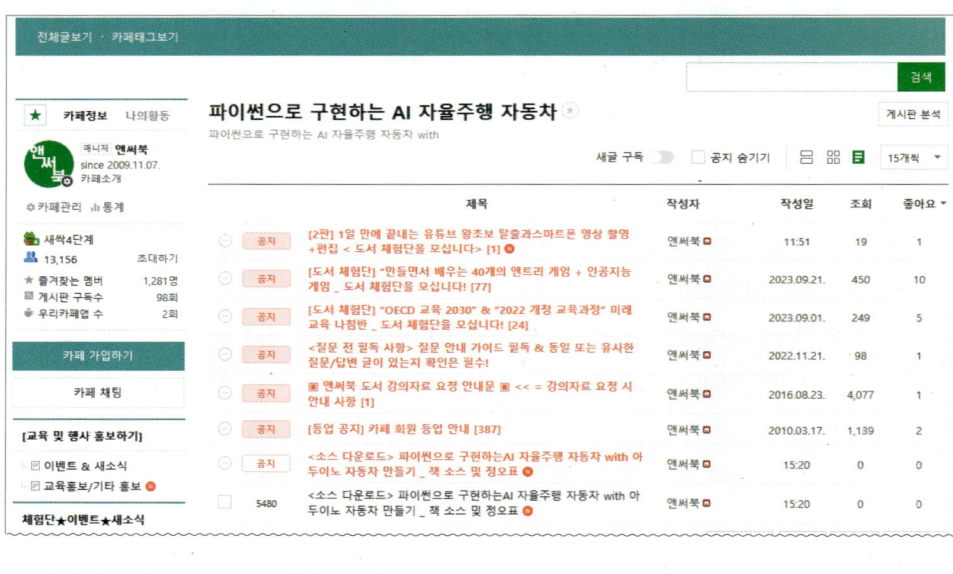

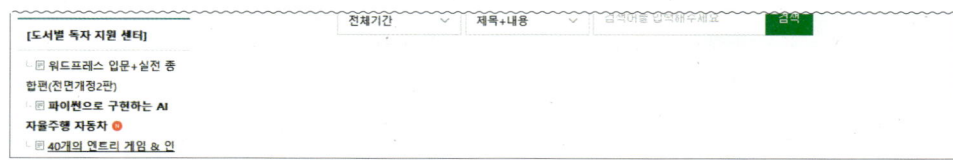

독자 문의

이 책과 관련된 실습 소스 및 프로젝트 파일은 앤써북 카페(answerbook.co.kr)의 [도서별 독자 지원 센터]–[도서별 독자 지원 센터]–[파이썬으로 구현하는 AI 자율주행 자동차] 게시판을 클릭합니다. 우측 아래의 [글쓰기] 버튼을 클릭한 후 제목에 다음과 같이 "[문의] 페이지수, 질문 제목"을 입력하고 질문 내용을 작성한 후 [등록] 버튼을 클릭하여 등록합니다.

[안내]
질의글은 저자님께서 최대한 빠른시간에 답변드릴 수 있도록 안내합니다. 단, 답변이 난해한 질문, 책 실습과 직접 연관되지 않은 질문, 과도한 질문, 기타 답변이 곤란한 질문 등은 답변 받지 못할 수도 있으며, 답변은 의무 사항이 아니며 미답변이 책 반품과 같은 사유가 될 수 없음을 안내드립니다.

Reader Support Center
이 책의 실습 준비물

이 책의 실습에 필요한 아두이노 AI 자동차 부품 구성품입니다.

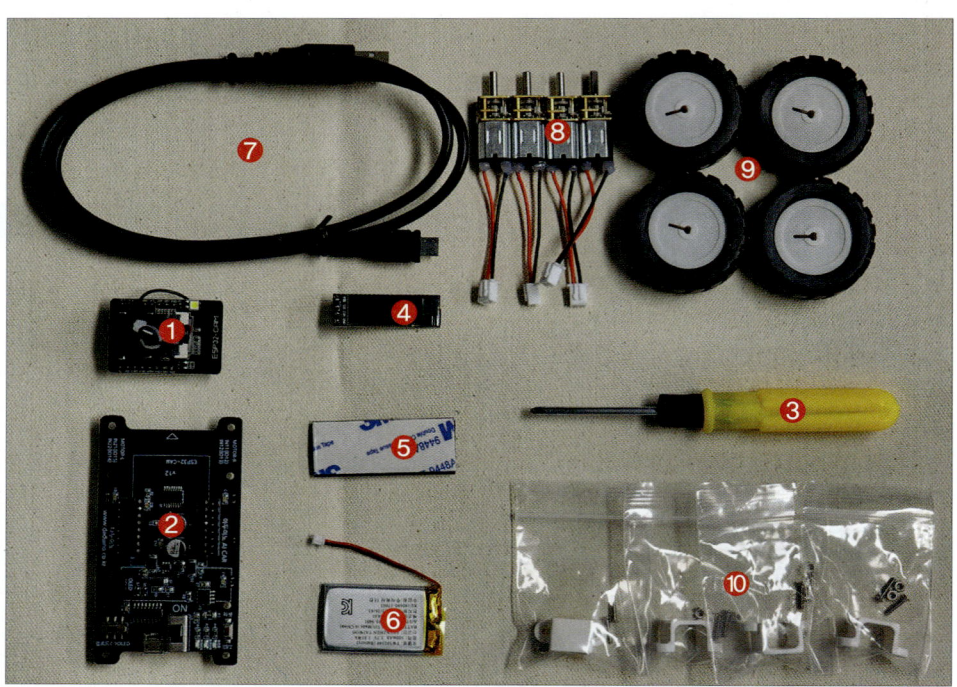

번호	이름	수량
❶	ESP32 CAM 모듈(옵션상품)	1
❷	AI 자동차 바디	1
❸	+- 변신드라이버	1
❹	OLED	1
❺	벨크로 테이프 1쌍	1

번호	이름	수량
❻	리튬폴리머 배터리	1
❼	USB케이블(옵션상품)	1
❽	N20 모터	4
❾	바퀴	4
❿	모터 지지대	4

▶ **파이썬으로 구현하는 AI 자율주행 자동차 키트 구매 안내**
〈파이썬으로 구현하는 AI 자율주행 자동차〉는 위 구성품 모두를 포함합니다. 단, ESP32 CAM 모듈과 USB케이블 등은 옵션이기 때문에 필요한 분은 선택 구매할 수 있습니다.
▶ **키트명 : 파이썬으로 구현하는 AI 자율주행 자동차**
▶ **구매처 : 다두이노 www.daduino.co.kr**

Contents
목차

CHAPTER 01
자율주행 자동차 시작

자율주행 자동차란 • 13
AI 자동차 조립하기 • 15
    구성품 리스트 • 15
    조립하기 • 16
    아두이노 AI 자동차 부위 명칭 • 22
    각 부위에 따른 명칭 • 22
    자동차 웹으로 접속하여 조종하기 • 23

CHAPTER 02
개발환경구성 및 파이썬 기초 문법 익히기

파이썬이란 • 29
파이썬 언어의 특징 및 장점 • 29
파이썬 개발환경 구성 • 30
아나콘다 다운로드 및 설치 • 31
VS Code(비주얼스튜디오코드) 다운로드 및 설치 • 36
VS Code(비주얼스튜디오코드)에 유용한 기능 설치 • 41
파이썬 기초 문법 • 43
    (1) print • 43
    (2) input • 49
    (3) 변수 – 숫자형, 문자형, 소수점형, BOOL형 • 51
    (4) 자료형 – 리스트, 튜플, 디셔너리, set • 54
    (5) 연산 – 사칙연산, 논리연산, 비교연산 • 58
    (6) 조건문 • 62
    (7) 반복문 – while, for 반복문 • 65
    (8) 오류 및 예외처리 • 69
    (9) 함수 • 71
    (10) 클래스 • 73
    (11) 주석 • 76
    (12) import • 78
    (13) 변수의 범위 • 79

Contents
목차

CHAPTER 03
OpenCV를 활용한 자동차 조종하기

작업영역 폴더 추가하기 • 81
OpenCV로 자동차 영상 받기 • 83
    자율주행 자동차 영상 스트리밍 데이터 확인 • 84
    영상 프트리밍 데이터 OpenCV를 이용하여 영상 출력 • 86
    이미지의 아랫부분 1/2만 잘라 출력하기 • 88
    이미지의 사이즈를 224×224로 조절 • 89
OpenCV로 자동차 조종하기 • 91
    OpenCV를 이용한 키보드 값 확인 • 91
    키보드 값에 따른 조건문 추가 • 93
    조종 기능을 추가하여 자동차 조종하기 • 95

CHAPTER 04
인공지능 자율주행 자동차 만들기

트랙 만들기 • 99
주행 이미지 데이터 수집하기 • 102
    폴터 생성하고 이미지 1장 저장하기 • 102
    주행 이미지 저장하기 • 105
    주행 데이터 모으기 • 110
수집된 데이터 학습하기 • 111
학습데이터 적용하여 자율주행 • 118
    티처블머신의 예측 예제코드로 확인하기 • 168
    쓰레드를 이용하여 영상 수신부와 분리 • 121
    경로 예측 • 123
    자율주행 • 127
    95% 이상일 때만 조종하여 성능 높이기 • 130
    주요 변경 사항 • 132

Contents
목차

OpenCV를 자율주행 자동차 만들기

라이브러리 설치하기 • 135
OpenCV로 영상처리 하기 • 135
자동차의 영상을 OpenCV를 이용하여 출력하기 • 135
색상 필터링으로 검정색 선 추출 • 137
영상처리를 통한 무게 중심 찾기 • 140
OpenCV로 자율주행하기 • 143
영상처리를 통한 자율주행 완성 • 143
쓰레드를 이용하여 자율주행 성능 높이기 • 146

인공지능 객체 검출하여 자율주행하기

라이브러리 설치 • 151
객체 이미지 인쇄하기 • 151
Yolo를 이용한 객체 검출하기 • 153
yolov5 기본 모델 사용해서 객체 검출하기 • 153
새로운 객체를 라벨링하여 추가하기 • 158
버튼을 눌러 이미지 저장하기 • 158
Yolov5 모델 라벨링하기 • 160
Yolov5 모델 학습하기 • 171
학습한 객체 검출하기 • 179
쓰레드 사용하여 객체 검출 • 181
객체 탐지를 자율주행에 구현하기 • 184
자율주행과 객체 검출 동시에 사용하기 • 184
자율주행에 객체 검출 결과 반영하기 • 188

Contents
목차

CHAPTER 07 아두이노 자동차 개발환경 구성

아두이노란? • 195
    아두이노란 무엇인가? • 195
    우리는 아두이노를 어떻게 동작 시키는가? • 196
    아두이노로 무엇을 만들 수 있나? • 196
    왜 세계 여러 사람이 아두이노를 사용하는가? • 197
    인공지능과 아두이의 만남 • 197
    아두이노 보드 종류 • 198

아두이노 설치하기 • 203

아두이노에 ESP32 개발환경 구성하기 • 209

CHAPTER 08 아두이노 자동차 기능 테스트

    아두이노 코드 폴더 구조 • 217

LED 테스트 • 218
    2초마다 LED를 깜빡이는 코드 • 218
    LED의 밝기를 점점 밝게하는 코드 • 219
    map 함수 사용 밝기를 점점 밝게하는 코드 • 221

시리얼통신 • 223
    시리얼통신으로 1초마다 hello 전송 • 223
    시리얼통신으로 1초마다 hello 전송 줄바꿈 • 224
    통신속도 변경 • 225
    통신으로 응답하기 • 226
    통신으로 LED 밝기조절 • 227

모터 구동하기 • 229
    모터를 정방향으로 동작 • 229
    자동차를 전진, 후진, 좌회전, 우회전으로 동작 • 230
    자동차의 이동 방향을 함수를사용하여 간결하게 수정 • 232

Contents
목차

OLED 테스트 • 236
    라이브러리 설치 • 236
    OLED를 테스트하는 코드 • 236
    OLED와 모터를 같이 사용하기 • 238

EEPROM 테스트 • 241
    EPROM에 데이터 쓰기 • 241
    EPROM에 데이터 읽기 • 242
    EPROM에 랜덤한 이름 부여하기 • 243

WIFI 접속 • 245

CHAPTER 09
웹 서버로 조종하는 자동차 만들기

라이브러리 설치 • 252
웹서버로 조종하는 자동차 최종 코드 작성하기 • 251
코드 설명 • 265

CHAPTER 01

자율주행 자동차 시작

자율주행 자동차에 대해 알아보고 실습을 위한 자동차를 조립합니다. 조립을 완료하면 웹서버를 통해 자동차를 조종합니다.

자율주행 자동차란

"자율주행 자동차"란 운전자 또는 승객의 조작 없이 자동차 스스로 운행이 가능한 자동차를 말합니다. (자동차관리법 제2조 제1호의3)

오늘날 테슬라, 구글, 우버, GM 및 현대, 기아 자동차 등 많은 자동차 회사들은 실제 도로에서 달릴 수 있는 자율주행 자동차를 만들기 위해 노력하고 있습니다. 또한 실제로 운전자의 많은 개입이 없이 주행할 수 있는 반자율 자동차는 활발하게 시장에서 판매되고 있습니다. 많은 전문가들은 30년 이내에 거의 모든 자동차가 자율주행 자동차가 될 것으로 예측하고 있습니다.

미국의 자동차기술 학회의 자율주행기술은 6단계의 자율주행단계로 나누었습니다.

단계	특징	내용
Level 0	비자동화	운전자가 전적으로 모든 조작을 제어
Level 1	운전자 지원	속도 및 차간거리 유지, 차선 유지 등 일부분
Level 2	부분 자동화	특정 상황에서 일정 시간동안 보조주행, 필요시 운전자가 즉시 개입
Level 3	조건부 자동화	고속도로와 같은 조건에서 자율주행, 필요시 운전자가 즉시 개입
Level 4	고도 자동화	제한 상황을 제외한 대부분의 도로에서 자율주행
Level 5	완전 자동화	탑승자는 목적지만 입력, 운전대와 페달 제거 가능

0~2단계에서는 주행 중 발생하는 변수를 사람이 감지하지만 3~5단계에서는 컴퓨터가 감지합니다. 4~5단계에서는 운전의 주체가 인간이 아닌 컴퓨터가 됩니다.

테슬라는 2021년 기준으로 자율주행 기능을 탑재한 자동차를 가장 많이 판매한 회사입니다. 자동차는 인터넷에 연결되어 주행데이터를 서버로 전송합니다. 전송된 데이터는 뉴럴 네트워크 시각 인식 기술을 사용하여 자율주행 기능을 실행합니다. 인간이 볼 수 있다면 자동차도 볼 수 있다는 철학으로서, 전방을 탐지하는 1개의 레이더 센서와 12개의 초음파센서, 거리에 따른 전방 카메라 3대, 후방 1개, 전우측, 전좌측, 후우측, 후좌측 각각 1개씩 총 8개의 카메라를 장착하여 개발되고 있습니다.

현재 가장 많은 자율주행 양산차를 판매하고 테슬라의 모든 차량은 인터넷에 연결되어 있습니다. 가장 많은 실제 운행 데이터 베이스를 가지고 있고, 이는 무엇보다 시내 운행에서 큰 도움이 됩니다. 고속도로에서의 자율주행의 경우 대다수의 기업이 완성 단계에 가까워졌다고 평가받는 반면, 일반 도로에는 보행자, 자전거, 바이크와 같은 각종 장애물 및 과속 방지턱, 신호등, 오거리, 고차로, 지하차도와 희미한 차량 경계선 등 시내는 난이도면에서 고속도로와는 비교도 어려울 만큼 문제를 많이 가지고 있습니다. 게다가 연구소나 트랙에서는 실제 시내 환경과 아무리 유사하게 환경을 만들더라도 어쩔 수 없이 변수는 언제나 발생할 수 있습니다. 시내 주행의 경우 많은 주행 데이터를 확보할수록 더욱 완성도 높은 자율주행 기술을 만들 수 있으므로 테슬라가 경쟁 기업보다는 유리한 면이 있습니다.

2020년 테슬라 완전자율주행 기능완성 베타의 시내 주행 표시 화면입니다. 많은 정보를 포함하고 있습니다.

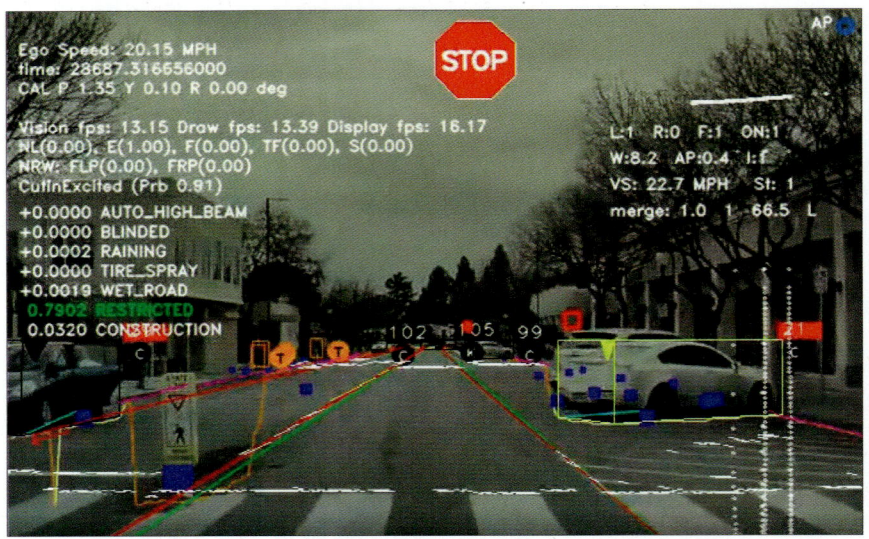

우리는 자동차를 전문적으로 생산하는 대기업이 사용하는 것과 동일한 기술을 사용하여 나만의 자율주행 자동차를 만드는 것을 목표로 하였습니다. 주행하여 영상을 획득하고 획득한 영상을 바탕으로 딥러닝하여 자율주행을 합니다. 앞에 장애물이 있을 경우 멈추는 기능도 만들어봅니다. 물론 자동차를 전문적으로 생산하는 대기업에 비교하여 연산 기능이나 센서 등의 성능이 떨어지지만 데이터를 모으고 학습하는 원리는 같습니다.

AI 자동차 조립하기

이 책의 실습에 필요한 AI 자동차를 조립합니다.

이 책의 실습으로 사용할 AI 자동차 조립을 위해 다음 구성품을 확인합니다. 모든 구성은 키트로 구매하면 편리합니다.

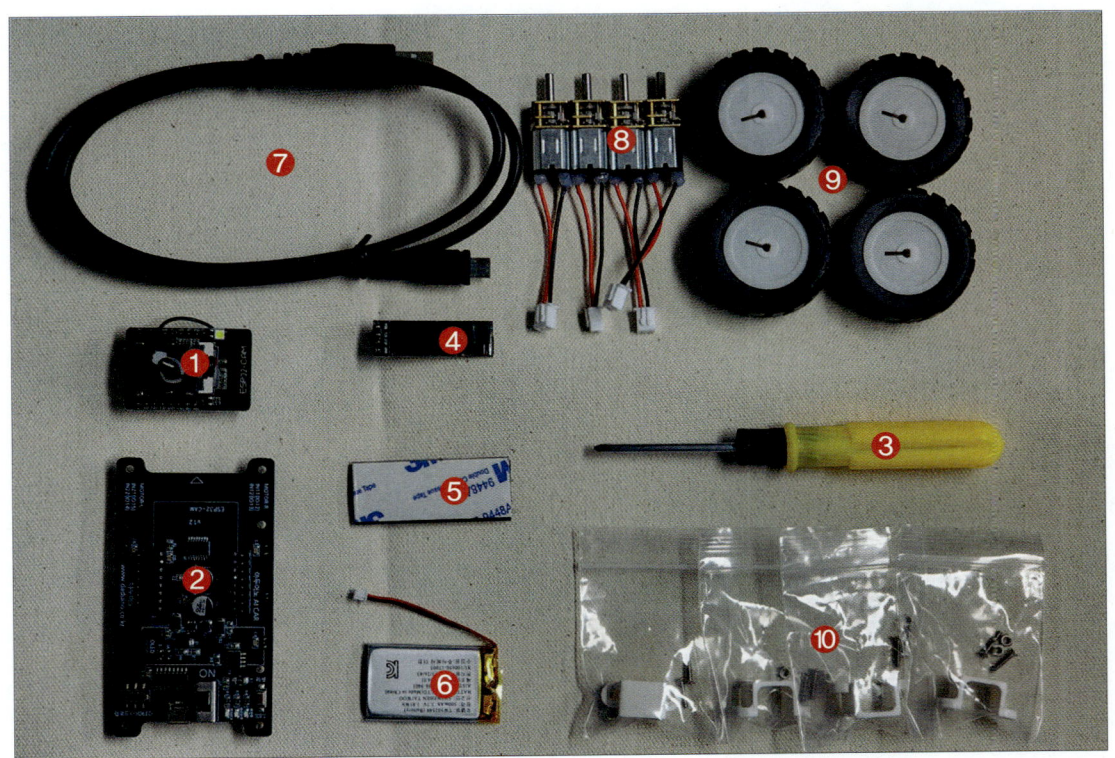

구성품 리스트

번호	이름	수량
❶	ESP32 CAM 모듈(옵션상품)	1
❷	AI 자동차 바디	1
❸	+- 변신드라이버	1
❹	OLED	1
❺	벨크로 테이프 1쌍	1
❻	리튬폴리머 배터리	1
❼	USB케이블(옵션상품)	1
❽	N20 모터	4
❾	바퀴	4
❿	모터 지지대	4

▶ **파이썬으로 구현하는 AI 자율주행 자동차 키트 구매 안내**
〈파이썬으로 구현하는 AI 자율주행 자동차〉는 위 구성품 모두를 포함합니다. 단, ESP32 CAM 모듈과 USB케이블 등은 옵션이기 때문에 필요한 분은 선택 구매할 수 있습니다.
▶ 키트명 : 파이썬으로 구현하는 AI 자율주행 자동차
▶ 구매처 : 다두이노 www.daduino.co.kr

조립하기

01 [AI 자동차 바디], [리튬폴리머 배터리], [벨크로 테이프 1쌍]을 준비합니다.

02 [벨크로 테이프 1쌍]에서 거친 부분은 [AI 자동차 바디]에 부착하고 부드러운 부분은 [리튬폴리머 배터리]에 부착합니다.

03 [AI 자동차 바디]와 [리튬폴리머 배터리]를 부착합니다. 아직 전원 커넥터는 연결하지 않습니다.

04 [N20 모터] 4개와, [모터 지지대] 4개를 준비합니다.

05 [모터 지지대]에 너트를 넣습니다. [+- 변신드라이버]의 -극성을 이용하여 너트를 늘러서 넣습니다. [+- 변신드라이버]의 노란색 손잡이부분과 검정색 몸통부분을 잡고 힘을주어 빼면 드라이버의 극성을 바꿀 수 있습니다.

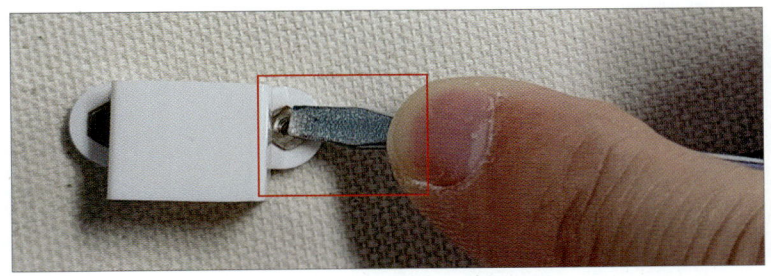

06 너트를 넣은 [모터 지지대]와 볼트, [N20모터]를 준비합니다.

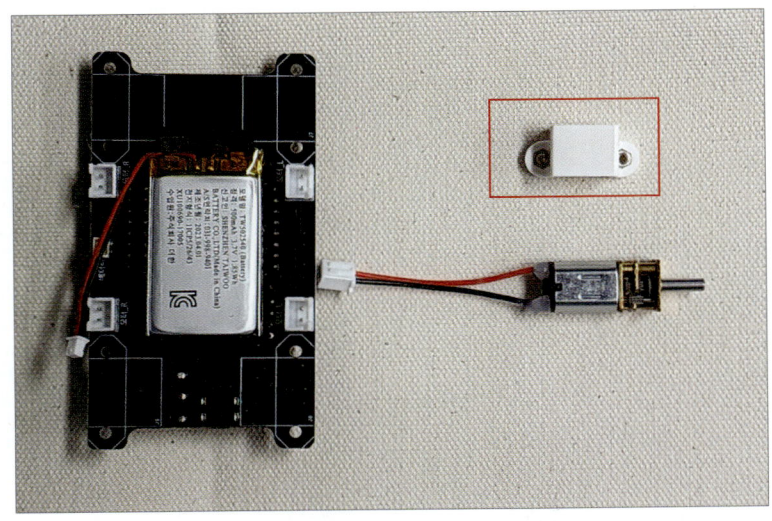

07 [+- 변신드라이버]의 + 극성을 이용하여 볼트를 결합합니다. 모터의 방향은 상관없이 조립을 진행합니다. 어느방향으로 조립하더라도 모터의 방향은 동일합니다.

08 위에서 조립된 모습입니다.

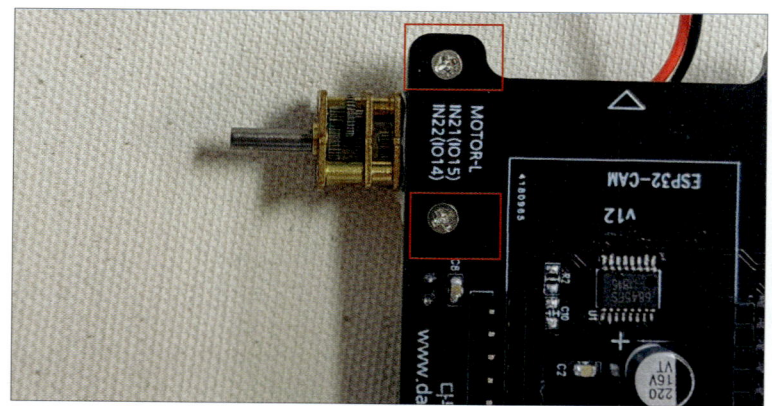

09 조립된 모터는 바로 옆의 커넥터에 연결합니다.

10 [N20 모터]를 4개 모두 조립합니다.

11 배터리의 커넥터를 연결합니다.

12 [바퀴] 4개를 준비합니다.

13 [N20 모터]의 축과 [바퀴]를 조립합니다. 홈에 맞추어 바퀴를 끼워 조립합니다.

14 바퀴의 조립을 완료하였습니다.

15 [ESP32 CAM 모듈]과 [OLED]를 준비합니다.

16 [ESP32 CAM 모듈]과 [OLED]를 방향에 맞추어 커넥터에 연결합니다.

17 AI 자동차의 조립을 완료하였습니다.

아두이노 AI 자동차 부위 명칭

아두이노 AI 자동차의 각 부위의 명칭입니다.

각 부위에 따른 명칭

번호	이름	기능
❶	ESP32 CAM	카메라 및 제어부
❷	OLED	wifi 접속정보 표시
❸	업로드 <-> OLED 스위치	업로드와 OLED선택
❹	USB 커넥터	업로드 및 배터리충전 USB커넥터
❺	전원 스위치	전원 On Off
❻	리셋 스위치	보드 리셋

자동차 웹으로 접속하여 조종하기

[업로드<->OLED] 스위치의 방향은 [OLED]로 설정한 다음 전원 스위치를 ON으로 합니다. OLED에 wifi 접속을 위한 SSID와 PASS가 표시되지 않는다면 [리셋] 버튼을 눌러 초기화합니다. 또는 보드의 프로그램이 업로드 되어 있지 않다면 "9장 웹서버로 조종하는 자동차 만들기"를 참고하여 [9-last.ino] 파일을 아두이노 AI 자동차에 업로드합니다.

OLED에 표시된 SSID와 PASS를 확인합니다. 비밀번호는 123456789로 모든 자동차가 동일합니다.

윈도우에서 [검색]에서 "핫스팟"을 검색 후 [모바일 핫스팟]을 클릭하여 설정으로 이동합니다.

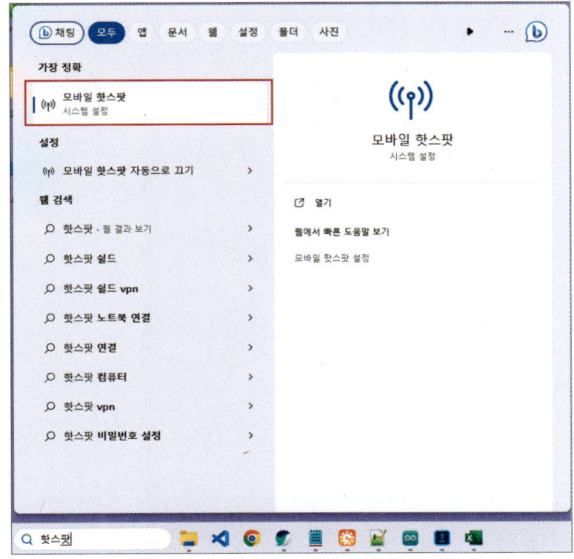

[모바일 핫스팟] 설정에서 [편집]을 눌러 네트워크 속성을 수정합니다.

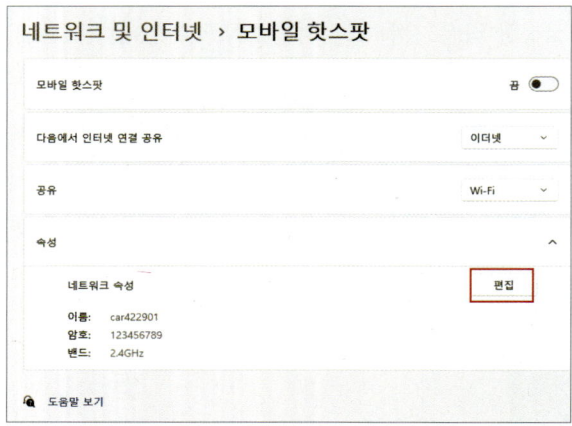

네트워크 이름은 자동차에 표시된 SSID 부분의 이름을 입력합니다. 비밀번호는 123456789로 입력합니다.

네트워크 대역은 2.4G로 설정합니다. 네트워크 대역이 보이지 않는다면 현재 연결된 네트워크 대역으로 자동설정된 것입니다.

※ 5G 인터넷을 통해 wifi에 접속한 경우 자동으로 5G의 대역으로 핫스팟이 설정됩니다. wifi를 2.4G대역의 인터넷에 연결한 다음 진행합니다. 아두이노 AI 자동차의 경우 2.4G 대역만 연결이 가능합니다.

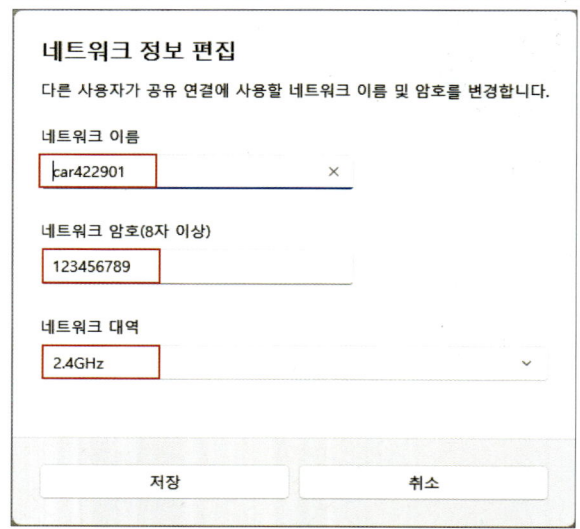

유선랜을 이용하여 인터넷을 사용하는 경우 wifi 카드가 없는 경우 아래와 같은 usb wifi 동글이를 사용합니다.

우리가 사용하는 아두이노 AI 자동차의 경우 wifi 신호가 약하므로 왼쪽의 안테나 타입이 조금 더 좋습니다.

시중에 판매되는 USB 동글이

모바일 핫스팟을 [켬]으로하면 아두이노 AI 자동차는 wifi에 접속합니다. wifi의 접속정보가 속성에 표시됩니다. 연결된 IP주소를 확인할 수 있습니다.

절전은 OFF로 합니다. 모바일 핫스팟이 자동으로 꺼짐을 방지하기 위해서입니다.

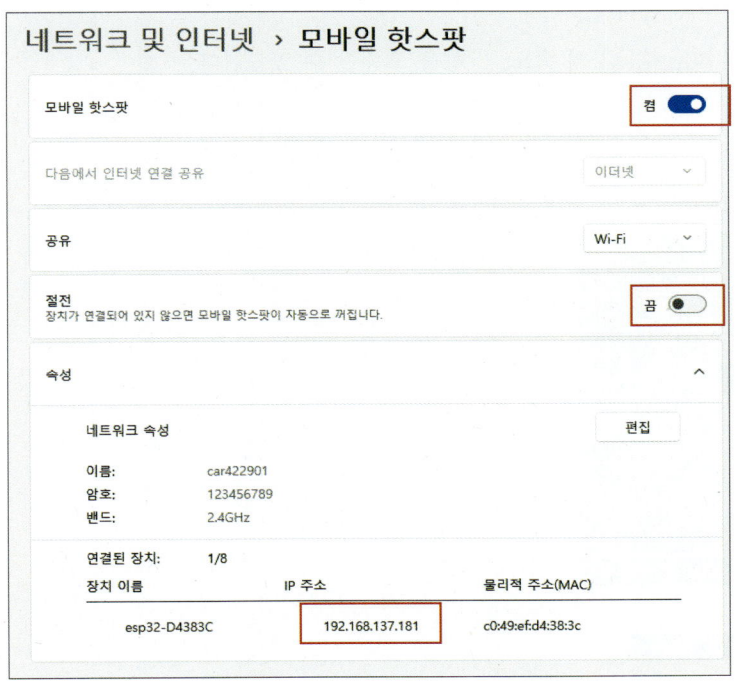

아두이노 AI 자동차에서도 접속된 IP주소를 확인할 수 있습니다.

크롬 등의 웹 브라우저에 연결된 IP주소를 입력하면 아두이노 AI 자동차의 영상 스트리밍과 조종할 수 있는 버튼으로 자동차의 조종이 가능합니다.

버튼을 클릭하여 자동차를 조종합니다. 자동차의 속도, 방향을 조종할 수 있습니다.

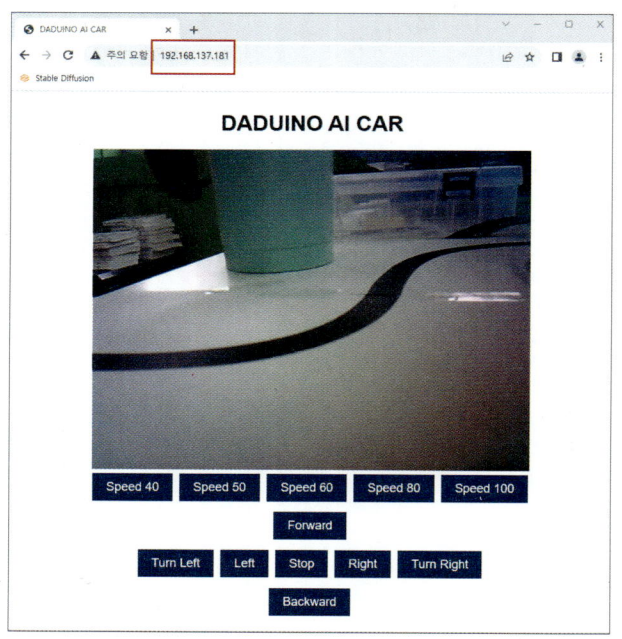

챕터 2~6까지는 아두이노 AI 자동차에서 제공하는 영상 스트리밍과 조종 기능을 이용하여 파이썬 코드로 자율주행을 하는 것을 목표로 합니다.

챕터 7~9까지는 위의 영상 스트리밍과 조종을 위한 아두이노 AI 자동차를 아두이노 코드로 구현하는 것을 목표로 합니다.

처음부터 끝까지 자율주행을 구현해보도록 합니다.

웹으로 접속하여 조종하기 실습 결과 동영상 QR코드

https://youtu.be/O97hRsYkZ7o

CHAPTER 02

개발환경구성 및 파이썬 기초 문법 익히기

파이썬에 대해 간단히 알아보고 PC에 파이썬 개발환경을 설치하고 파이썬의 기초문법에 대해 알아봅니다.

파이썬이란

파이썬이란 1991년 귀도 반 로섬(Guido van Rossum)이 만든 프로그램 언어입니다. 쉽고 간결하고 강력한 기능 덕분에 파이썬은 2023년 03월 기준 1위의 프로그램 언어입니다.

Mar 2023	Mar 2022	Change	Programming Language	Ratings	Change
1	1		Python	14.83%	+0.57%
2	2		C	14.73%	+1.67%
3	3		Java	13.56%	+2.37%
4	4		C++	13.29%	+4.64%
5	5		C#	7.17%	+1.25%
6	6		Visual Basic	4.75%	-1.01%
7	7		JavaScript	2.17%	+0.09%
8	10	▲	SQL	1.95%	+0.11%
9	8	▼	PHP	1.61%	-0.30%
10	13	▲	Go	1.24%	+0.26%
11	9	▼	Assembly language	1.11%	-0.79%
12	15	▲	MATLAB	1.08%	+0.28%
13	12	▼	Delphi/Object Pascal	1.06%	-0.06%

출처: 티오베 https://www.tiobe.com/tiobe-index/

파이썬 언어의 특징 및 장점

파이썬 언어의 특징과 장점에 대해서 알아보겠습니다.

❶ 파이썬은 인터프리터 언어입니다.

프로그램언어는 컴퓨터가 알아들을 수 있는 기계어로 바뀌어 컴퓨터에게 전달되어야 합니다. 파이썬 언어는 인간이만든 코드를 기계어로 변경하여 컴퓨터에게 전달하는 명령어 해석기가 존재합니다. 우리가 코드를 만들고 실행하면 한 줄 한 줄 명령어 해석기가 코드를 해석하여 컴퓨터에게 전달하여 동작합니다. 코드를 만들고 바로 실행할 수 있습니다. 프로그램 작성 -> 실행 단 2단계로 코드의 실행이 가능합니다.

❷ 간결한 코드와 쉬운 문법으로 배우기 쉽습니다.

❸ 무료로 사용 가능합니다.

❹ 다른 언어와 쉽게 상호작용이 가능합니다.

예를 들어 파이썬 언어는 속도가 느리다는 단점이 있습니다. 빠른속도를 필요로 할 때는 C언어로 만든 라이브러리 등을 사용하여 빠른속도로 처리할 수 있습니다.

❺ 윈도우, 맥OS, 리눅스 등에서도 동일한 코드로 실행시킬 수 있습니다.

❻ 라이브러리가 많습니다. 사실 위의 5가지 내용은 생각하지 않아도 될 정도로 라이브러리가 많다는 장점만으로도 충분히 배울 만한 언어입니다.

파이썬 개발환경 구성

컴퓨터에 파이썬을 설치한다는 것은 파이썬 설치 + 통합개발환경 IDE 설치의 두가지를 설치해야 합니다. 일반적으로 파이썬을 설치하면 간단한 IDE가 설치되지만 파이썬 언어를 다루기에는 부족한 점이 많아 통합개발환경을 추가적으로 설치합니다. 파이썬의 경우 파이썬 사이트에서 다운로드 받아 설치를 해도 사용하는데 무방하나 많이 사용하는 라이브러리등이 추가된 아나콘다를 이용하여 설치합니다. 아나콘다는 파이썬+많이사용하는 라이브러리가 추가되어 라이브러리를 추가적으로 설치하는 수고를 덜어주고 또한 가상환경등을 쉽게 구성할 수 있게 도와줍니다.

파이썬을 개발하기 위한 통합 개발환경의 경우 파이참과 VS CODE를 많이 사용합니다. 각각의 장단점이 있지만 이 책에서는 주로 VS CODE를 이용합니다. VS CODE를 선택한 이유로는 두가지가 있는데 첫 번째로는 프로그램이 가볍습니다. 이 책을 필요로 하는 곳은 전문 개발자보다는 필요에 의해 파이썬을 써야 하는 곳일 것으로 생각하여 컴퓨터의 성능이 좋지 않아도 잘 동작할 수 있는 개발환경을 선택하였습니다. 물론 파이참 IDE가 엄청 고성능에서 동작하지는 않지만 두 개와 비교하자면 VS CODE가 프로그램이 가볍습니다. 두 번째 이유로는 주피터노트북의 호환 여부입니다. 주피터 노트북의 경우 코드를 한번에 실행하지 않고 코드를 나누어 실행하고 추가하는 방식의 파이썬 코딩방식으로 웹크롤링이나 데이터분석을 할 때 유용하게 사용할 수 있는 기능입니다. 주피터노트북의 경우 VS CODE는 무료로 사용이 할 수 있지만 파이참의 경우 유료 버전에서만 사용할 수 있어서 주피터노트북을 무료로 사용할 수 있는 VS CODE를 선택하였습니다. 우리가 진행하는 작품 중에 주피터노트북의 방식으로 코드를 만들고 진행하는 작품이 여러 개 있습니다. 아나콘다를 설치하면 주피터노트북이 기본설치 됩니다.

다른 파이썬 개발툴들로는 서브라임 텍스트, 노트패드++ 등이 있습니다. 물론 좋은 툴이지만 파이참과 VS CODE에 비해 사용빈도가 낮아 이 책에서는 다루지 않았습니다. 통합개발환경은 코드를 작성할 때 도움을 주는 도구로 파이썬을 개발하기 위해서 자신이 편한 개발환경을 선택하여 사용하면 됩니다. 극단적으로는 윈도우의 기본 메모장으로도 코드를 작성하여 개발할 수도 있습니다만 불편하여 사용하지 않을 뿐입니다.

이제 아나콘다와 VS CODE를 설치합니다.

파이썬(명령어해석기)	통합개발환경
1. 아나콘다(선택) 2. 파이썬	1. VS Code(선택) 2. 파이참 3. 서브라임 텍스트 4. 노트패드++

개발환경은 아나콘다와 vscode의 업데이트가 되면서 수시로 변경될 수 있습니다. 필자의 블로그에 최신 설치방법으로 항상 업데이트 되고 있으므로 책에 설명된 방법으로 설치되지 않을 시 아래의 블로그에 접속하여 설치를 진행합니다.

- https://munjjac.tistory.com/2

아나콘다 다운로드 및 설치

아나콘다는 파이썬 + 많이 사용하는 라이브러리가 설치된 파이썬 환경입니다. 또한 아나콘다에서는 파이썬의 가상환경 및 버전관리를 쉽게 구성할 수 있습니다.

※PC에 다른 파이썬이 설치되어 있다면 파이썬을 삭제 후 아나콘다의 설치를 진행합니다.

구글에서 "아나콘다 다운로드"를 검색 후 아래의 사이트에 접속합니다.
또는 https://www.anaconda.com/products/distribution 사이트에 직접 접속합니다.

스크롤을 조금 아래로 내려 [Download] 아이콘을 클릭하여 Anaconda Distribution(아나콘다 배포판) 버전을 다운로드 받습니다.

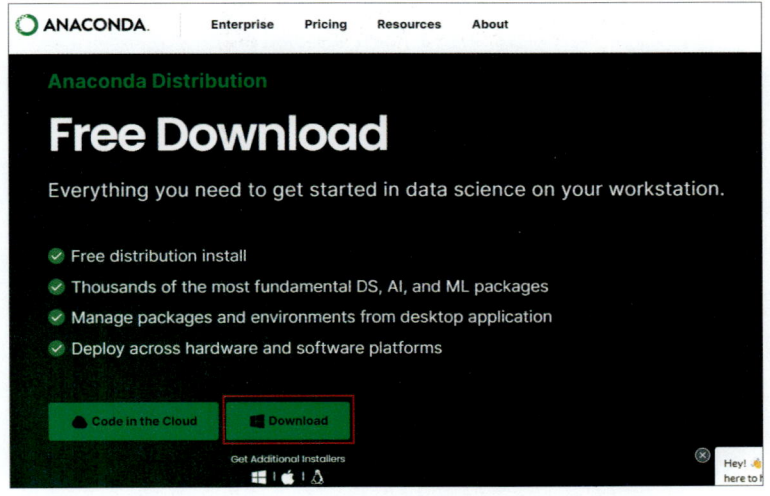

[내 PC 〉 다운로드] 경로에 다운로드 받은 Anaconda를 더블클릭하여 설치합니다. 다운로드 받는 시점에 따라 버전은 다를 수 있습니다. 최신 버전을 설치합니다.

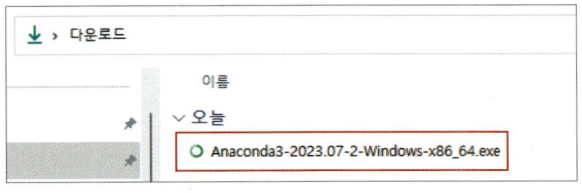

[Next>]를 클릭하여 설치를 진행합니다.

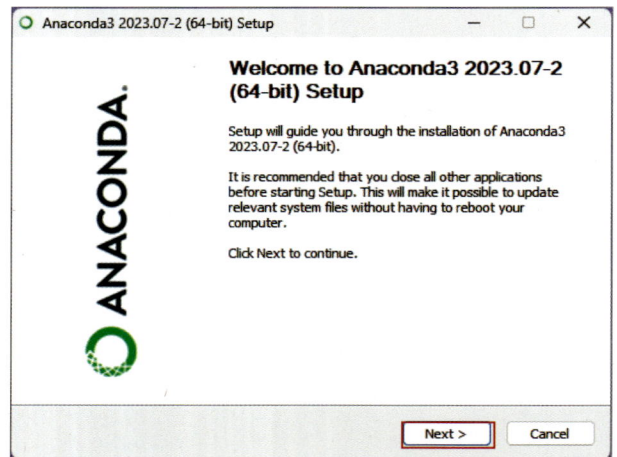

[I Agree](동의)를 클릭하여 다음으로 진행합니다.

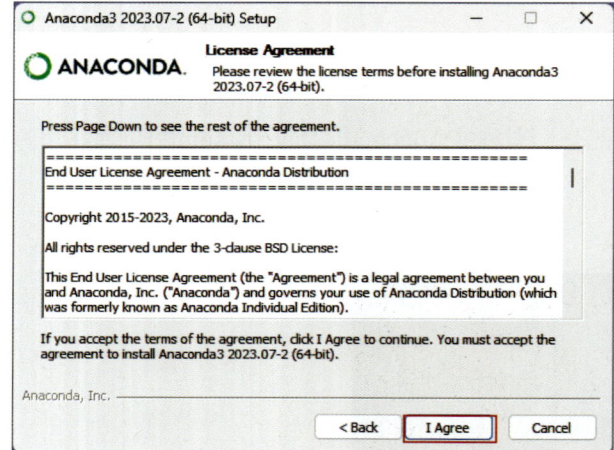

Just Me를 선택 후 [Next >]를 눌러 계속 진행합니다.

※ 아나콘다의 정책이 변경되어 All User로 선택시 환경변수가 자동으로 등록되는 옵션을 선택 할 수 없습니다.

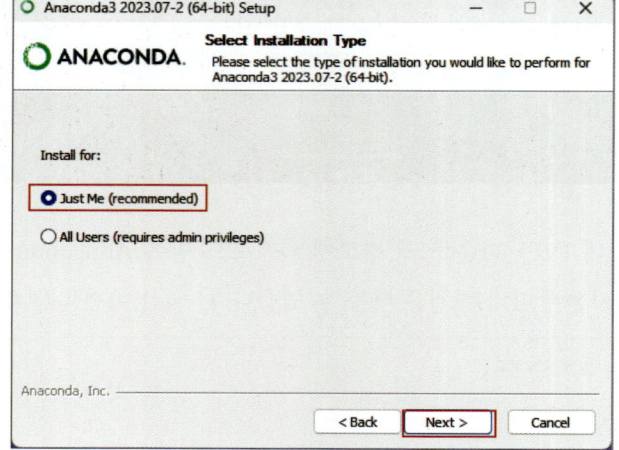

기본설치 위치를 변경하지 않고 [Next >]를 눌러 계속 진행합니다.

기본 설치 위치는 C:₩Users₩jang₩anaconda3 로 jang은 윈도우의 계정 이름입니다. 자신의 계정 이름 아래 설치합니다.

※ 자신의 윈도우의 계정이 한글일 경우 아나콘다 설치 후 다양한 문제가 발생합니다. 계정명이 한글 또는 숫자로 되어있는 경우에는 [Browse...]을 클릭하여 C 폴더 아래 anaconda3 폴더를 생성 후 경로를 c:₩anaconda3 의 경로에 설치합니다

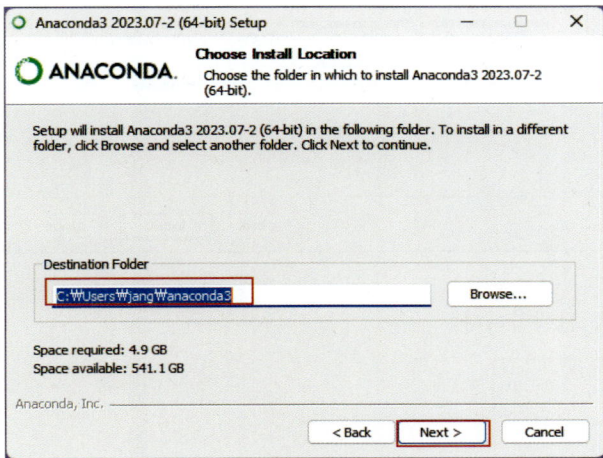

[add anaconda3 to my path environment variable] 부분에 체크한 다음 [Install]을 클릭하여 설치를 진행합니다.

add anaconda3 to my path environment variable 옵션은 윈도우에 아나콘다가 설치된 위치를 등록하는 과정입니다. python, pip 등의 명령어를 윈도우의 어느 경로에서 입력하더라도 아나콘다가 설치된 위치가 등록되어 명령어를 실행할 수 있도록 합니다.

- Create start menu shortcuts (supported packages only): 이 옵션을 활성화하면 시작 메뉴에 Anaconda 관련 패키지의 바로가기가 생성됩니다. 이를 통해 사용자는 시작 메뉴를 이용해 Anaconda 관련 도구를 더 쉽게 실행할 수 있습니다.

- Add Anaconda 3 to my PATH environment variable: 이 옵션을 활성화하면 Anaconda가 시스템의 PATH 환경 변수에 자동으로 추가됩니다. 이로 인해 명령 프롬프트나 터미널에서 'conda' 명령을 전역적으로 사용할 수 있게 됩니다. 그러나 이 설정은 다른 애플리케이션과의 충돌 가능성이 있어 일반적으로 권장되지 않습니다.

- Register Anaconda3 as my default Python 3.11: 이 옵션을 선택하면 시스템의 기본 Python 3.10 버전으로 Anaconda가 등록됩니다. 이 설정을 통해 Visual Studio Code, PyCharm 등의 IDE가 Anaconda의 Python을 기본 버전으로 자동 인식합니다.

Clear the package cache upon completion: 이 옵션을 활성화하면 설치가 완료된 후에 패키지 캐시를 자동으로 삭제합니다. 이렇게 하면 디스크 공간을 일부 회복할 수 있습니다

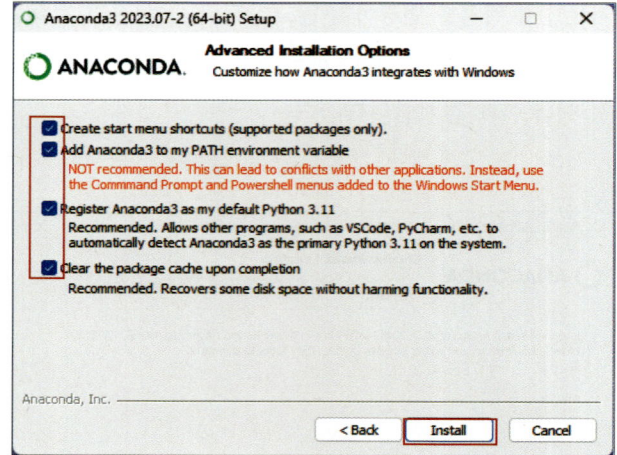

설치가 완료되었습니다. [Next >]를 눌러 계속 진행합니다.

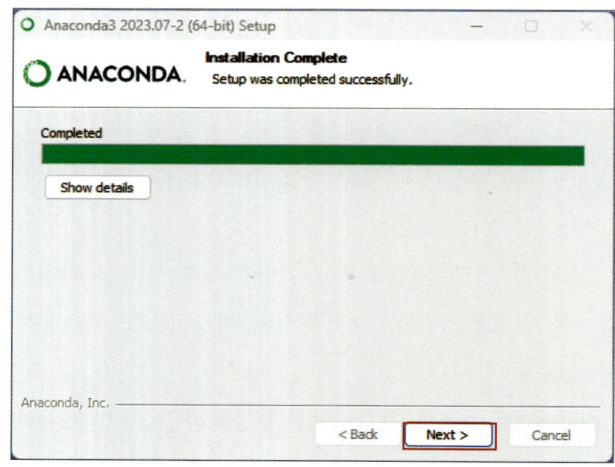

[Next >]를 눌러 계속 진행합니다.

[Finish]를 눌러 설치를 완료 합니다.

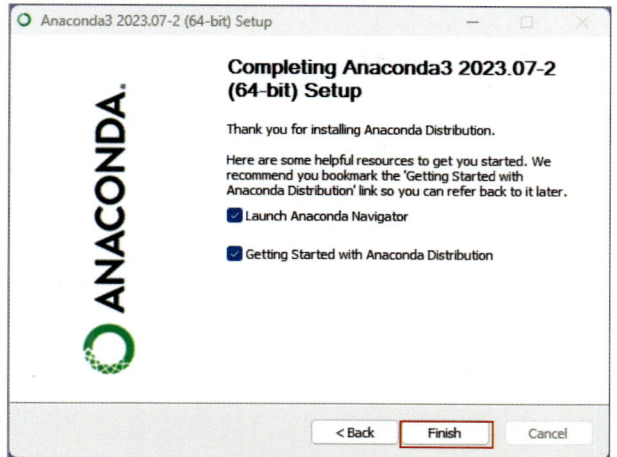

설치 완료 후 아나콘다 네비게이터가 자동으로 실행됩니다. [x]를 눌러 창을 닫습니다.

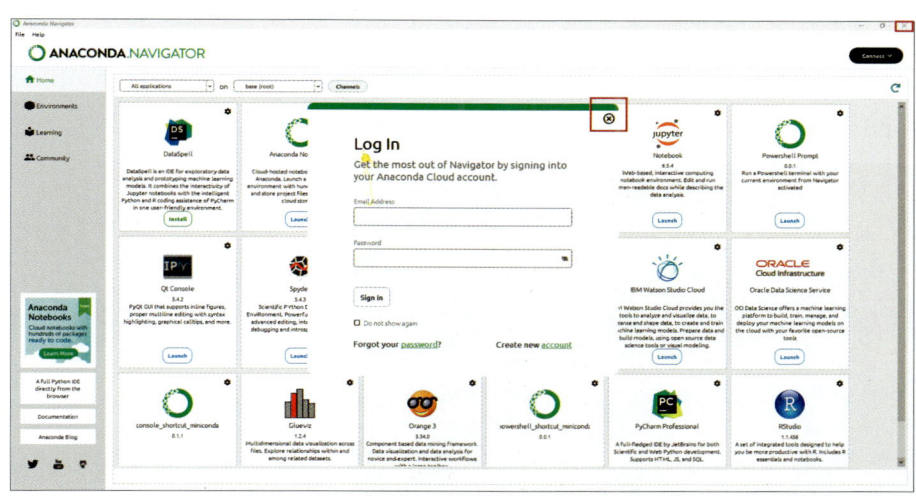

[YES] 버튼을 클릭하여 아나콘다 네비게이터를 종료합니다.

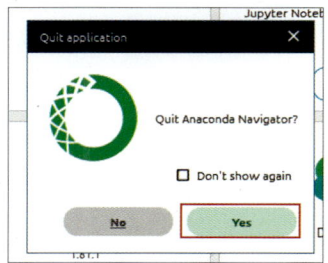

VS Code(비주얼스튜디오코드) 다운로드 및 설치

VS Code(비주얼스튜디오 코드)는 윈도우를 만든 마이크로소프트에서 만든 무료 소스 코드 편집 툴입니다. 파이썬 언어뿐만 아니라 C, C++, 자바 등 대부분의 프로그램 언어를 사용할 수 있습니다. 프로그램이 가볍고 다양한 부가적인 기능을 추가적으로 설치 할 수 있어 많이 사용되고 있습니다.

구글에서 "vscode"를 검색 후 아래의 사이트에 접속합니다.
또는 https://code.visualstudio.com/ 사이트에 직접 접속합니다.

[Download for Windows] 버튼을 클릭하여 vscode를 다운로드 받습니다.

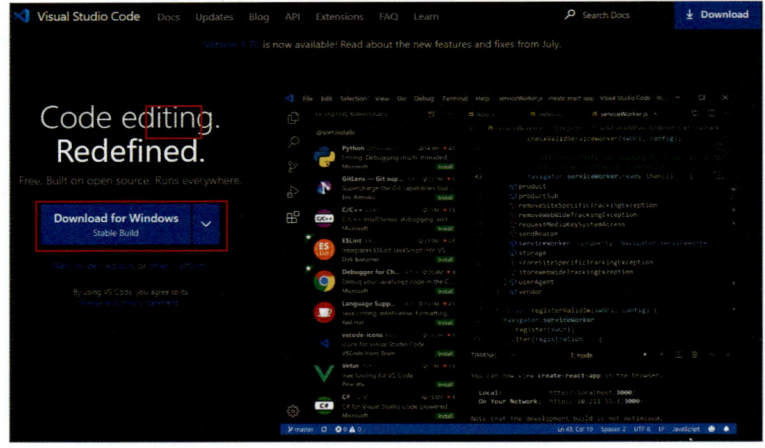

[내 PC > 다운로드] 경로에 다운로드 받은 VSCode를 더블클릭하여 설치합니다. 다운로드 받는 시점의 버전은 다를 수 있습니다. 최신 버전을 설치합니다.

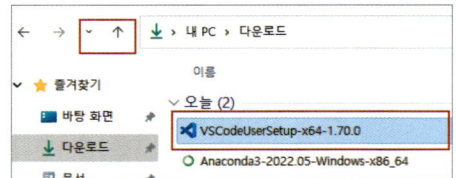

[동의합니다]에 체크 후 [다음]을 눌러 설치를 진행합니다.

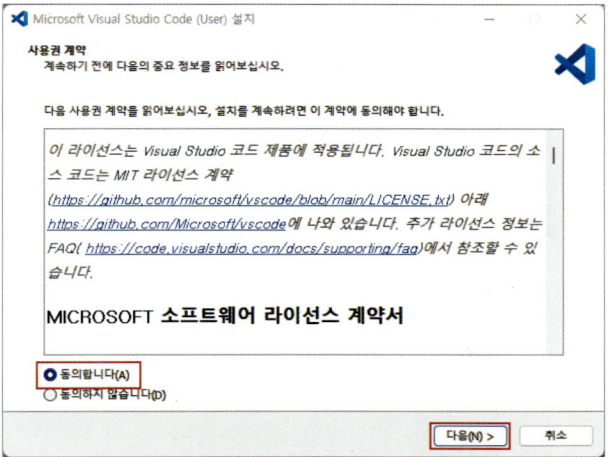

설치 위치는 변경하지 않습니다. [다음]을 눌러 계속 진행합니다.

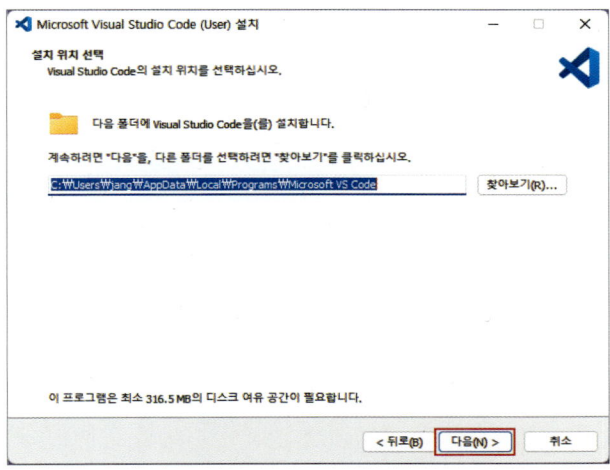

[다음]을 눌러 계속 진행합니다.

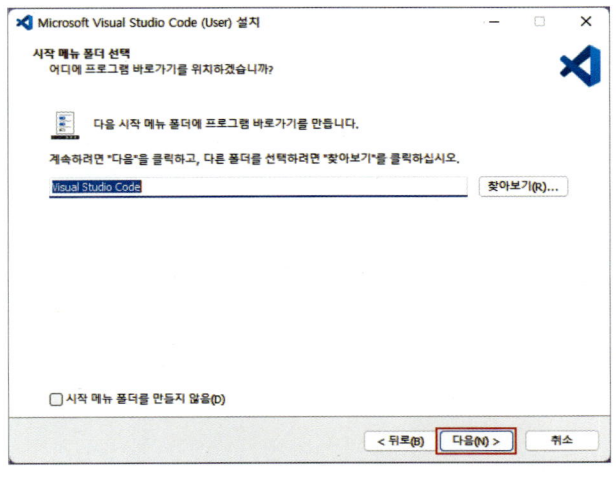

[다음]을 눌러 계속 진행합니다.

바탕 화면에 바로가기 만들기는 옵션으로 윈도우의 바탕화면에 아이콘이 있으면 실행하기 편해 체크 후 설치를 진행하였습니다.

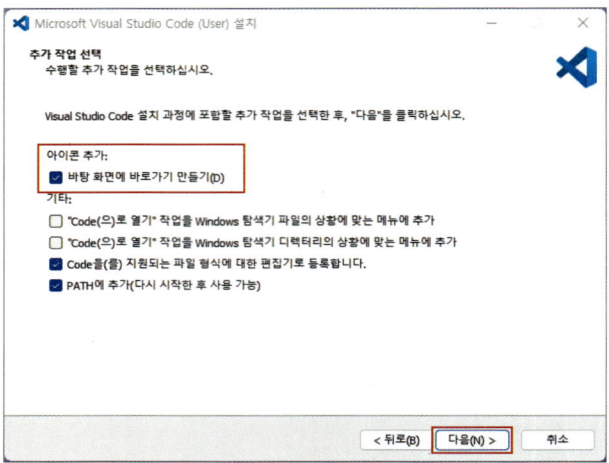

[설치]를 눌러 설치를 진행합니다.

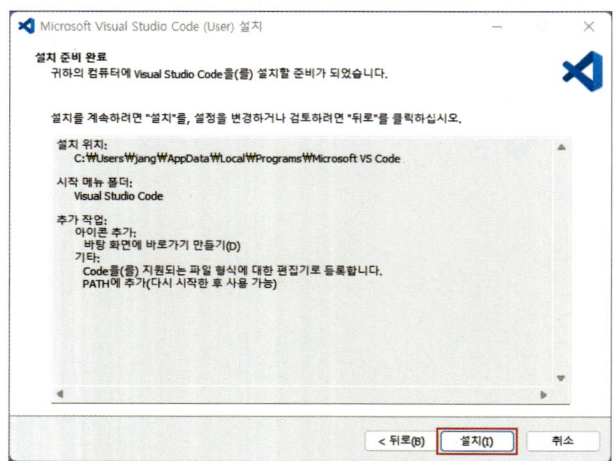

[종료]를 눌러 설치를 마칩니다.

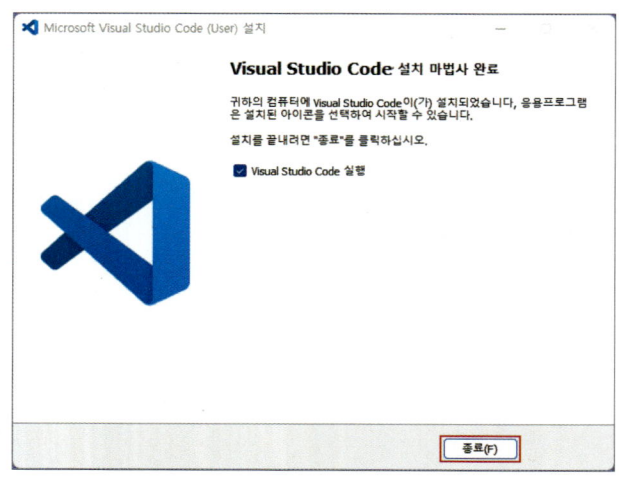

VS Code를 실행하였습니다. VS Code의 장점으로는 다양한 프로그램 언어를 지원합니다. 하지만 언어를 사용하기 위해서는 추가적인 기능을 설치해야 합니다. 파이썬 언어를 사용하기 위해 파이썬을 설치합니다.

VS Code의 왼쪽 아랫부분의 [Extensions] 아이콘을 클릭합니다.
[Extensions]에서는 VS Code에 다양한 기능을 추가 할 수 있습니다.

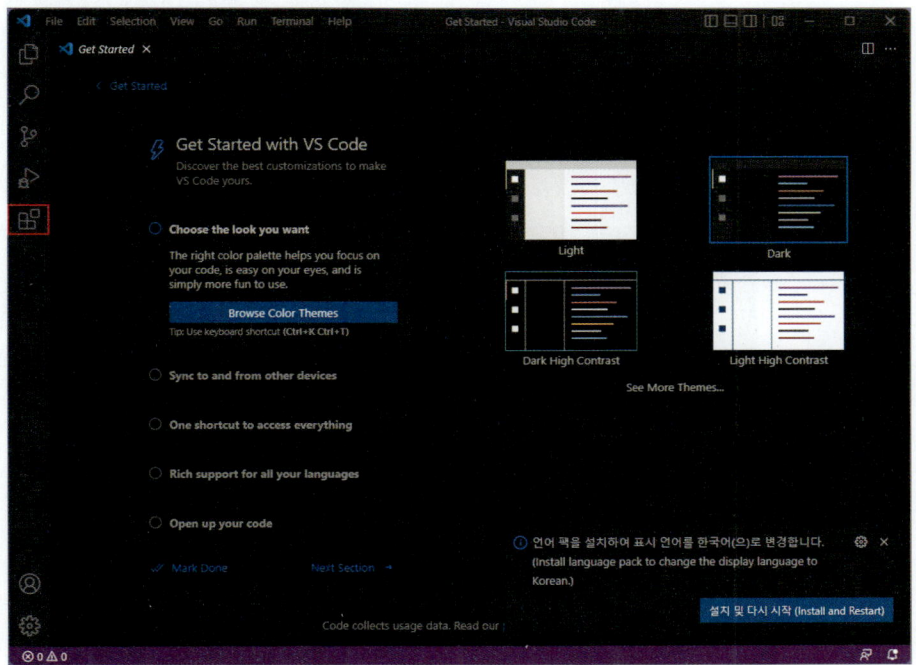

python을 검색 후 검색된 [Python] 파란색의 [Install] 버튼을 클릭하여 설치합니다.
아래 개발자의 이름이 출력되는데 Micrisoft에서 만든 Python을 설치합니다.
VS Code에 설치하는 Python은 명령어해석기(인터프리터)가 아닌 InteliSense, liniting, 디버깅, 코드탐색, Jupyter Notebook 지원 등의 기능 지원하기 위해 설치합니다.

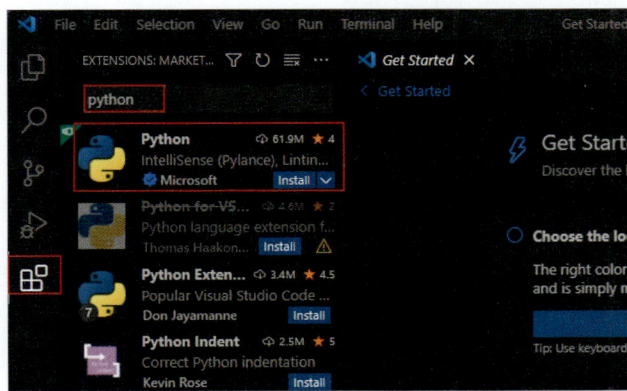

VS Code를 한국어로 사용하기 위해 "korean"을 검색 후 Korean Language Pack을 설치합니다.

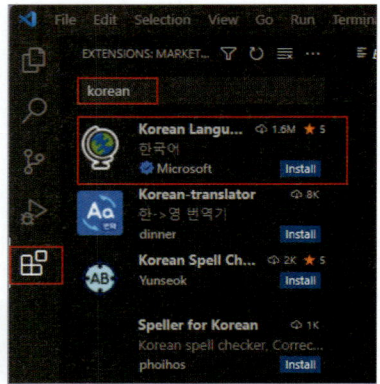

한국어 팩을 설치 완료 후 오른쪽 아래 Restart를 눌러 VS Code를 다시 시작합니다. 또는 수동으로 VS Code를 종료하였다가 다시 시작해도 됩니다.

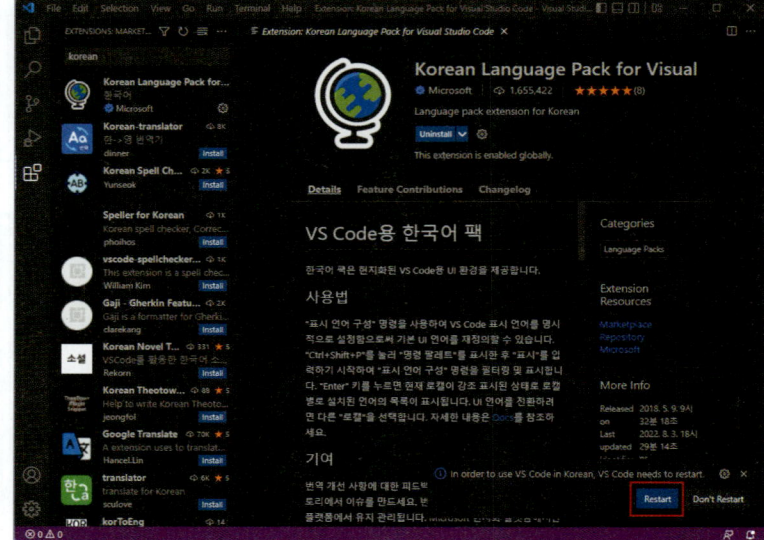

한국어로 VS Code가 변경되었습니다.

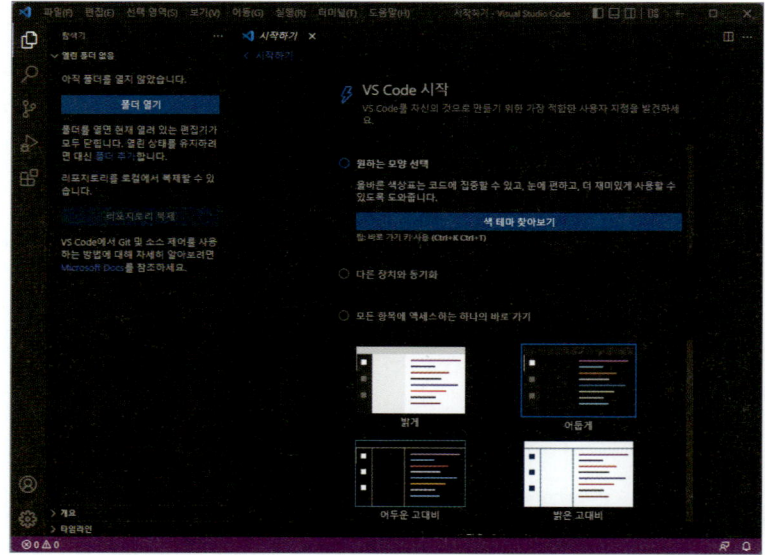

VS Code(비주얼스튜디오 코드)에 유용한 기능 설치

VS CODE는 여러 확장 기능을 추가하여 설치할 수 있습니다. 추가적인 기능을 프로그램에 도움을 주는 기능으로 설치하지 않아도 프로그램의 동작에는 전혀 문제가 없습니다.

첫 번째로 vscode-icons은 VS CODE의 탐색기에서 밋밋하게 보이는 폴더 및 파일을 아이콘으로 변경하여 보기 편하게 만듭니다.
icons을 검색 후 vscode-icons를 설치합니다.

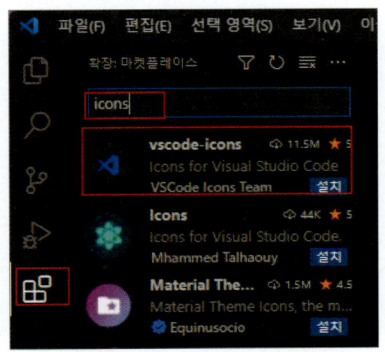

설치 완료 후 VS Code에서 파일 아이콘 테마 선택 부분에서 VSCode Icons를 클릭하여 선택합니다. 창을 무심코 닫았다면 [파일 아이콘 테마 설정]을 클릭하여 다시 설정합니다.

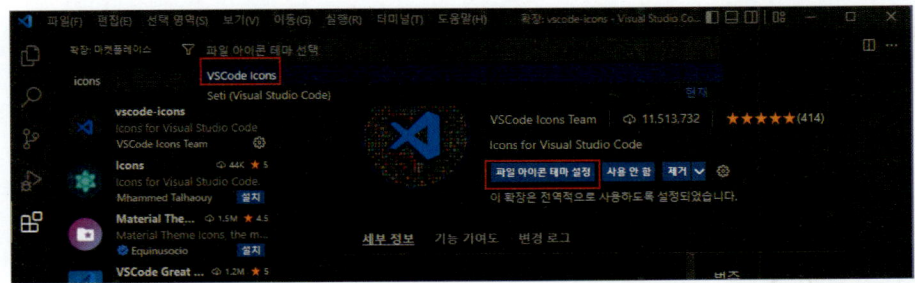

VS CODE의 기본상태에서 폴더와 파일이 다음과 같이 보입니다.

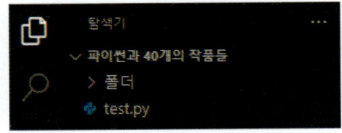

vscode-icons을 설치 후 테마를 적용하면 다음과 같이 폴더와 파일에 아이콘이 생겨 보기가 편합니다.

두 번째로는 indent-rainbow입니다.

파이썬 언어는 들여쓰기를 통해 조건문 안에서 동작하거나 함수 등 속해있다고 판단합니다.

indent-rainbow는 코드에서 칸별로 색상을 표시해줍니다. indent의 뜻은 들여쓰기입니다.

indent-rainbow는 무지개 들여쓰기로 해석할 수 있습니다.

indent를 검색 후 indent-rainbow를 설치합니다.

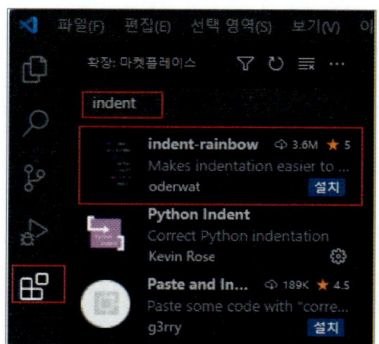

VS CODE에서 기본적용되는 스타일로 코드를 작성하였을 때입니다.

indent-rainbow를 적용하였을 때 코드 앞에 색상이 생겨 코드의 가독성이 좋아집니다.

VS CODE에는 다양한 추가 기능들이 있으니 추가 기능을 찾아서 자신의 개발환경을 구성하는 것도 하나의 재미입니다.

파이썬 기초 문법

파이썬 코드를 작성하기 위해서 프로젝트 폴더를 생성합니다. C 드라이브에 [코드] 폴더를 생성합니다.

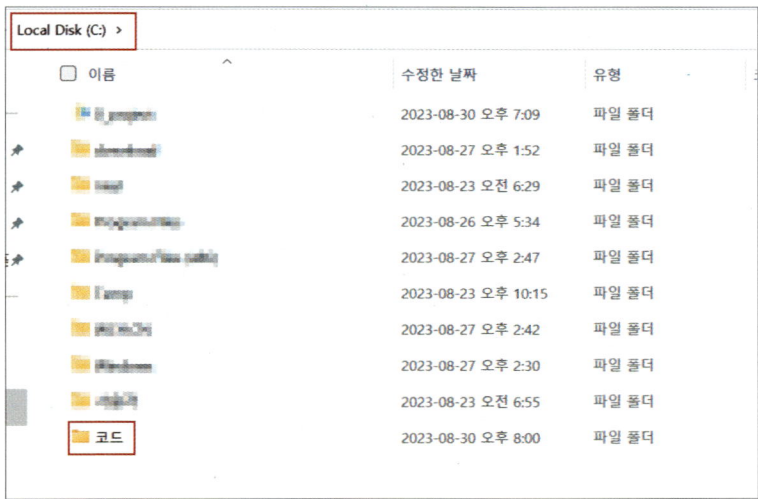

[C 드라이브] -> [코드] 폴더에 [파이썬코드] 폴더를 생성합니다.

(1) print

VS CODE를 실행합니다.

[폴더 열기] 버튼을 눌러 작업 폴더를 지정합니다.

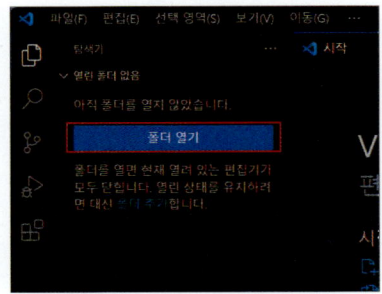

[C 드라이브] -> [코드] ->[파이썬코드] 폴더에 접속 후 [폴더 선택]을 클릭하여 작업 폴더로 지정합니다.

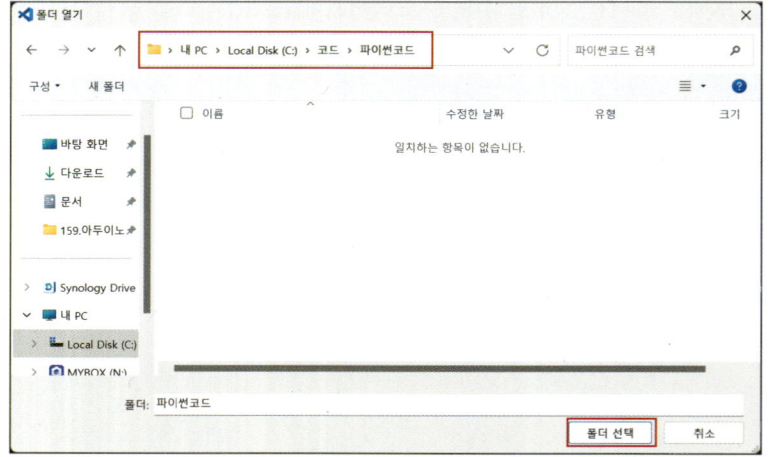

"부모 폴더 '코드'에서 모든 파일의 작성자를 신뢰합니다." 체크 박스를 체크한 다음 [예, 작성자를 신뢰합니다.]를 선택합니다.

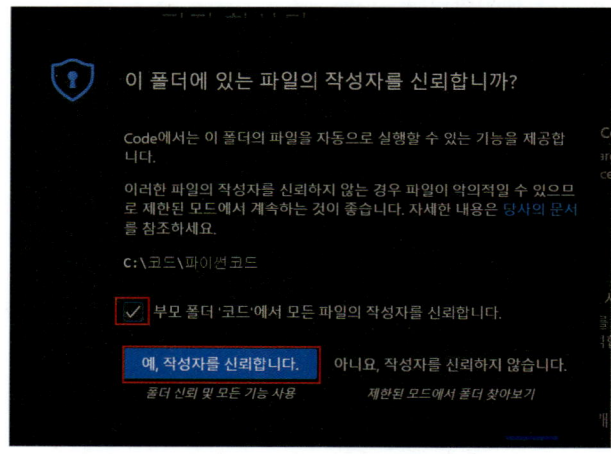

[파이썬코드] 폴더가 기본 작업영역으로 설정되었습니다.

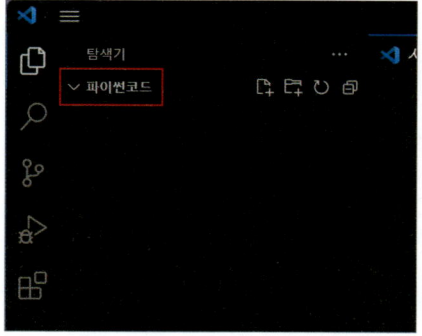

[🗀 새폴더 아이콘]을 클릭하여 [0.파이썬 기초문법] 폴더를 생성합니다.

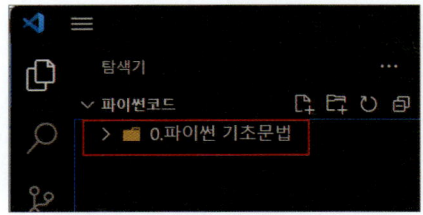

[0.파이썬 기초문법] 폴데이서 [🗋 새파일] 아이콘을 클릭하여 [1_print.ipynb] 이름으로 파일을 생성합니다.

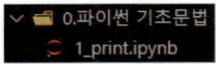

또는 [0.파이썬 기초문법] 폴더에서 마우스 오른쪽을 눌러 [새 파일]을 클릭 후 [1_print.ipynb] 이름으로 파일을 생성합니다.

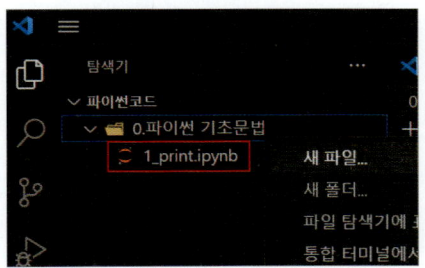

[.ipynb] 확장자는 주피터노트북의 확장자로 코드를 추가하면서 프로그램할 수 있는 방식입니다. [.py]의 파일이 일반적인 파이썬 확장자입니다. [.py] 파일은 여러줄의 코드가 있더라도 한 번에 실행됩니다. 우리가 만들려고 하는 대부분 [.py]로 되어있습니다. 그럼 왜 주피터노트북 형식의 [.ipynb]로 기초 문법을 시작했냐면 코드를 추가하면서 테스트할 수 있는 방식이다 보니 기초 문법을 배우기에 좋아서 선택하였습니다. 파이썬의 문법을 배우거나 웹크롤링, 데이터분석 등에서는 주피터노트북의 방식의 코딩이 파이썬 코드를 만드는 데 좋습니다.

1_print.ipynb 파일이 생성되었습니다. [.ipynb]의 확장자로 파일을 생성하면 VS CODE에서는 자동으로 주피터노트북의 형식으로 코드를 생성하고 테스트할 수 있습니다. 단 주피터노트북은 아나콘다로 파이썬을 설치할 시 자동으로 설치되어있습니다. 일반 파이썬을 설치하면 추가적으로 주피터노트북은 설치해야 합니다.

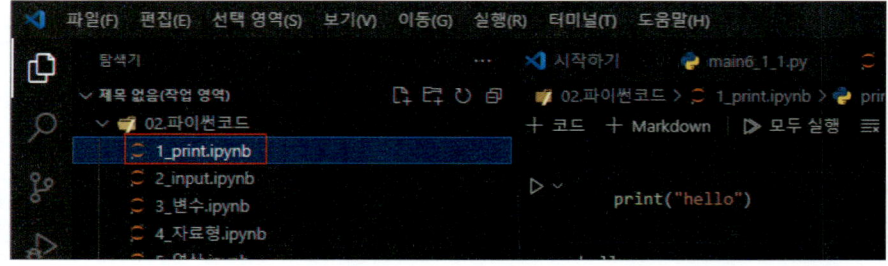

파이썬 인터프리티에 대한 설정은 ▣을 클릭 후 선택할 수 있습니다.
아나콘다 설치 후 자동으로 연동된 base conda를 선택합니다.

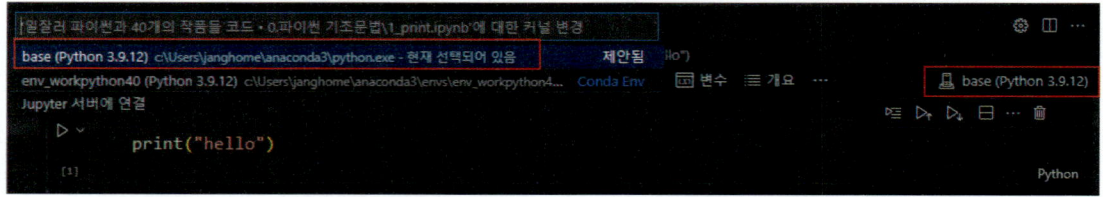

파이썬에서 출력을 확인하는 print에 대해서 코드를 만들면서 출력 결과를 확인하여 봅니다.
다음의 코드를 작성하고 결과를 확인하여 봅니다. 실행할 때는 다음의 버튼을 눌러 코드를 실행합니다.
실행한 곳 바로 아래 실행 결과가 표시됩니다.

※ print문 안에 "" 쌍따옴표로 감싼 후 문자를 입력 후 실행을 하면 쌍따옴표 안에 값이 출력됨을 확인할 수 있습니다.

[+코드]를 눌러 코드 영역을 추가한 다음 코드를 작성합니다. 코드의 실행은 자신의 코드 영역 왼쪽에 있는 실행 버튼을 누르면 자신의 영역의 코드만 실행됩니다.

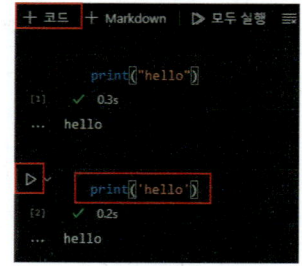

' ' 따옴표로 감싼 문자의 값을 입력하고 실행하여도 결과는 동일합니다.

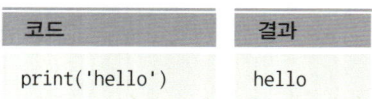

주피터노트북의 형식으로 코드를 테스트하는 경우는 코드를 추가할 때 +코드 를 눌러 코드 영역을 추가한 다음 결과를 확인합니다.

쌍따옴표와 따옴표는 어느경우에 사용하냐면 문자열 중간에 쌍따옴표를 넣고 싶을 경우 따옴표로 감싼 후 출력하면 됩니다.

코드	결과
print('hello "안녕하세요"')	hello "안녕하세요"

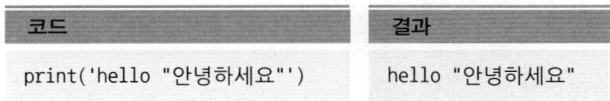

반대로 문자열 중간에 따옴표를 넣고 싶을 경우 쌍따옴표로 감싼 후 출력합니다.

코드	결과
print("hello '안녕하세요'")	hello '안녕하세요'

코드를 추가하다 보면 맨 아래 추가가 되지 않고 중간에 추가 될 경우가 있습니다. 위쪽의 [+코드] 버튼을 누르면 현재 활성화된 코드 바로 아래 코드가 추가됩니다. 맨 아래 코드를 선택 후 [+코드]를 누르는 방법이나 마우스를 아래쪽으로 이동하면 아래 부분에 [+코드]가 생성됩니다.

중간에 코드를 생성하고 싶다면 생성하고 싶은 중간에 [+코드] 버튼을 눌러 생성하거나 생성하고 싶은 코드 영역 위의 코드를 선택 후 위쪽에 [+코드] 버튼을 눌러 생성합니다.

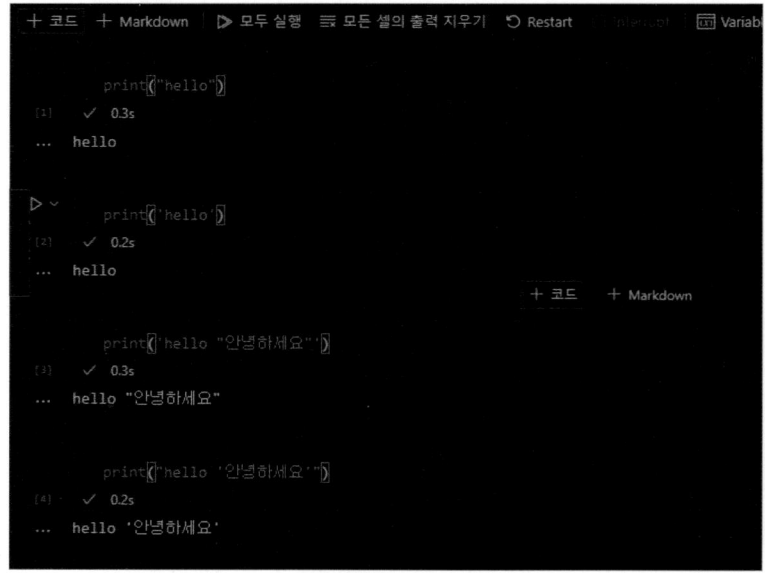

여러 문자를 ,(콤마)를 이용하여 합쳐서 출력할 수 있습니다.

코드	결과
print('안녕','하세요','반갑습니다')	안녕 하세요 반갑습니다

콤마를 사용하여 문자 사이에 자동으로 띄어쓰기가 된 것을 확인할 수 있습니다.

문자를 더해 출력할 수 있습니다. 이 경우 콤마와 같이 띄어쓰기가 자동으로 되지 않습니다.

코드	결과
print('안녕'+'하세요'+'반갑습니다')	안녕하세요반갑습니다

여러줄을 입력하고 싶을 경우 """ 쌍따옴표 3개로 시작 후 줄을 바꾼 후 """ 쌍따옴표 3개로 종료하면 여러줄의 출력이 가능합니다.

코드	결과
print("""안녕하세요 오늘은 날씨가 좋네요""")	안녕하세요 오늘은 날씨가 좋네요

따옴표 3개로 하여도 쌍따옴표와 동일하게 동작합니다.

코드	결과
print('''안녕하세요 오늘은 날씨가 좋네요''')	안녕하세요 오늘은 날씨가 좋네요

₩(역슬래쉬)를 이용하여 줄바꿈을 할 수도 있습니다. 파이썬에서는 같은 줄로 인식합니다. 어느 경우 사용하냐면 실제로는 한 줄인데 너무 길어서 보기 힘들 때 코드의 가독성이 떨어집니다. 이럴 경우 줄을 바꿔 보기 편한 코드로 만들 때 사용합니다.

코드	결과
print("안녕하세요" \ "오늘은 날씨가 좋네요")	안녕하세요오늘은 날씨가 좋네요

.format 형식을 이용하여 변수를 바로 출력할 수 있습니다. 변수에 대한 설명은 조금 뒤에 나옵니다. 출력하고 싶은 부분에 {}빈 중괄호를 입력 후 .format에 값을 대입하면 됩니다.

코드	결과
a = 123 b = "안녕하세요." print("a값:{} b값:{}".format(a,b))	a값:123 b값:안녕하세요.

첫 번째 중괄호에는 a값인 123이 대입되고 두 번째 중괄호는 b의 값 "안녕하세요"가 대입됩니다.

.format 방식은 값이 늘어나면 헷갈릴 수 있다는 단점이 있습니다. 파이썬 3.6버전 이상부터 사용할 수 있는 f-string 표현방법이 있습니다. 출력할 문자열 앞에 f를 붙인 다음 {변수} 중괄호 안에 표현할 변수를 넣어주면 됩니다.

코드	결과
a = 123 b = "안녕하세요." print(f"a값:{a} b값:{b}")	a값:123 b값:안녕하세요.

문자열 앞에 f를 붙여 f-string 방식으로 사용하였고 {}중괄호 안에있는 a,b값이 잘 출력되었습니다. f-string 방식이 .format 방식에 비해 직관적이어서 필자는 주로 이 방법을 사용합니다.

(2) input

[0.파이썬 기초문법] 폴더에 [2_input.ipynb]로 파일을 생성 후 진행합니다.

2_input.ipynb

input을 이용하여 사용자의 입력값을 받을 수 있습니다.

이제 input을 이용하여 사용자의 입력값을 받아봅니다

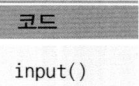

```
input()
```

코드를 실행하면 VS CODE에서 주피터노트북 방식의 입력은 창 위에 입력할 수 있는 창이 생성됩니다. "안녕하세요~"를 입력 후 Enter를 눌러 값을 입력하여 봅니다.

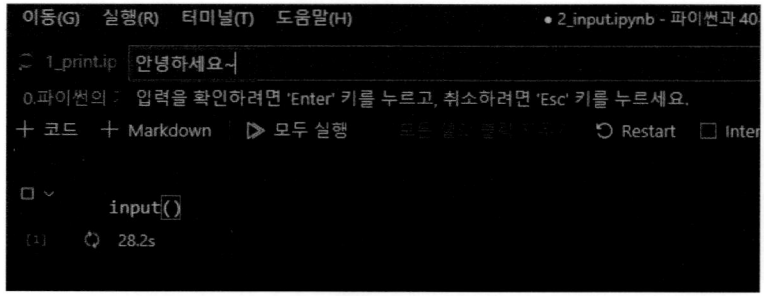

입력한 '안녕하세요~' 가 출력됨을 확인할 수 있습니다. 여기서 따옴표의 의미는 문자열을 의미합니다.

결과

'안녕하세요~'

입력값으로 123을 입력하여 봅니다.

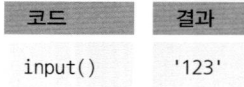

코드	결과
input()	'123'

결과는 역시 따옴표로 감싼 문자열 형태의 123이 출력되었습니다. 우리는 숫자로 입력하였지만 파이썬에서는 모두 문자열로 입력됩니다.

다음의 코드를 작성 후 안녕하세요를 입력합니다.

코드	결과
input("값을 입력하여 주세요:")	'안녕하세요'

input안에 문자열을 입력하여 사용자에게 보여줍니다.

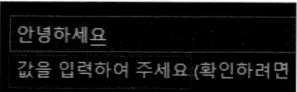

다음의 코드를 작성한 다음 첫 번째 문자열은 "안녕" 두 번째 문자열은 "하세요"를 입력합니다.

```
a = input("첫 번째 문자열 입력:")
b = input("두 번째 문자열 입력:")

print( a + b )
```

"안녕하세요"가 출력되었습니다.

코드를 다시 실행하여 첫 번째 문자열은 "100" 두 번째 문자열은 "200"을 입력하여 봅니다.
결과는 100200 이 출력되었습니다. 100+200은 300이 출력될 것 같았으나 input으로 입력받은 값은 모두 문자열이기 때문에 100의 문자열과 200의 문자열이 더해진 100200이 출력되었습니다. 문자열의 합은 문자열 두 개를 이어 붙인 형태입니다.

(3) 변수 - 숫자형, 문자형, 소수점형, BOOL형

[0.파이썬 기초문법] 폴더에 [3_변수.ipynb]로 파일을 생성 후 진행합니다.

3_변수.ipynb

파이썬에서의 변수는 =을 기준으로 왼쪽의 값이 오른쪽의 값을 가리킵니다. 다음의 코드를 작성하고 결과를 확인하여 봅니다.

코드	결과
a = 10 b = 10 c = a + b print(c)	20

20이라는 결과가 출력되었습니다. a 변수는 10의 값을 가리키고 있고 b 변수도 10의 값을 가리키고 있습니다. c 변수는 a와 b의 합이므로 20이 출력되었습니다. =을 기준으로 왼쪽의 변수가 오른쪽의 주소값을 가리키고 주소를 찾아가면 실제 값이 무엇인지 알 수 있습니다. 변수를 사용할 때는 실제 값을 사용하기 때문에 10 + 10이 계산되어 20이 되었습니다.

코드를 추가하여 다음의 코드를 작성하고 결과를 확인합니다.

코드	결과

d = '10'
 	
print(c + d)
	``
	TypeError Traceback (most recent call last)
	<ipython-input-2-2ff35b9a4ac3> in <module>
	      1 d = '10'
	      2
	----> 3 print(c + d)
	
	TypeError: unsupported operand type(s) for +: 'int' and 'str'
	``

결과로 에러가 발생하였습니다. 에러가 발생한 이유는 c의 값은 int형으로 숫자형입니다. 하지만 d는 '10'입니다. 따옴표나 쌍따옴표안에 있는 값은 문자의 형태로 문자와 숫자를 더할 수 없다는 의미입니다.

> **TIP**
>
> 주피터노트북은 코드를 조각조각 실행할 수 있습니다. 코드를 실행하고 나면 값들은 컴퓨터의 메모리에 상주하고 있습니다. 다음의 코드를 실행할 때 메모리에 상주한 변수의 값들은 지워지지 않습니다. 왼쪽의 [1], [2]의 숫자는 코드를 실행한 숫자를 의미합니다. 메모리에 상주 된 값을 지고 싶다면 [Restart] 버튼을 누르면 됩니다. VS CODE를 다시 실행했을 때는 당연하게도 값들은 메모리에 있지 않고 다시 실행시켜야 합니다.

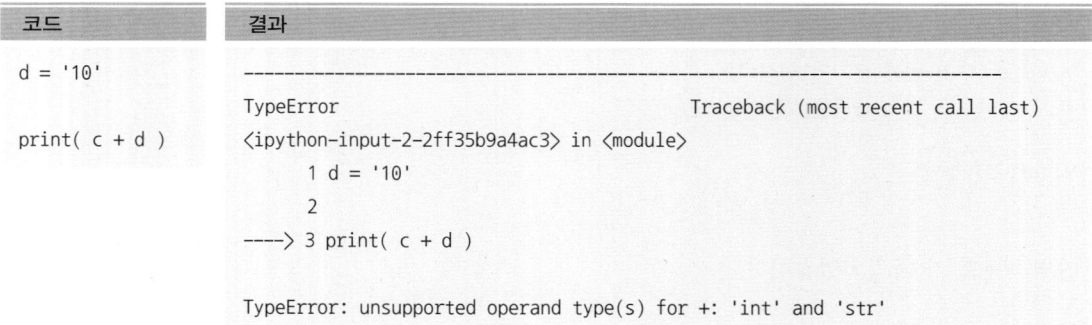

문자열을 숫자형으로 int()를 사용하여 숫자형으로 변환할 수 있습니다. 다음의 코드를 작성하여 문자를 숫자로 변환하여 계산하여 봅니다.

코드	결과
d = '10' print(c + int(d))	30

문자 '10'이 숫자 10으로 변환하여 20이 저장된 c의 값과 더해 30이 출력되었습니다.

숫자형 20이 저장된 c의 값을 문자열로 변환하여 더할 수도 있습니다. 숫자형을 문자형으로 변환하기 위해서는 str()으로 변환하면 됩니다.

코드	결과
d = '10' print(str(c) + d)	2010

문자로 변환된 '20'과 문자 '10'이 더해져 2010이 출력되었습니다.

소숫점형 자료형도 있습니다.

코드	결과
e = 3.14 f = 10 print(e + f)	13.14

소숫점형 자료형과 숫자형 자료를 더했을 경우는 에러가 발생하지 않습니다. 같은 숫자 형태이기 때문에 결과는 자동으로 소수점형으로 출력됩니다.

다음의 코드를 작성합니다. 위 과정에서 테스트한 코드와 동일한 코드입니다.

코드	결과
a = 10 b = 10 c = a + b print(c)	20

결과로 20이 출력되었습니다.

다음은 숫자형을 float()을 이용하여 소수점 형으로 변환 후 더했을 때입니다.

코드	결과
a = 10 b = 10 c = float(a) + float(b) print(c)	20.0

20.0의 결과가 출력되었습니다. 소수점형으로 출력되었습니다. float()을 이용하여 소수점형으로 변환할 수 있습니다.

True(참) 과 Flase(거짓)의 두 가지 값을 가지는 bool 형에 대해 알아봅니다

코드	결과
a_bool = True b_bool = False a_int = 1 b_int = 0 print(a_bool) print(b_bool) print(type(a_bool)) print(type(b_bool)) print(a_int) print(b_int) print(type(a_int)) print(type(b_int))	True False \<class 'bool'\> \<class 'bool'\> 1 0 \<class 'int'\> \<class 'int'\>

값의 입력을 True나 False로 초기값을 주면 bool형으로 변수가 초기화 됩니다.
값을 출력하면 True, False로 출력됩니다. 숫자 1,0은 정수형으로 bool형과는 다른 데이터 타입입니다. type의 명령어로 타입을 확인해보면 True, False는 bool 숫자 0, 1은 int(숫자형)으로 다름을 알 수 있습니다.

(4) 자료형 – 리스트, 튜플, 딕셔너리, set

[0.파이썬 기초문법] 폴더에 [4_자료형.ipynb]로 파일을 생성 후 진행합니다.

4_자료형.ipynb

리스트는 여러 개의 데이터를 하나의 변수로 묶어 표현할 수 있는 자료형입니다.
리스트를 생성하기 위해서는 [] 대괄호로 데이터를 묶습니다.

코드	결과
a_list = [1,2,3,4,5] print(a_list) print(a_list[0]) print(a_list[1])	[1, 2, 3, 4, 5] 1 2

a_list를 생성하였고 숫자 1, 2, 3, 4, 5의 값을 넣었습니다.

a_list의 출력은 [1, 2, 3, 4, 5]로 리스트 형태로 출력되었습니다.

a_list[0]은 리스트의 0번지 값인 1이 출력되었습니다. 리스트는 0번지부터 시작합니다.
a_list[1]은 리스트의 1번지 값인 2이 출력되었습니다. 리스트는 0번지부터 시작합니다.

리스트의 데이터를 자를 수 있습니다.

코드	결과
print(a_list[:2]) print(a_list[2:])	[1, 2] [3, 4, 5]

a_list[:2]로 처음부터 2번째 전까지의 데이터를 가져옵니다. [1, 2]의 데이터를 가져왔습니다.
a_list[2:]로 2번째부터 마지막까지의 데이터를 가져옵니다. [3, 4, 5]의 데이터를 가져왔습니다.

빈 리스트를 생성하고 데이터를 하나씩 추가하여 넣을 수 있습니다.

코드	결과
b_list = [] b_list.append(1) b_list.append(2) b_list.append(3) print(b_list)	[1, 2, 3]

b_list = [] 빈 리스트를 생성합니다.

b_list.append(1)로 숫자 1을 b_list에 넣습니다.

숫자 1, 2, 3을 b_list에 순차적으로 넣었습니다.

b_list의 출력 결과 [1, 2, 3]이 출력되었습니다.

리스트에는 여러 타입의 변수 형태를 저장할 수 있습니다.

코드	결과
c_list = [1,3.14,"hello",[1,2,3]] print(c_list) print(c_list[1:3])	[1, 3.14, 'hello', [1, 2, 3]] [3.14, 'hello']

c_list 에는 숫자형, 소수점형, 문자형, 리스트형 등 다양한 형태의 데이터가 들어갈 수 있습니다.
c_list[1:3]으로 데이터를 자르면 1번지부터 3번지 전까지의 데이터를 가져옵니다. 즉 1,2번지의 데이터를 가져옵니다.

리스트는 데이터를 변경할 수 있습니다.

코드	결과
d_list = [1,2,3,4,5] print(d_list) d_list[0] = 5 print(d_list)	[1, 2, 3, 4, 5] [5, 2, 3, 4, 5]

d_list[0] = 5를 이용하여 0번지의 데이터를 5로 변경하였습니다.

튜플 자료형을 알아봅니다. 튜플은 () 소괄호로 데이터를 묶습니다. 튜플은 리스트와 매우 비슷하나 튜플의 데이터는 변경할 수 없다는 특성이 있습니다. 변경할 수 없다는 특성만 다르고 리스트와 동일합니다.

코드	결과
a_tuple = (1,2,3,4,5) print(a_tuple)	(1, 2, 3, 4, 5)

결과 ()소괄호로 데이터가 묶여있어 튜플형입니다.

튜플의 데이터를 변경합니다.

코드	결과
| a_tuple[0] = 5 | ```
---------------------------------------------------------------
TypeError                                 Traceback (most recent call last)
<ipython-input-10-0775dda10b17> in <module>
----> 1 a_tuple[0] = 5

TypeError: 'tuple' object does not support item assignment
``` |

에러가 발생하며 데이터를 변경할 수 없습니다.

딕셔너리형 자료형에 대해 알아봅니다. 딕셔너리는 말 그대로 사전이라는 뜻이며 key와 value의 형태로 구성됩니다.
딕셔너리형의 표현은 {} 중괄호로 데이터를 묶습니다.
```

{key1:value,key2:value,key3:value} 형태로 값을 묶습니다. key값을 이용하여 value를 찾습니다.

코드	결과
a_dic = {'a':1, 'b':2, 'c':'3'} print(a_dic) print(a_dic['a']) print(a_dic['b']) print(a_dic['c'])	{'a': 1, 'b': 2, 'c': '3'} 1 2 3

a_dic = {'a':1, 'b':2, 'c':'3'} 딕셔너리 형태로 값을 넣었습니다.

a_dic['a'] 'a'의 킷값을 가진 1을 출력합니다.

a_dic['b'] 'b' 킷값을 가진 2을 출력합니다.

a_dic['c'] 'c' 킷값을 가진 3을 출력합니다.

딕셔너리의 킷값은 꼭 문자형태가 아닌 숫자도 가능합니다. 값은 숫자, 문자, 리스트 등 다양한 값을 넣을 수 있습니다.

코드	결과
b_dic = {1:'a', 'b':[1,2,3], 'c':3} print(b_dic[1]) print(b_dic['b']) print(b_dic['c'])	a [1, 2, 3] 3

b_dic[1] 1의 킷값을 가진 값 'a'를 출력합니다.

b_dic['b'] 'b'의 킷값을 가진 리스트 [1,2,3]이 출력되었습니다.

b_dic['c'] 'c' 킷값을 가진 값 3을 출력합니다.

새로운 킷값과 데이터를 입력하여 딕셔너리에 데이터를 추가할 수 있습니다.

코드	결과
b_dic['d'] = 4 print(b_dic)	{1: 'a', 'b': [1, 2, 3], 'c': 3, 'd': 4}

'd'의 킷값을 가진 4가 추가되었습니다.

set()의 자료형은 중복이 없는 자료형입니다. set() 안에 [] 리스트의 형태로 데이터를 넣어줍니다.

코드	결과
a_set = set([1,2,3,4]) print(a_set)	{1, 2, 3, 4}

a_set의 이름으로 set()자료형을 만들었습니다. set()자료형의 입력은 리스트로 입력합니다.

set()의 자료형에는 중복된 데이터가 있을 수 없습니다. 중복된 값을 set()자료형에 입력합니다.

코드	결과
b_set = set([1,1,2,2,3,3,4,5,6]) print(b_set)	{1, 2, 3, 4, 5, 6}

1,2,3이 중복으로 두 개씩 입력하였지만 중복이 제거되어 하나씩만 남았습니다. set()형은 순서대로 정렬하지 않습니다. 처음에는 순서대로 정렬하는 것처럼 보이지만 실제 순서가 없습니다.

set()자료형을 이용하여 값을 입력합니다.

코드	결과
c_set = set("python40s") print(c_set)	{'y', 'p', 'o', 't', 's', '4', 'h', '0', 'n'}

출력 결과 정렬되지 않고 무작위로 값이 섞였습니다. 데이터를 순서대로 정렬해야 하는 곳에서는 데이터의 순서가 뒤죽박죽 섞이기 때문에 사용할 수 없습니다.

(5)연산 – 사칙연산, 논리연산, 비교연산

[0.파이썬 기초문법] 폴더에 [5_연산.ipynb]로 파일을 생성 후 진행합니다.

5_연산.ipynb

사칙연산에 대해 알아봅니다. 사칙연산은 더하기, 빼기, 곱하기, 나누기의 연산입니다. 수학에서 곱하기는 x이지만 파이썬에서는 영어 소문자와 헷갈릴 수 있기 때문에 *로 표시됩니다. 거의 모든 프로그램 언어에서 곱하기는 *로 표현됩니다.

코드	결과
print("더하기:",10+20) print("빼기:",10-20) print("곱하기:",10*20) print("나누기:",10/20)	더하기: 30 빼기: -10 곱하기: 200 나누기: 0.5

더하기, 빼기, 곱하기, 나누기의 사칙연산을 하였습니다.

거듭제곱의 연산도 가능합니다.

코드	결과
print("c**2:",10**2) print("c**3:",10**3) print("c**4:",10**4)	c**2: 100 c**3: 1000 c**4: 10000

로 표시되며 **뒤에 숫자만큼 자신을 곱합니다. c2 는 10*10 c**3는 10*10*10으로 계산됩니다.

몫을 구하는 연산은 //   나머지를 구하는 연산은 %를 사용합니다.

코드	결과
print("몫:",40//6) print("나머지:",40%6)	몫: 6 나머지: 4

40//6은 40을 6으로 나눈 몫으로 6이 출력되었습니다.

40%6은 40을 6을 나눈 나머지 값으로 4가 출력되었습니다.

논리연산에 대해 알아봅니다. 논리연산으로는 or, and, not 이 있습니다.

or 연산은 값이 하나라도 참일경우에 참인 연산입니다.

코드	결과
print(0 or 0) print(0 or 1) print(1 or 0) print(1 or 1) print(False or False) print(False or True) print(True or False) print(True or True)	0 1 1 1 False True True True

1일 하나라도 있으면 1이되고

True가 하나라도 있으면 True가 됩니다.

0,1은 int(숫자형)이고 True, Flase는 bool형입니다.

and 연산은 모든값이 참이여야 참인 연산입니다.

코드	결과
print(0 and 0)	0
print(0 and 1)	0
print(1 and 0)	0
print(1 and 1)	1
print(False and False)	False
print(False and True)	False
print(True and False)	False
print(True and True)	True

모든값이 1 이상이거나, True일 때만 참인 연산입니다.

not은 자신의 상태를 반전시킵니다. True이면 False로 False이면 True로 변경합니다. not은 True 아니면 False의 두 가지 상태만을 가집니다.

코드	결과
print(not 0)	True
print(not 1)	False
print(not False)	True
print(not True)	False

출력되는 값이 반전되었습니다. 숫자 형태로 입력된 0, 1도 bool 타입으로 변경되었습니다.

비교연산은 다음 표와 같습니다.

==	두 개의 값이 같을 때 참
>=	왼쪽의 값이 크거나 같을 때 참
<=	오른쪽의 값이 크거나 같을 때 참
>	왼쪽의 값이 클 때 참
<	오른쪽의 값이 클 때 참
!=	두 개의 값이 같지 않을 때 참

비교연산을 실제 값으로 확인해봅니다

코드	결과
print(10 == 10)	True
print(10 >= 10)	True
print(10 <= 10)	True
print(10 < 5)	False
print(10 > 5)	True
print(10 != 10)	False

10==10과 같기 때문에 True가 출력됩니다. 파이썬에서 두 개의 값이 같음은 ==(=두 개)로 표현합니다. =(=하나)일 경우 오른쪽의 값을 가리켜라 라는 뜻입니다.

10>=10 10과 10은 크거나 같습니다. 같기 때문에 True입니다.

10<=10 10과 10은 작거나 같습니다. 같기 때문에 True입니다.

10 < 5 10보다 5가 더 큽니다. False입니다.

10 > 5 10이 5보다 더 큽니다. Ture입니다.

10 != 10 10과 10은 같지 않습니다. 같이 때문에 False입니다.

in은 리스트나 문자열에서 포함된 값을 비교합니다.
리스트에서 값이 포함되어있는지 확인하는 코드입니다.

코드	결과
a_list = ['a',2,'hello',3] print('a' in a_list) print(1 in a_list) print('hello' in a_list) print(3 in a_list)	True False True True

a_list에 'a'가 포함되어 있기 때문에 True입니다.

a_list에 1은 포함되어 있지 않기 때문에 False입니다.

a_list에 'hello'가 포함되어 있기 때문에 True입니다.

a_list에 3이 포함되어 있기 때문에 True입니다.

in을 이용하여 리스트 안의 값이 포함되어 있는지 확인할 수 있습니다.

in을 이용하여 문자열에서 문자가 포함되어 있는지 확인도 가능합니다.

코드	결과
a_str = "hello python" print("python" in a_str) print("py" in a_str) print("40" in a_str)	True True False

"hello python"의 문자열에서 python이 포함되어 있기 때문에 True입니다.

"hello python"의 문자열에서 py이 포함되어 있기 때문에 True입니다.

"hello python"의 문자열에서 40은 포함되어 있지 않기 때문에 False입니다.

(6) 조건문

[0..파이썬 기초문법법] 폴더에 [6_조건문.ipynb]로 파일을 생성 후 진행합니다.

🔹 6_조건문.ipynb

파이썬에서 조건문을 사용하여 조건에 만족하면 동작하는 방법에 대해 알아봅니다.

if 조건문을 사용 조건에 만족할 때만 동작하는 코드를 만들어봅니다.
if 조건문 뒤에 :(콜론)을 붙여줍니다.
조건문을 만족하면 동작하는 코드는 조건문에 들여쓰기를 합니다. 통상적으로 [TAB] 키를 이용하여 들여쓰기 합니다. [TAB] 키는 개발툴에 따라 2칸 또는 4칸으로 주로 되어있습니다. 이 책에서는 들여쓰기는 [TAB]을 이용한 4칸으로 합니다. (vs code의 [TAB] 키의 기본 옵션이 4칸으로 되어있어 별다른 설정을 수정하지 않고 사용합니다.)

[== 같을 때 참], [!= 다를때 참]

코드	결과
| ```
a = 1
b = 1
if a == b:
    print("두 개의 값은 같습니다.")
if a != b:
    print("두 개의 값은 같지 않습니다.")
``` | 두 개의 값은 같습니다. |

if a == b: a와 b와 같기 때문에 들여쓰기가 된 print("두 개의 값은 같습니다.") 을 실행합니다.
if a != b: a와 b는 값이 다를 때 조건이 만족합니다. 조건이 맞지 않기 때문에 조건에 만족하지 않습니다. a와 b는 숫자 1로 동일합니다.

if~ else 조건문은 if 조건이 만족하지 않을 경우 else 조건이 실행됩니다.

코드	결과
| ```
a = 1
b = 2
if a == b:
    print("두 개의 값은 같습니다.")
else:
    print("두 개의 값은 같지 않습니다.")
``` | 두 개의 값은 같지 않습니다. |

if a == b: 조건은 맞지 않으므로 else: 조건을 실행합니다.

if~ elif~ else 조건문으로 여러개의 조건을 비교할 수 있습니다.

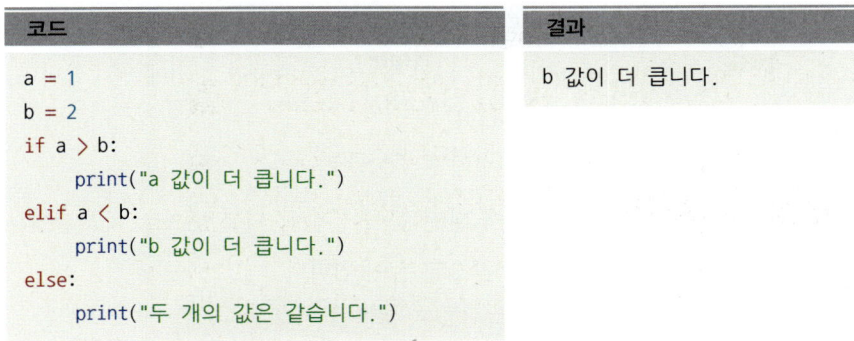

if a > b: 은 만족하지 않습니다.
elif a < b: 조건은 만족하여 실행합니다. 다음 else 조건은 건너 뜁니다.
if~ elif ~ else 조건의 경우 쌍으로 동작하며 위에서부터 조건을 비교하다가 만족하는 조건이 실행되면 아래의 조건은 실행되지 않고 건너 뜁니다.

[>= 크거나 같을 때 참], [<= 작거나 같을 때 참] 인 조건문을 알아봅니다.

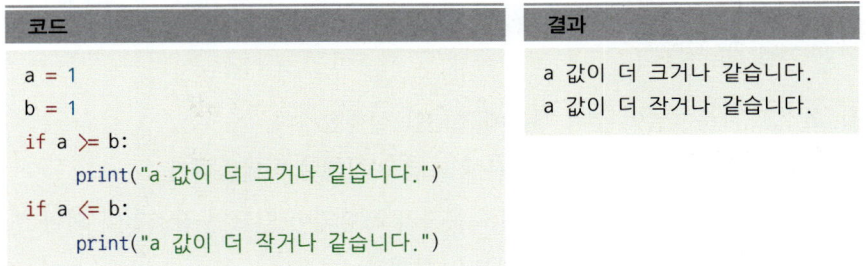

if a >= b: a값이 더 크거나 같습니다 중 같습니다가 만족하여 조건을 실행합니다.
if a <= b: a값이 더 작거나 같습니다 중 같습니다가 만족하여 조건을 실행합니다.

비교연산자인 and와 or를 이용한 비교문을 사용할 수 있습니다.

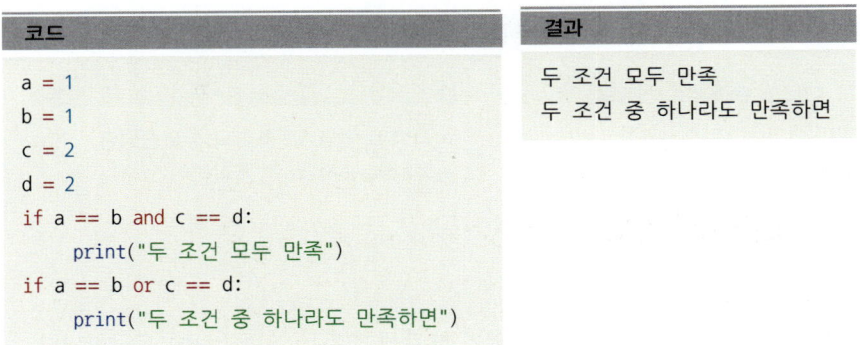

if a == b and c == d: 조건은 a==b은 조건도 참이고 c==d의 조건도 참이여야 조건에 만족합니다. and는 모든 조건이 True 또는 1이상이어야 만족합니다.

if a == b or c == d: 조건은 a==b 조건이 만족하거나 c==d의 조건이 만족하면 조건에 만족합니다. or는 조건중에 하나라도 True이거나 1이상이면 만족합니다.

조건문에서 문자열 비교를 알아봅니다. ==으로 비교시 완전 같아야 참이 되고 in으로 비교시에는 포함되어 있으면 참이 됩니다. not in은 포함되어 있지 않으면 참이 됩니다.

코드	결과
| ```python
a_str = "hello python"
if a_str == "hello python":
    print("hello python 문자열이 같습니다.")
if a_str == "hi python":
    print("hi python 문자열이 같습니다.")
if "hello" in a_str:
    print("hello 가 포함되어 있습니다.")
if "hello" not in a_str:
    print("hello 가 포함되어 있지 않습니다.")
if "hi" not in a_str:
    print("hi 가 포함되어 있지 않습니다.")
``` | hello python 문자열이 같습니다.<br>hello 가 포함되어 있습니다. |

if a_str == "hello python": 모든 문자열이 같기 때문에 조건을 실행합니다.

if a_str == "hi python": 모든 문자열이 같지 않기 때문에 조건을 실행하지 않습니다.

if "hello" in a_str: in의 사용방법은 a_str 안에 "hello" 문자가 포함되어 있으면 참조건이 되어 조건문을 실행합니다. hello가 포함되어 있기 때문에 조건문을 실행합니다.

if "hello" not in a_str: not in은 in과 반대로 포함되어 있지 않으면 조건이 참이 됩니다. hello는 포함되어 있기 때문에 거짓으로 조건문이 동작하지 않습니다.

if "hi" not in a_str: hi는 포함되어 있지 않기 때문에 조건에 만족하여 조건문이 동작합니다.

in은 리스트의 요소값을 비교할 때도 사용할 수 있습니다.

코드	결과
| ```python
a_list = ["안녕",1,2,"파이썬"]
if "안녕" in a_list:
    print("a_list에 안녕 이 포함되어 있습니다.")
if 2 in a_list:
    print("a_list에 숫자 2 가 포함되어 있습니다.")
``` | a_list에 안녕 이 포함되어 있습니다.<br>a_list에 숫자 2 가 포함되어 있습니다. |

if "안녕" not in a_list: a_list에는 "안녕"이 포함되어 있기 때문에 조건문을 만족하여 동작합니다.

if 2 in a_list: a_list에는 숫자 2가 포함되어 있기 때문에 조건문을 만족하여 동작합니다.

not in도 리스트의 요소 비교를 위해 사용할 수 있습니다.

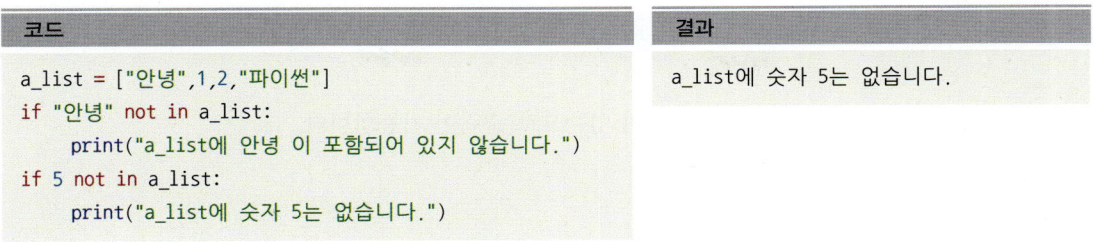

if "안녕" not in a_list: "안녕" 은 리스트에 포함되어 있지 않습니다. 를 만족하지 못하기 때문에 조건문은 동작하지 않습니다.

if 5 not in a_list: 숫자 5는 a_list에 없기 때문에 조건이 만족하여 동작합니다.

(7) 반복문 - while, for 반복문

[0.파이썬 기초문법] 폴더에 [7_반복문.ipynb]로 파일을 생성 후 진행합니다.

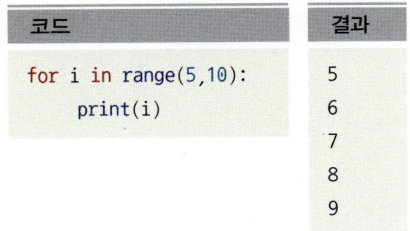

for 반복문을 사용하는 방법에 대해 알아봅니다.

코드	결과
`for i in range(7):` `    print(i)`	0 1 2 3 4 5 6

for i in range(7): 는 0부터 7-1까지 반복하라는 뜻입니다. i는 반복할 때마다 요소를 가져와 출력합니다. range(7)은 0부터 6까지입니다.

range의 범위를 지정할 수 있습니다. range(시작, 끝)으로 시작부터 끝-1까지 반복합니다.

코드	결과
`for i in range(5,10):` `    print(i)`	5 6 7 8 9

결과를 확인하면 시작인 5부터 끝인 10-1까지 반복하여 i값을 출력하였습니다. for문의 i값은 요소를 출력합니다. i의 이름은 원하는 대로 변경 가능합니다.

range 함수의 3번째 인자에 -1을 입력하면 역순으로 출력이 가능합니다.

코드	결과
``for i in range(10,5,-1):
print(i)```	10 9 8 7 6

10부터 5+1까지 -1씩 감소하여 5회 반복하여 출력되었습니다.

리스트에서 for문을 이용하여 값을 가져오는 방법에 대해 알아봅니다.

코드	결과
``a_list = [1,2,3,4,5,"안녕","하세요"]
for i in a_list:
print(i)```	1 2 3 4 5 안녕 하세요

for i in a_list: 로 작성하면 a_list의 길이만큼 for문을 동작합니다. i는 첫 번째 요소부터 다음으로 이동하여 값을 가져옵니다.

for문을 이용하여 문자의 수만큼 반복할 수도 있습니다.

코드	결과
``a_str = "hello python"
for i in a_str:
print(i)```	h e l l o p y t h o n

문자의 수만큼 반복하여 문자 하나하나를 출력하였습니다.

enumerate를 이용하면 리스트에서 위치와 값을 가져올 수 있습니다.

코드	결과
| ```
name_list = ["홍길동","장다인","김철수"]
age_list = [500,5,12]
for i,k in enumerate(name_list):
    print("i=",i,end=' ')
    print("k=",k)
``` | i= 0  k= 홍길동<br>i= 1  k= 장다인<br>i= 2  k= 김철수 |

name_list에서 i는 리스트의 위치, k는 리스트의 값을 가져올 수 있습니다. enumerate() 괄호안에 리스트, 문자열 등을 넣으면 됩니다.

print에서 end="는 "에 빈값이 들어갔기 때문에 종료문자를 넣지 않겠다는 뜻입니다. "어 값을 넣어주면 넣은 문자열로 종료문자가 들어갑니다. end="을 넣어주지 않으면 기본적으로 종료문자로는 줄바꿈이 들어갑니다. 줄바꿈을 하지 않기 위해서 end="을 넣어주었습니다.

name_list에는 이름이 저장되어 있고 age_list 나이가 저장되어 있습니다. 하나의 for문을 이용하여 데이터를 출력합니다.

코드	결과
| ```
name_list = ["홍길동","장다인","김철수"]
age_list = [500,5,12]
for i,k in enumerate(name_list):
    print(k,end=' ')
    print(age_list[i])
for i,k in enumerate(name_list):
    print(name_list[i],end=' ')
    print(age_list[i])
``` | 홍길동 500<br>장다인 5<br>김철수 12<br>홍길동 500<br>장다인 5<br>김철수 12 |

```
for i,k in enumerate(name_list):
    print(k,end=' ')
    print(age_list[i])
```

enumerate 이용하여 name_list의 길이와 내용을 가져왔습니다. name_list의 요소값이 저장된 k값과을 출력하고 i값을 이용하여 age_list의 나이를 출력하였습니다.

```
for i,k in enumerate(name_list):
    print(name_list[i],end=' ')
    print(age_list[i])
```

위의 방법이 헷갈릴수 있어 다음의 방법으로 k값은 사용하지 않고 증가되는 값인 i만 이용하여 리스트에서 값을 가져 왔습니다.

enumerate 사용하지 않고 list의 길이만큼을 range에 입력하여 사용할 수 있습니다.

코드	결과
| ```python
name_list = ["홍길동","장다인","김철수"]
age_list = [500,5,12]
for i in range(len(name_list)):
    print(name_list[i],end=' ')
    print(age_list[i])
``` | 홍길동 500<br>장다인 5<br>김철수 12 |

range(len(name_list)) 와 같이 name_list의 길이를 range함수에 입력하여for문을 반복하였습니다.

한 줄의for문을 이용하여 리스트의 값을 쉽게 넣을 수 있습니다.

코드	결과
| ```python
test_list = [i for i in range(10)]
print(test_list)

test2_list = []
for i in range(10):
    test2_list.append(i)
print(test2_list)
``` | [0, 1, 2, 3, 4, 5, 6, 7, 8, 9]<br>[0, 1, 2, 3, 4, 5, 6, 7, 8, 9] |

test_list = [i for i in range(10)] 는 test_list에 0부터 9까지 반복하여 i 값을 넣어라 라는 반복합니다.

일반for문을 이용하면 다음과 같이 3줄의 코드가 됩니다.

```python
test2_list = []
for i in range(10):
    test2_list.append(i)
```

.append는 리스트에 값을 넣을 때 사용합니다. 순차적으로 값이 들어갑니다.

리스트를 만들고 초기에 원하는 값을 넣을 때 많이 사용합니다.
다음의 코드와 같이 한 줄의for문을 이용하여 리스트를 생성하였습니다.

코드	결과
| ```python
test_list = [i * 5 for i in range(10)]
print(test_list)
test2_list = [0 for i in range(10)]
print(test2_list)
``` | [0, 5, 10, 15, 20, 25, 30, 35, 40, 45]<br>[0, 0, 0, 0, 0, 0, 0, 0, 0, 0] |

test_list는 10개의 데이터를 i에 5를 곱한 값으로 초기화 하였습니다.

test2_list의 값은 10개의 데이터를 0으로 초기화 하였습니다.
```

while 반복문에 대해 알아봅니다. while 반복문은 [while 조건:]에서 조건이 참일 때 계속 반복합니다. 참인조건인 True이거나 1이상일때는 참입니다. while문을 이용하여 5번 반복하는 코드를 만들어봅니다.

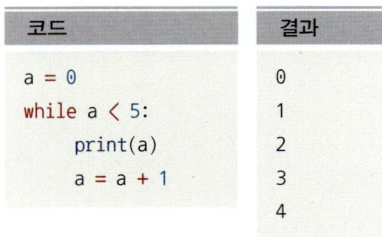

while조건이 a가 5보다 작으면 while문은 계속 반복합니다. a는 0~4까지 동작하다가 5가 되면 5〈5는 거짓이 되기 때문에 while문을 종료합니다. 출력 결과 0~4까지 5번 반복하였습니다.

while True: 를 사용하여 동일한 동작이 가능합니다. while 문안에 조건문을 만든 후 break를 이용하여 while문을 탈출할 수 있습니다.

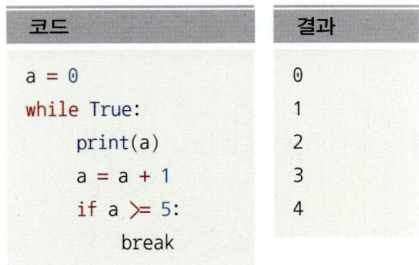

while True: 는 계속 동작합니다. 조건문에서 a가 5보다 크거나 같으면 break로 인해 while문을 탈출합니다. 동작결과 0~4까지 출력되다가 5가되면 if a〉=5: 조건문에 만족하여 break를 만나 while문을 탈출합니다.

(8) 오류 및 예외처리

[0.파이썬 기초문법] 폴더에 [8_오류및예외처리.ipynb]로 파일을 생성 후 진행합니다.

8_오류및예외처리.ipynb

프로그램 언어를 사용하는 이유는 컴퓨터가 알아들을 수 있는 기계어인 0과 1로 바꿔주는 역할을 합니다. 파이썬 언어는 파이썬프로그램 언어를 인터프리터라고 하는 명령어 해석기를 통해 한 줄 한 줄 기계어로 번역하여 컴퓨터에게 전달해줍니다. 한 줄 한 줄 동작하기 때문에 에러가 발생하는 프로그램 이전까지는 잘 동작하다가 프로그램의 에러를 만나면 에러를 출력하고 종료합니다. 프로그램에서 에러가 발생할만한 코드에 예외처리를 하는 방법을 알아보도록 합니다.

의도적으로 에러를 발생하는 코드를 만들어봅니다.

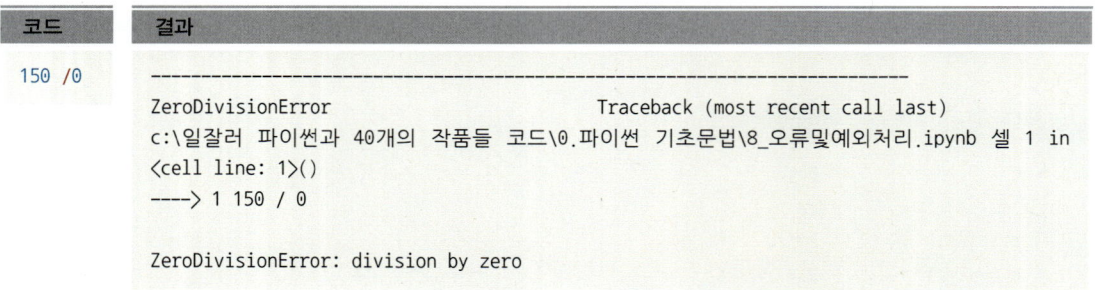

ZeroDivisionError: division by zero 이 출력됩니다. 0으로 값을 나눌 수 없기 때문에 에러가 발생하였습니다.

에러를 외예처리 할 수 있는 try: except: 구문을 이용하여 에러 예외처리를 합니다.

코드	결과

try:
    150 /0
except:
    print("에러발생")
	에러발생

try: 문에 에러가 발생하면 except: 문을 실행합니다. 에러발생을 출력하였습니다.

에러발생을 무시하고 넘어갈 수도 있습니다. pass를 사용하면 아무것도 하지 않고 넘어갑니다.

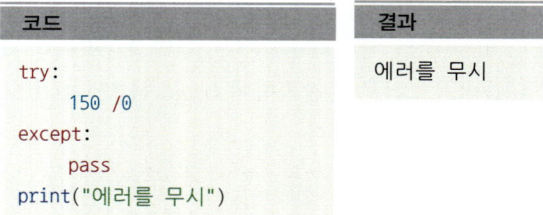

except: 문에 pass를 사용하여 아무것도 하지 않고 다음줄인 "에러를 무시"를 출력하였습니다.

에러의 원인을 알고 싶으면 다음과 같이 Exception as e를 이용하여 e를 출력하면 에러의 원인이 출력됩니다. 프로그램이 멈추지 않고 프로그램 내에서 에러의 원인을 출력합니다.

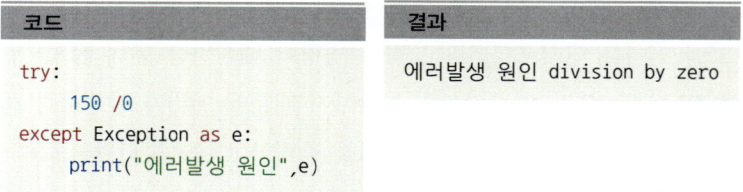

e를 출력해보면 division by zero 으로 에러의 원인을 알 수 있습니다.

(9) 함수

[0.파이썬 기초문법] 폴더에 [9_함수.ipynb]로 파일을 생성 후 진행합니다.

🗋 9_함수.ipynb

함수는 코드가 모여있는 하나의 단위입니다. 파이썬에서 함수를 만들기 위해서는 def 이름: 을 이용합니다.

간단한 함수를 만들어보고 실행해 봅니다.

코드	결과
| ```python
def func():
    print("SSS급 일잘러를 위한")
    print("파이썬과 40개의 작품들 입니다.")
func()
``` | ```
print("SSS급 일잘러를 위한")
print("파이썬과 40개의 작품들 입니다.")
``` |

func의 이름으로 함수를 만들었습니다. 끝에 콜론을 붙여줍니다. func 함수 안에 있다는 것은 들여쓰기 코드를 통해 func 함수를 만들 수 있습니다.

다음과 같이 func() 함수를 정의하였습니다.

```python
def func():
    print("SSS급 일잘러를 위한")
    print("파이썬과 40개의 작품들 입니다.")
```

코드에서 func()를 호출하면 func() 함수 안에 정의된 코드를 실행합니다.

내가 필요한 시점에 함수를 불러 정의된 코드를 사용할 수 있습니다. for문 안에서 함수를 불러 사용합니다.

코드	결과
| ```python
def func():
    print("SSS급 일잘러를 위한")
    print("파이썬과 40개의 작품들 입니다.")
for i in range(3):
    func()
``` | SSS급 일잘러를 위한<br>파이썬과 40개의 작품들 입니다.<br>SSS급 일잘러를 위한<br>파이썬과 40개의 작품들 입니다.<br>SSS급 일잘러를 위한<br>파이썬과 40개의 작품들 입니다. |

func() 함수를 for문에서 호출하여 3번 동작하였습니다.
```

함수에서 2개의 값을 받아 더한값을 반환해주는 함수를 만들고 동작시켜 봅니다.

코드	결과
| ```python
def func_add(a,b):
    return a + b
c = func_add(1,2)
print(c)
``` | 3 |

func_add의 이름으로 함수를 만들고 a,b 값을 입력 받았습니다.
return을 이용하여 a+b의 값을 반환합니다.
함수의 사용은 c = func_add(1,2) 1, 2의 값을 더해 값을 반환하고 반환된 값을 c에 저장합니다.
c를 출력하여 1과 2를 더한 3이 출력되었습니다.

곱하기 동작을 하는 함수도 만들어봅니다.

코드	결과
| ```python
def func_mux(a,b):
    mux = a * b
    return mux
c = func_mux(2,3)
print(c)
``` | 6 |

func_mux 이름으로 함수를 만들고 a,b 입력값을 받습니다. 함수 내부에 mux 변수를 하나 생성 후 a*b값을 저장 후 mux값을 반환합니다.
func_mux(2,3)으로 2와 3을 곱한값을 반환합니다.

파이썬의 함수는 여러개의 값을 반환할 수 있습니다. 숫자 두 개를 입력받아 더한값과 곱한값을 각각 반환하는 함수를 만들어봅니다.

코드	결과
| ```python
def func_add_mux(a,b):
    add = a + b
    mux = a * b
    return add,mux
a,b = func_add_mux(1,3)
print(a,b)
``` | 4 3 |

func_add_mux(a,b) 는 a, b값 두 개를 입력받아 더한 값은 add 변수에 곱한값은 mux변수에 저장하고 return을 이용하여 add와 mux를 반환합니다.
a,b = func_add_mux(1,3) 첫 번째 반환값에는 a가 두 번째 반환값에는 b가 저장되어 a에는 더한 값 b는 곱한값이 저장됩니다.
```

함수에서 반환되는 값 중 선택하여 값을 받을 수 있습니다.

코드	결과
| ```python
def func_add_mux(a,b):
    add = a + b
    mux = a * b
    return add,mux
_,b = func_add_mux(1,3)
print(b)
``` | 3 |

func_add_mux(a,b) 함수는 두 개의 값을 반환하지만 함수를 사용할 때 _,b = func_add_mux(1,3) 사용하면 첫 번째 값은 받지 않겠다는 뜻입니다. 두 번째 곱한 값만 받아 사용하였습니다.

(10) 클래스

[0.파이썬 기초문법] 폴더에 [10_클래스.ipynb]로 파일을 생성 후 진행합니다.

> 10_클래스.ipynb

클래스란 프로그램의 틀이라 생각하면 됩니다. 클래스를 이용하여 틀을 만들고 그 틀대로 찍어 객체를 만들 수 있습니다. 틀을 이용하여 객체를 찍어내면 되기 때문에 객체는 틀을 찍는대로 생성 가능합니다.

간단한 클래스를 구상하고 객체를 만드는 프로그램을 만들어봅니다.

코드	결과
| ```python
class Greet():
    def hello(self):
        print("hello")
    def hi(self):
        print("hi")
human1 = Greet()
human2 = Greet()
human1.hello()
human1.hi()
human2.hello()
human2.hi()
``` | hello<br>hi<br>hello<br>hi |

s Greet(): 으로 클래스를 만들었습니다. 클래스 안에는 hello 함수와 hi함수가 있습니다. 클래스안에 함수는 메서드라고 불립니다.

hello 메서드는 hello를 출력하고 hi 메서드는 hi를 출력하는 단순한 메서드입니다.

human1 = Greet() Greet라는 클래스로 humain1 객체를 찍어 생성하였습니다.

human2 = Greet() Greet라는 클래스로 humain2 객체를 찍어 생성하였습니다.

클래스로 객체를 생성하였으면 객체는 클래서에서 만든 메서드(함수)를 사용할 수 있습니다.

humain1.hello()를 이용하여 hello 메서드(함수)를 실행하였습니다.

human1.hi()를 이용하여 hi 메서드(함수)를 실행하였습니다.

human2.hello()를 이용하여 hello 메서드(함수)를 실행하였습니다.

human2.hi()를 이용하여 hi 메서드(함수)를 실행하였습니다.

이처럼 하나의 클래스를 만든 후 객체를 생성하여 동작하였습니다.

클래스를 생성할 때 __init__함수를 만들면 클래스를 생성할 때 바로 실행됩니다. 학생 클래스를 생성 후 이름, 나이, 좋아하는것을 입력받고 정보를 출력하는 코드를 만들어봅니다.

코드

```python
class Student():
    def __init__(self,name,age,like):
        self.name = name
        self.age = age
        self.like = like
    def student_info(self):
        print(f"이름:{self.name}, 나이:{self.age}, 좋아하는것:{self.like}")
김철수 = Student("김철수",17,"축구")
장다인 = Student("장다인",5,"헬로카봇")
김철수.student_info()
장다인.student_info()=
```

결과

```
이름:김철수, 나이:17, 좋아하는것:축구
이름:장다인, 나이:5, 좋아하는것:헬로카봇
```

Student() 클래스를 생성하였습니다. __init__ 메서드는 객체를 만들 때 자동으로 동작하는 메서드입니다. name, age, like를 입력받습니다. self는 자기 자신으로 클래스 메서드(함수)를 만들 때 꼭 붙여줍니다.

self.name, self.age ,self.like 는 Student() 클래스에서 사용하는 클래스변수로 클래스 내에 다른 메서드(함수)에서 사용 가능합니다.

김철수 = Student("김철수",17,"축구") 김철수 객체를 만들고 이름, 나이, 좋아하는 것을 입력하였습니다.

장다인 = Student("장다인",5,"헬로카봇") 장다인 객체를 만들고 이름, 나이, 좋아하는 것을 입력하였습니다.

김철수.student_info() 김철수의 정보를 출력합니다.

장다인.student_info() 장다인의 정보를 출력합니다.

클래스의 상속에 대해 알아봅니다. 클래스는 상속받아 이어 사용 가능합니다.

코드	결과
| ```python
class Mother():
    def characteristic(self):
        print("키가 크다.")
        print("공부를 잘합니다.")
class Daughter(Mother):
    def characteristic(self):
        super().characteristic()
        print("운동을 잘합니다.")
엄마 = Mother()
딸 = Daughter()
print("엄마는")
엄마.characteristic()
print("딸은")
딸.characteristic()
``` | 엄마는<br>키가 크다.<br>공부를 잘합니다.<br>딸은<br>키가 크다.<br>공부를 잘합니다.<br>운동을 잘합니다. |

Mother()클래스의 characteristic(self) 는 "키가 크다" "공부를 잘한다"를 출력합니다. Daughter(Mother)클래스는 Mother클래스를 상속받았고 Daughter() 클래스의 characteristic(self)은 super().characteristic() 로부터 상속받은 "키가 크다" "공부를 잘한다"와 자기자신이 잘하는 "운동을 잘합니다."를 출력합니다.

상속받은 메서드(함수)를 사용할 때는 super()를 사용합니다. super()는 상위라는 뜻이 있습니다. 딸은 엄마에게 상속받은 키가 크다와 공부를 잘한다를 상속받고 자기자신이 잘하는 운동을 잘한다도 함께 출력하였습니다.

__init__를 이용하여 객체를 생성하자 마자 출력하는 방법도 있습니다.

코드	결과
| ```python
class Mother():
    def __init__(self):
        print("키가 크다.")
        print("공부를 잘합니다.")
class Daughter(Mother):
    def __init__(self):
        super().__init__()
        print("운동을 잘합니다.")
print("엄마는")
엄마 = Mother()
print("딸은")
딸 = Daughter()
``` | 엄마는<br>키가 크다.<br>공부를 잘합니다.<br>딸은<br>키가 크다.<br>공부를 잘합니다.<br>운동을 잘합니다 |

super().__init__() 은 상속받은 클래스의 __init__을 실행합니다.

(11) 주석

[0.파이썬 기초문법] 폴더에 [11_주석.ipynb]로 파일을 생성 후 진행합니다.

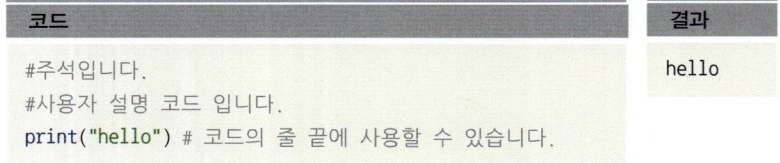

주석은 프로그램의 문법과는 상관없이 프로그램 설명이나 코드 자체를 실행하지 못하게 하는 용도로 사용합니다.

파이썬은 주석은 #을 이용합니다. #다음부터는 주석으로 인식되어 코드에 영향을 받지 않습니다.

코드	결과
#주석입니다. #사용자 설명 코드 입니다. print("hello") # 코드의 줄 끝에 사용할 수 있습니다.	hello

코드의 끝에 #을 작성할 수 있습니다. #뒤에 부터 그 줄은 주석으로 처리됩니다.

코드 자체를 주석으로 막을 수 있습니다.

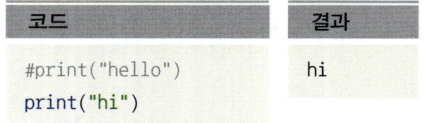

#print("hello") 는 주석처리되어 실행되지 않습니다.

여러줄을 주설처리 할 때는 """ 쌍따옴표 3개로 시작하고 """ 쌍따옴표 3개로 종료할 수 있습니다.

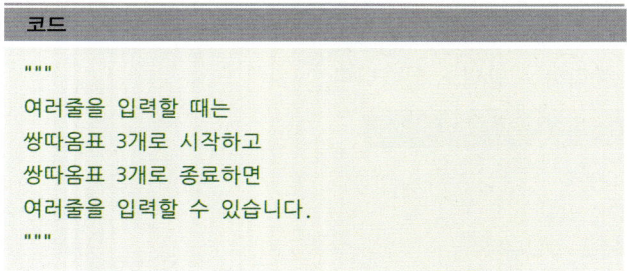

쌍따옴표 3개로 시작하여 쌍따옴표 3개로 종료될때까지 여러줄이 주석처리 되었습니다.

또는 ''' 따옴표 3개로 시작하고 '''따옴표 3개로 종료해도 동일하게 여러줄을 주석처리 할 수 있습니다.

코드

```
'''
또는 여러줄을 입력할 때는
따옴표 3개로 시작하고
따옴표 3개로 종료하면
여러줄을 입력할 수 있습니다.
'''
```

''' 따옴표 3개도 동일하게 여러줄을 주석처리할 수 있습니다.

여러줄의 문자열을 입력할 때 역시 쌍따옴표 3개, 따옴표 3개를 사용할 수 있습니다.

코드

```
a_str = """
여러줄의
문자열을 입력할 때도
쌍따옴표 또는 따옴표
3개를 사용할 수 있습니다.
"""
print(a_str)
```

결과

```
여러줄의
문자열을 입력할 때도
쌍따옴표 또는 따옴표
3개를 사용할 수 있습니다.
```

원하는 부분만을 주석할 때는 [Ctrl + /]를 눌러 주석을 하거나 풀 수 있습니다.

코드

```
#여러줄을 마우스로 드래그 하여 선택 후 [Ctrl + /] 로 주석처리 할 수 있습니다.
#다시 주석을 해제할 때는 # 주석처리된 코드에서 [Ctrl + /] 로 주석을 해제 할 수 있습니다.
# a = 1
# b = 2
# print(a + b)
```

주석처리 하고 싶은 부분을 마우스로 드래그 한 다음 [Ctrl + /]를 누릅니다.

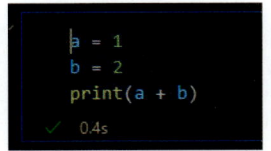

주석처리되었습니다 다시 주석을 해제하고 싶다면 주석 된 부분을 드래그하여 [Ctrl + /]를 눌러 주석을 해제합니다.

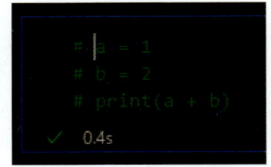

(12) import

[0.파이썬 기초문법] 폴더에 [12_import.ipynb]로 파일을 생성 후 진행합니다.

 12_import.ipynb

import를 이용하여 외부에서 라이브러리, 모듈 등을 불러와 사용할 수 있습니다.

```
import random
print(random.randint(1, 100))
```

random 라이브러리를 import 하여 사용하였습니다. random 라이브러리는 무작위 값을 반환하는 기능이 있습니다.

random 라이브러리를 불러올 때 rd라는 이름을 붙여 불러와 봅니다. rd는 임의로 붙인 이름으로 자신이 편한 이름으로 불러와 사용 가능합니다.

```
import random as rd
print(rd.randint(1, 100))
```

random 라이브러리를 rd의 이름으로 불러왔습니다. 코드에서는 rd로 사용하면 됩니다.
보편적으로 라이브러리의 이름이 길기 때문에 줄여서 사용합니다.

random 라이브러리에서 특수한 기능만 불러와 봅니다. randint 라는 기능만을 불러옵니다.

```
from random import randint
print(randint(1, 100))
```

random 라이브러리에서 randint만을 불러와 사용합니다. 코드에서는 randint 이름 그대로 사용 가능합니다.

*를 이용하여 모든 기능을 불러올 수 있습니다.

```
from random import *
print(randint(1, 100))
```

random 라이브러리에서 *를 이용하여 모든 기능을 불러왔습니다. 코드에서는 라이브러리이름 없이 모든 기능을 사용할 수 있습니다.

(13) 변수의 범위

[0.파이썬 기초문법] 폴더에 [13.변수의범위.ipynb]로 파일을 생성 후 진행합니다.

> 13.변수의범위.ipynb

변수는 지역변수, 전역변수로 변수가 영향을 주는 범위가 있습니다.
전역변수로 선언된 a,b와 함수안에 지역변수로 선언된 a,b를 더하는 코드를 만들어봅니다.

코드	결과
| ```python
a =10
b =5
def add():
    a =5
    b =2
    print("함수안:",a+b)
add()
print("함수밖:",a+b)
``` | 함수안: 7<br>함수밖: 15 |

add()함수 안에 지역변수로 선언된 a,b를 더해 함수 안에서 7이 출력되었습니다.
함수밖에서는 a,b를 더한 15가 출력되었습니다. 함수 안에서 a,b변수를 사용하였지만 함수 밖의 a,b 변수의 값이 바뀌지 않았습니다. 함수 안에 선언된 a,b는 지역변수 함수밖에 선언된 a,b는 전역변수로 두 개의 변수는 이름은 같지만 서로 다른 변수입니다.

함수 안에서 전역변수를 사용하려면 함수 안에서 global 키워드를 붙이고 전역변수명을 불러옵니다.

코드	결과
| ```python
a =10
b =5
def add():
    global a,b
    a =5
    b =2
    print("함수안:",a+b)
add()
print("함수밖:",a+b)
``` | 함수안: 7<br>함수밖: 7 |

함수 안에서 global a,b를 선언하면 전역변수 a,b를 사용하겠다는 의미입니다. 함수 안에서 전역변수 a,b의 값을 변경하였기 때문에 함수밖에서도 동일하게 변경되었습니다.

CHAPTER

03

OpenCV를 활용한 자동차 조종하기

AI 자동차를 무선으로 연결하고 AI 자동차에서 보내주는 스트리밍 영상을 OpenCV를 이용하여 화면에 출력합니다. 또한 AI 자동차에 명령을 주어 자동차를 조종합니다.

작업영역 폴더 추가하기

파이썬 코드를 작성하기 위해서 프로젝트 폴더를 생성합니다. C 드라이브에 [코드] 폴더를 생성합니다.

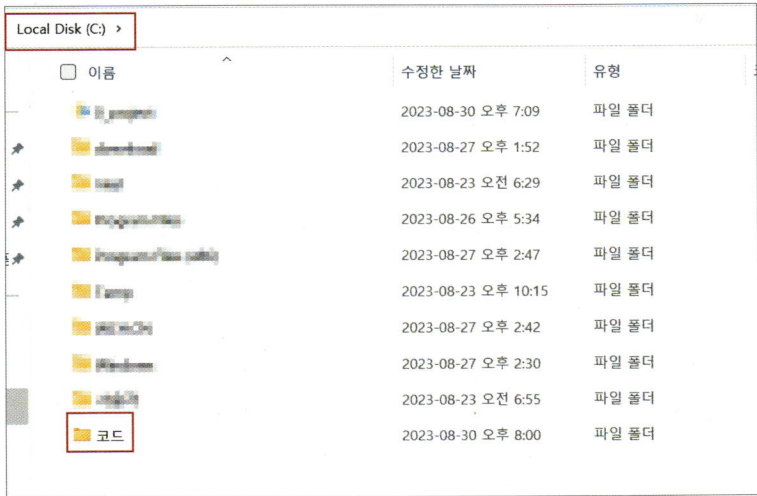

[C 드라이브] -> [코드] 폴더에 [파이썬코드] 폴더를 생성합니다.

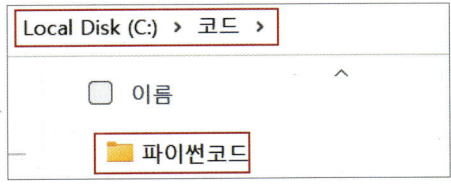

VS CODE를 실행합니다.

[폴더 열기] 버튼을 눌러 작업 폴더를 지정합니다.

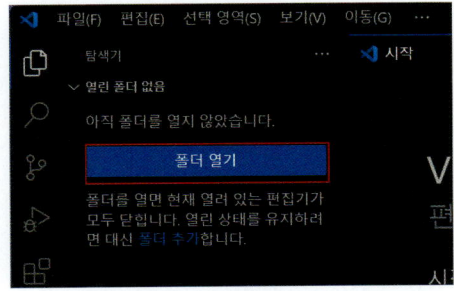

[C 드라이브] –> [코드] –>[파이썬코드] 폴더에 접속 후 [폴더 선택]을 클릭하여 작업 폴더로 지정합니다.

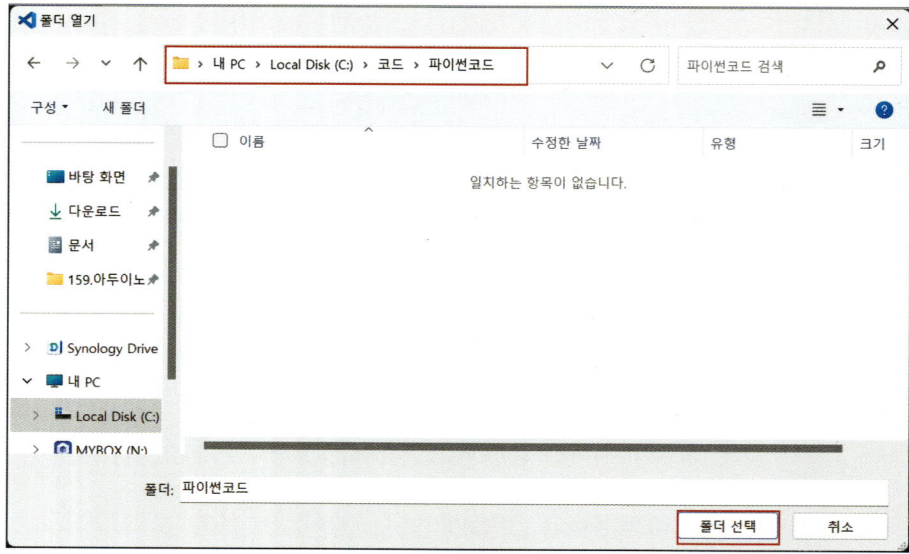

"부모 폴더 '코드'에서 모든 파일의 작성자를 신뢰합니다." 체크 박스를 체크한 다음 [예, 작성자를 신뢰합니다.]를 선택합니다.

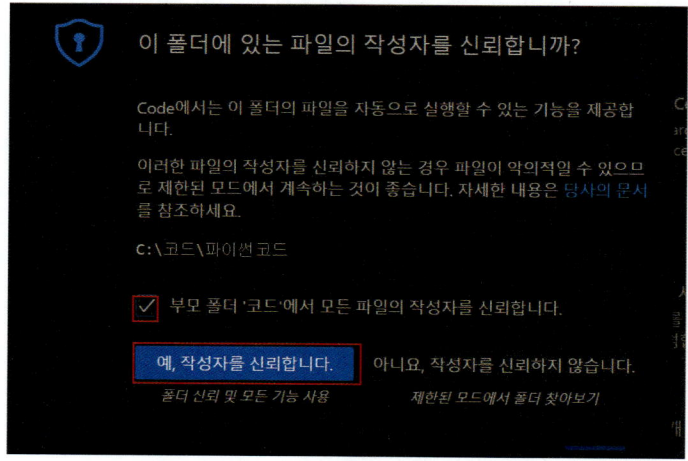

[파이썬코드] 폴더가 기본 작업영역으로 설정되었습니다.

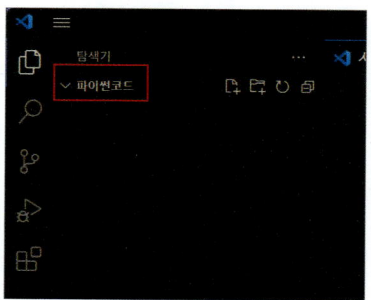

OpenCV로 자동차 영상 받기

AI 자동차에서 보내주는 스트리밍 영상을 OpenCV를 이용하여 출력합니다.
핫스팟을 이용하여 [AI 자동차]와 연결 후 할당받은 IP주소를 확인합니다.

할당받은 IP주소를 이용하여 웹페이지에 접속하여 확인합니다.
영상의 출력을 확인 후 웹페이지를 [X]를 눌러 닫아줍니다. 영상 스트리밍은 하나의 페이지만 출력이 가능합니다. 웹에서 스트리밍 영상을 받고 있다면 파이썬에서 스트리밍을 받지 못합니다.

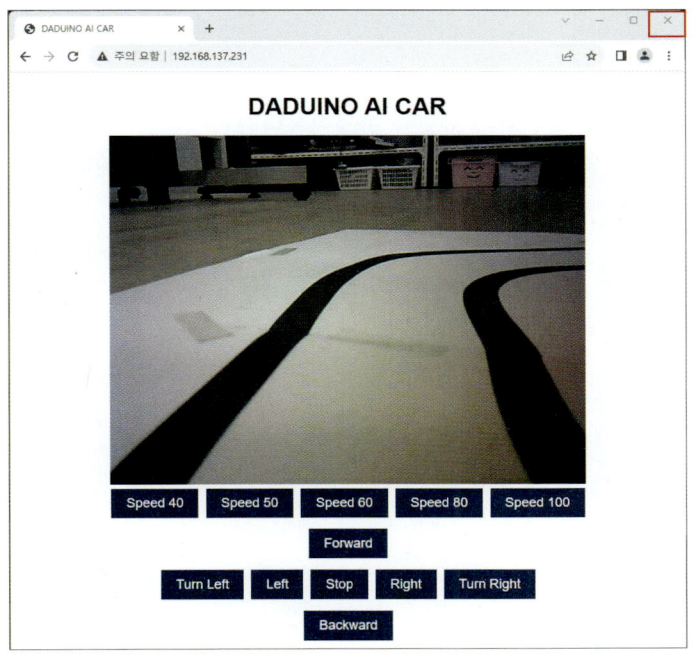

자율주행 자동차 영상 스트리밍 데이터 확인

[파이썬코드] 작업영역에 파일추가 버튼을 클릭하여 main3-1-1.py 파일을 생성 후 코드를 작성합니다. 앞으로 진행하는 파이썬코드는 [파이썬코드] 폴더에 파이썬 파일을 생성 후 진행합니다.

[0.파이썬 기초문법] 폴더에는 파이썬 기초문법에 관한 코드가 있습니다. [0.파이썬 기초문법] 폴더에 코드를 추가하지 않습니다.

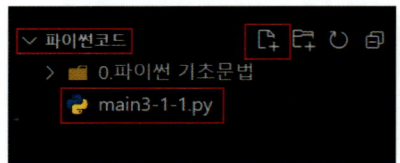

[0.파이썬 기초문법]와 main으로 시작하는 파이썬 코드는 [파이썬코드] 폴더내에 같은 경로상에 있습니다.

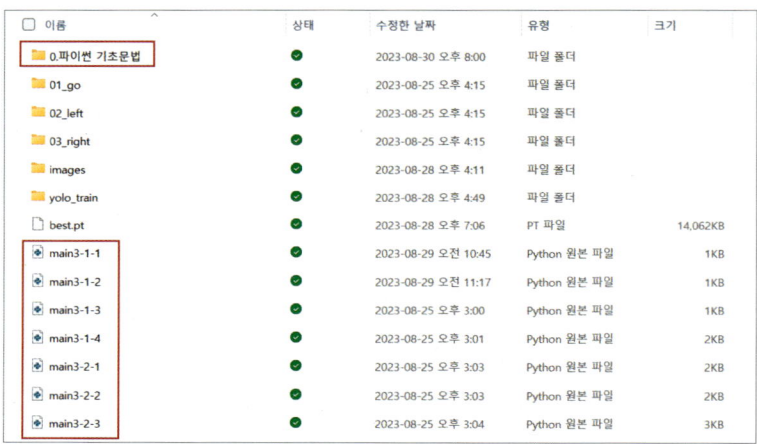

파이썬에서 스트리밍 주소에 접속하여 데이터를 확인하는 코드를 만들어봅니다.

IP 주소 영역에는 AI 자동차가 접속된 IP주소를 입력합니다. 접속 시점에 따라 다를 수 있으므로 주소를 확인 후 연결된 IP 주소를 입력합니다.

main3-1-1.py 파일을 생성 후 아래의 코드를 작성합니다.

main3-1-1.py

```python
01  import cv2
02  import numpy as np
03  from urllib.request import urlopen
04
05  ip ='192.168.137.108'
06  stream = urlopen('http://'+ ip +':81/stream')
07  buffer = b''
08
09  while True:
10      buffer += stream.read(4096)
11      print(buffer)
12
13  # main3-1-1.py
14  # 주소에 접속하여 데이터 확인
```

01: opencv 라이브러리를 불러옵니다.
02: numpy 라이브러리를 불러옵니다.
03: urlopen 함수를 urllib.request 모듈에서 불러옵니다.
05: IP 주소 '192.168.137.108' 를 변수 ip 에 할당합니다. AI 자동차가 연결된 IP주소를 입력합니다.
06: 주어진 IP 주소와 포트 번호를 이용하여 http 프로토콜을 이용하여 스트리밍 데이터에 접속하는 URL을 생성합니다.
07: 비어있는 바이트(bytes) 형태의 buffer 변수를 생성합니다.
09: 무한 루프를 시작합니다.
10: 스트리밍 데이터를 4096바이트씩 읽어와 buffer 변수에 덧붙입니다.
11: 현재까지 읽은 데이터를 출력합니다.

이 코드는 opencv와 numpy 라이브러리를 사용하여 주어진 IP 주소의 스트리밍 데이터를 읽어들이고, 이를 buffer에 누적하여 출력하는 기능을 수행합니다.

[▶Python 파일 실행] 버튼을 눌러 코드를 실행합니다.

스트리밍의 데이터가 터미널 영역에 출력되었습니다. 터미널 영역에서 [Ctrl + C]를 눌러 키보드 인터럽트를 발생하여 코드를 멈출 수 있습니다.

영상 스트리밍 데이터 OpenCV를 이용하여 영상 출력

글자로 표현되는 스트리밍 데이터를 OpenCV를 이용하여 영상으로 출력해보도록 합니다.
main3-1-2.py 파일을 생성 후 아래의 코드를 작성합니다.

```python
# main3-1-2.py
01  import cv2
02  import numpy as np
03  from urllib.request import urlopen
04
05  ip ='192.168.137.108'
06  stream = urlopen('http://'+ ip +':81/stream')
07  buffer = b''
08
09  while True:
10      buffer += stream.read(4096)
11      head = buffer.find(b'\xff\xd8')
12      end = buffer.find(b'\xff\xd9')
13
14      try:
15          if head >-1 and end >-1:
16              jpg = buffer[head:end+2]
17              buffer = buffer[end+2:]
18              img = cv2.imdecode(np.frombuffer(jpg, dtype=np.uint8), cv2.IMREAD_UNCHANGED)
19              cv2.imshow("AI CAR Streaming", img)
20              key = cv2.waitKey(1)
21              if key == ord('q'):
22                  break
23
24      except:
25          print("에러")
26          pass
27
28  cv2.destroyAllWindows()
29
30  # main3-1-2.py
31  # AI 자동차의 영상을 OpenCV를 이용하여 출력하는 코드
```

10: 스트리밍 데이터를 4096바이트씩 읽어와 buffer 변수에 덧붙입니다.
11: buffer 내에서 b'\xff\xd8' 패턴(시작 바이트)을 찾아 해당 인덱스(head)를 찾습니다.
12: buffer 내에서 b'\xff\xd9' 패턴(종료 바이트)을 찾아 해당 인덱스(end)를 찾습니다.
14: 예외 처리를 위한 try 블록을 시작합니다.
15: head와 end가 모두 유효한 인덱스일 경우.
16: jpg 변수에 buffer에서 head부터 end+2까지의 데이터를 할당합니다.
17: buffer를 end+2 인덱스부터 끝까지로 업데이트합니다.
18: jpg 데이터를 사용하여 이미지를 디코드하고, cv2.imshow를 이용하여 이미지를 화면에 표시합니다.

20 : cv2.waitKey(1) 함수를 사용하여 키 입력을 기다립니다.
21 : 키가 'q'인 경우 루프를 종료합니다.
24 : 예외가 발생한 경우 (잘못된 데이터 또는 디코딩 에러 등).
25-26 : "에러" 메시지를 출력하고 예외를 무시합니다.
28 : OpenCV 창을 닫습니다.

이 코드는 주어진 IP 주소의 스트리밍 데이터를 받아와 화면에 출력하는 기능을 수행합니다. 무선으로 데이터를 수신받다 보니 간혹 데이터를 읽어버리는 경우가 있어 데이터를 읽어버리더라도 코드가 종료되지 않도록 try~except 구문을 이용하여 예외처리를 하였습니다.

[▶Python 파일 실행] 버튼을 눌러 코드를 실행합니다.
스트리밍 데이터를 받아와 영상으로 표시하였습니다. 활성화된 OpenCV 창에서 키보드의 Q 를 누르면 창을 닫고 종료할 수 있습니다.
이미지를 확인해보면 위쪽 부분의 이미지는 차선과 상관없는 데이터가 있을 확률이 높습니다. 인공지능이 차선만 잘 분류할 수 있도록 다음의 코드에서는 위쪽 이미지를 잘라 아래쪽 1/2만큼만 출력되도록 수정합니다.

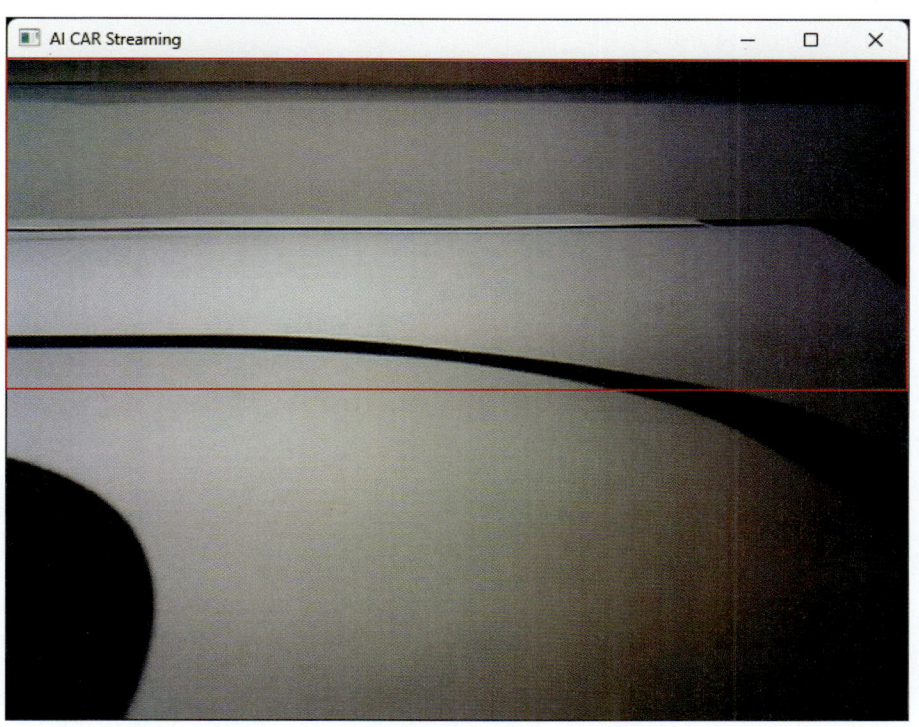

이미지의 아랫부분 1/2만 잘라 출력하기

이미지의 아랫부분 1/2만 출력하는 코드를 작성합니다.

main3-1-3.py 파일을 생성 후 아래의 코드를 작성합니다.

```
3-1-3.py
01  import cv2
02  import numpy as np
03  from urllib.request import urlopen
04
05  ip ='192.168.137.231'
06  stream = urlopen('http://'+ ip +':81/stream')
07  buffer = b''
08
09  while True:
10      buffer += stream.read(4096)
11      head = buffer.find(b'\xff\xd8')
12      end = buffer.find(b'\xff\xd9')
13
14      try:
15          if head >-1 and end >-1:
16              jpg = buffer[head:end+2]
17              buffer = buffer[end+2:]
18              img = cv2.imdecode(np.frombuffer(jpg, dtype=np.uint8), cv2.IMREAD_UNCHANGED)
19
20              # 아랫부분의 반만 자르기
21              height, width, _ = img.shape
22              img = img[height //2:, :]
23
24              cv2.imshow("AI CAR Streaming", img)
25
26              key = cv2.waitKey(1)
27              if key == ord('q'):
28                  break
29
30      except:
31          print("에러")
32          pass
33
34  cv2.destroyAllWindows()
35
36  # main3-1-3.py
37  # 이미지의 아랫부분 1/2만 출력하는 코드
```

21~22: 이미지의 아랫부분 반만 출력합니다.

[▶Python 파일 실행] 버튼을 눌러 코드를 실행합니다.

이미지의 아래쪽 1/2만 표시되었습니다. 위쪽의 차선과 상관없는 부분을 잘랐습니다.

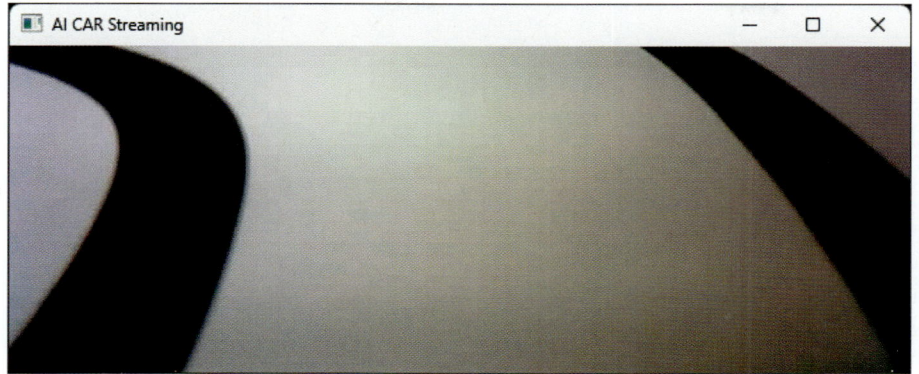

이미지의 사이즈를 224×224로 조절

아직 자율주행 단계는 아니지만 인공지능 자율주행 학습을 위한 티처블머신에서 이미지의 사이즈를 224x224픽셀로 변경되어 입력됩니다. 이미지의 크기를 224x224픽셀로 변경해보도록 합니다. main3-1-4.py 파일을 생성 후 아래의 코드를 작성합니다.

main3-1-4.py
```python
01  import cv2
02  import numpy as np
03  from urllib.request import urlopen
04
05  ip ='192.168.137.231'
06  stream = urlopen('http://'+ ip +':81/stream')
07  buffer = b''
08
09  while True:
10      buffer += stream.read(4096)
11      head = buffer.find(b'\xff\xd8')
12      end = buffer.find(b'\xff\xd9')
13
14      try:
15          if head >-1 and end >-1:
16              jpg = buffer[head:end+2]
17              buffer = buffer[end+2:]
18              img = cv2.imdecode(np.frombuffer(jpg, dtype=np.uint8), cv2.IMREAD_UNCHANGED)
19
20              # 아랫부분의 반만 자르기
21              height, width, _ = img.shape
22              img = img[height //2:, :]
```

```
23
24                  # 크기 조절
25                  img = cv2.resize(img, (224, 224), interpolation=cv2.INTER_AREA)
26
27                  cv2.imshow("AI CAR Streaming", img)
28
29                  key = cv2.waitKey(1)
30                  if key == ord('q'):
31                      break
32
33          except:
34              print("에러")
35              pass
36
37  cv2.destroyAllWindows()
38
39  # main3-1-4.py
40  # 이미지의 사이즈를 224x224로 조절
```

25~26: 이미지의 크기를 224x224픽셀로 조절합니다.

[▶Python 파일 실행] 버튼을 눌러 코드를 실행합니다.

원본이미지에서 아래쪽 1/2만 표시하고 이미지의 크기를 224x224픽셀로 변경하였습니다.

활성화된 OpenCV 창에서 키도드의 q를 누르면 창을 닫고 종료 할 수 있습니다.

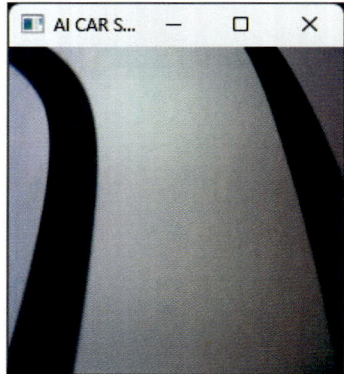

OpenCV로 자동차 조종하기

OpenCV를 이용하여 키보드 값을 입력받고 입력받은 키보드값에 따라 AI 자동차에 명령을 전송하여 자동차를 조종합니다.

OpenCV를 이용한 키보드 값 확인

OpenCV에서 키보드의 입력값을 확인하는 코드를 작성합니다.
main3-2-1.py 파일을 생성 후 아래의 코드를 작성합니다.

main3-2-1.py
```python
import cv2
import numpy as np
from urllib.request import urlopen

ip ='192.168.137.231'
stream = urlopen('http://'+ ip +':81/stream')
buffer = b''

while True:
    buffer += stream.read(4096)
    head = buffer.find(b'\xff\xd8')
    end = buffer.find(b'\xff\xd9')
    
    try:
        if head >-1 and end >-1:
            jpg = buffer[head:end+2]
            buffer = buffer[end+2:]
            img = cv2.imdecode(np.frombuffer(jpg, dtype=np.uint8), cv2.IMREAD_UNCHANGED)
            
            # 아랫부분의 반만 자르기
            height, width, _ = img.shape
            img = img[height //2:, :]
            
            # 크기 조절
            img = cv2.resize(img, (224, 224), interpolation=cv2.INTER_AREA)
            
            cv2.imshow("AI CAR Streaming", img)
            
            key = cv2.waitKey(1)
            
            #key값을 확인
            print(key)
            
            if key == ord('q'):
                break
```

```
36
37      except:
38          print("에러")
39          pass
40
41  cv2.destroyAllWindows()
42
43  # main3-2-1.py
44  # OpenCV를 이용한 키보드 값 확인
```

32: key값을 출력합니다.

[▷ Python 파일 실행] 버튼을 눌러 코드를 실행합니다.

키보드의 값을 입력하기 위해서는 활성화된 OpenCV 창에서 키보드를 눌러 값을 입력합니다. 아무것도 입력하지 않을 경우 -1이 출력됩니다.

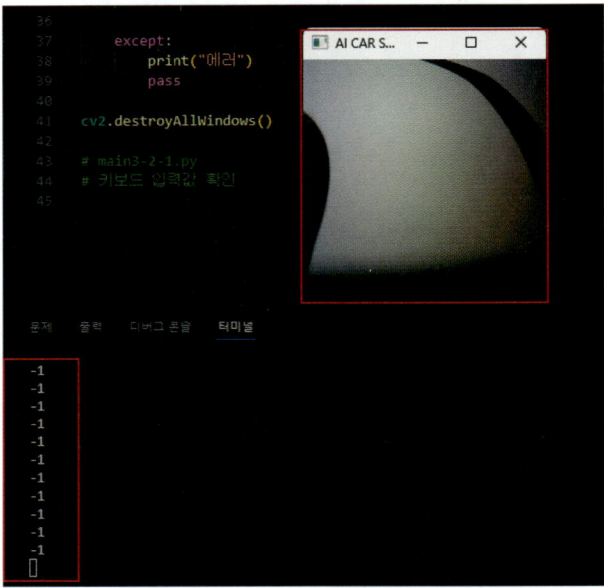

[SpaceBar] 키를 누르면 32가 출력되는 것을 확인할 수 있습니다. 키보드의 모드 키 값은 아래와 같이 번호로 매칭되어 있습니다. 값이 빠르게 올라가므로 여러번 입력하여 값을 확인합니다.

키보드 값에 따른 조건문 추가

키보드 입력값에 조건문을 이용하여 조건식을 만들어봅니다.

main3-2-2.py 파일을 생성 후 아래의 코드를 작성합니다.

```python
main3-2-2.py
01  import cv2
02  import numpy as np
03  from urllib.request import urlopen
04  
05  ip ='192.168.137.231'
06  stream = urlopen('http://'+ ip +':81/stream')
07  buffer = b''
08  
09  while True:
10      buffer += stream.read(4096)
11      head = buffer.find(b'\xff\xd8')
12      end = buffer.find(b'\xff\xd9')
13  
14      try:
15          if head >-1 and end >-1:
16              jpg = buffer[head:end+2]
17              buffer = buffer[end+2:]
18              img = cv2.imdecode(np.frombuffer(jpg, dtype=np.uint8), cv2.IMREAD_UNCHANGED)
19  
20              # 아랫부분의 반만 자르기
21              height, width, _ = img.shape
22              img = img[height //2:, :]
23  
24              # 크기 조절
25              img = cv2.resize(img, (224, 224), interpolation=cv2.INTER_AREA)
26  
27              cv2.imshow("AI CAR Streaming", img)
28  
29              key = cv2.waitKey(1)
30              if key == ord('q'):
31                  break
32              elif key == ord('w'):
33                  print('전진')
34              elif key == ord('a'):
35                  print('왼쪽')
36              elif key == ord('d'):
37                  print('오른쪽')
38              elif key == ord('s'):
39                  print('후진')
40              elif key == ord('A'):
41                  print('왼쪽 회전')
42              elif key == ord('D'):
43                  print('오른쪽 회전')
44              elif key ==32: #SpaceBar
```

```
45                print('멈춤')
46            elif key == ord('1'):
47                print('40%속도')
48            elif key == ord('2'):
49                print('50%속도')
50            elif key == ord('3'):
51                print('60%속도')
52            elif key == ord('4'):
53                print('80%속도')
54            elif key == ord('5'):
55                print('100%속도')
56
57        except:
58            print("에러")
59            pass
60
61 cv2.destroyAllWindows()
62
63 # main3-2-2.py
64 # 키보드 값에 따른 조건문 추가
```

이 부분은 사용자가 키보드를 눌렀을 때 각 키에 따른 동작을 처리하는 조건문입니다. 여기서 key는 cv2.waitKey(1)을 통해 얻은 키보드 입력의 코드 값(유니코드 코드 포인트)입니다. 아래는 각 조건에 따른 동작 설명입니다:

31 : 'q' 키를 누르면 루프를 종료하고 프로그램을 종료합니다.
33~38 : 'w', 'a', 'd', 's' 키에 대응하여 각각 '전진', '왼쪽', '오른쪽', '후진' 메시지를 출력합니다.
41, 43 : 'A', 'D' 키에 대응하여 각각 '왼쪽 회전', '오른쪽 회전' 메시지를 출력합니다.
45 : SpaceBar를 누르면 '멈춤' 메시지를 출력합니다.
47~54 : '1', '2', '3', '4' 키에 대응하여 각각 '40% 속도', '60% 속도', '80% 속도', '100% 속도' 메시지를 출력합니다.

ord() 함수는 주어진 문자의 Unicode 코드 포인트를 반환하는 내장 함수입니다. 키보드 입력을 처리하는 부분에서 ord('q')는 'q' 키를 눌렀을 때의 키 코드를 의미하며, 다른 키들도 유사한 방식으로 처리됩니다. 이렇게 처리된 키 코드를 사용하여 특정 행동을 취하도록 프로그램이 작성되어 있습니다.

[▶Python 파일 실행] 버튼을 눌러 코드를 실행합니다.

활설화된 OpenCV 창에 w,s,a,d,A,D,스페이스,1,2,3,4를 입력합니다. 각각 버튼에 맞는 조건이 실행되었습니다.

조종 기능을 추가하여 자동차 조종하기

실제 조종 기능을 넣어서 자동차를 조종합니다.

main3-2-3.py 파일을 생성 후 아래의 코드를 작성합니다.

```
main3-2-3.py
01  import cv2
02  import numpy as np
03  from urllib.request import urlopen
04
05  ip ='192.168.137.231'
06  stream = urlopen('http://'+ ip +':81/stream')
07  buffer = b''
08
09  urlopen('http://'+ ip +"/action?go=speed40")
10
11  while True:
12      buffer += stream.read(4096)
13      head = buffer.find(b'\xff\xd8')
14      end = buffer.find(b'\xff\xd9')
15
16      try:
17          if head >-1 and end >-1:
18              jpg = buffer[head:end+2]
19              buffer = buffer[end+2:]
20              img = cv2.imdecode(np.frombuffer(jpg, dtype=np.uint8), cv2.IMREAD_UNCHANGED)
21
22              # 아랫부분의 반만 자르기
23              height, width, _ = img.shape
24              img = img[height //2:, :]
25
26              # 크기 조절
27              img = cv2.resize(img, (224, 224), interpolation=cv2.INTER_AREA)
28
29              cv2.imshow("AI CAR Streaming", img)
30
31              key = cv2.waitKey(1)
32              if key == ord('q'):
33                  urlopen('http://'+ ip +"/action?go=stop")
34                  break
35              elif key == ord('w'):
36                  print('전진')
37                  urlopen('http://'+ ip +"/action?go=forward")
38              elif key == ord('a'):
39                  print('왼쪽')
40                  urlopen('http://'+ ip +"/action?go=left")
41              elif key == ord('d'):
42                  print('오른쪽')
43                  urlopen('http://'+ ip +"/action?go=right")
44              elif key == ord('s'):
```

```
44          elif key == ord('s'):
45              print('후진')
46              urlopen('http://'+ ip +"/action?go=backward")
47          elif key == ord('A'):
48              print('왼쪽 회전')
49              urlopen('http://'+ ip +"/action?go=turn_left")
50          elif key == ord('D'):
51              print('오른쪽 회전')
52              urlopen('http://'+ ip +"/action?go=turn_right")
53          elif key ==32: #SpaceBar
54              print('멈춤')
55              urlopen('http://'+ ip +"/action?go=stop")
56          elif key == ord('1'):
57              print('40%속도')
58              urlopen('http://'+ ip +"/action?go=speed40")
59          elif key == ord('2'):
60              print('50%속도')
61              urlopen('http://'+ ip +"/action?go=speed50")
62          elif key == ord('3'):
63              print('60%속도')
64              urlopen('http://'+ ip +"/action?go=speed60")
65          elif key == ord('4'):
66              print('80%속도')
67              urlopen('http://'+ ip +"/action?go=speed80")
68          elif key == ord('5'):
69              print('100%속도')
70              urlopen('http://'+ ip +"/action?go=speed100")
71
72      except:
73          print("에러")
74          pass
75
76 urlopen('http://'+ ip +"/action?go=stop")
77 cv2.destroyAllWindows()
78
79 # main3-2-3.py
80 # 조종 기능을 추가하여 자동차 조종하기
```

urlopen 함수는 Python의 urllib.request 모듈에서 제공되는 함수로, HTTP나 HTTPS를 통해 웹 서버에 요청을 보내는 역할을 합니다. 해당 코드에서는 urlopen 함수가 사용되는 부분이 자동차를 원격으로 조작하는 역할을 수행합니다.

여기서는 특히 urlopen 함수가 사용되는 부분은 아래와 같습니다:

```
urlopen('http://' + ip + "/action?go=forward")
```

위 코드는 사용자가 'w' 키를 눌렀을 때, ip 변수에 저장된 IP 주소로 웹 서버에 HTTP GET 요청을 보내는 부분입니다. 이 요청은 /action?go=forward URL 경로로 보내지며, go=forward는 자동차가 전진하도록 지시하는 명령입니다. 이와 유사하게 다양한 키 입력에 따라 다양한 동작을 수행하도록 웹 서버에 요청을 보내는 것이 코드의 목적입니다.

즉, urlopen 함수는 웹 서버로 요청을 보내어 자동차의 동작을 제어하기위해 사용됩니다.

[▶Python 파일 실행] 버튼을 눌러 코드를 실행합니다.

활성화된 OpenCV 창에서 w,s,a,d,A,D 키를 입력하여 자동차를 조종합니다. 1,2,3,4는 자동차의 속도를 변경합니다.

실제 자동차를 조종하였습니다. 자동차가 움직이지 않는다면 전원 스위치가 ON으로 되어있는지 확인합니다.

이번 챕터에서는 자동차의 스트리밍 영상을 OpenCV를 이용하여 화면에 보여줬고 자동차를 조종해 보았습니다.

OpenCV를 이용하여 조종하기 실습 결과 동영상 QR코드

https://youtu.be/WaEn4cxsXSU

Chapter 03 • OpenCV를 활용한 자동차 조종하기 97

CHAPTER 04
인공지능 자율주행 자동차 만들기

이번 장에서는 [데이터수집] → [모델학습] → [자율주행] 과정으로 획득한 데이터로 자율주행을 위한 모델을 생성하고 생성된 모델을 바탕으로 차선을 따라 이동하는 자율주행을 진행해보도록 합니다.

트랙 만들기

제공 자료의 [트랙] PPT 파일에서 사용한 트랙의 출력이 가능합니다.

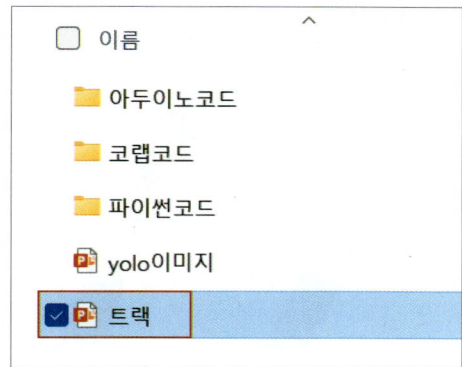

다음과 같이 2종류의 트랙이 그려져 있습니다.

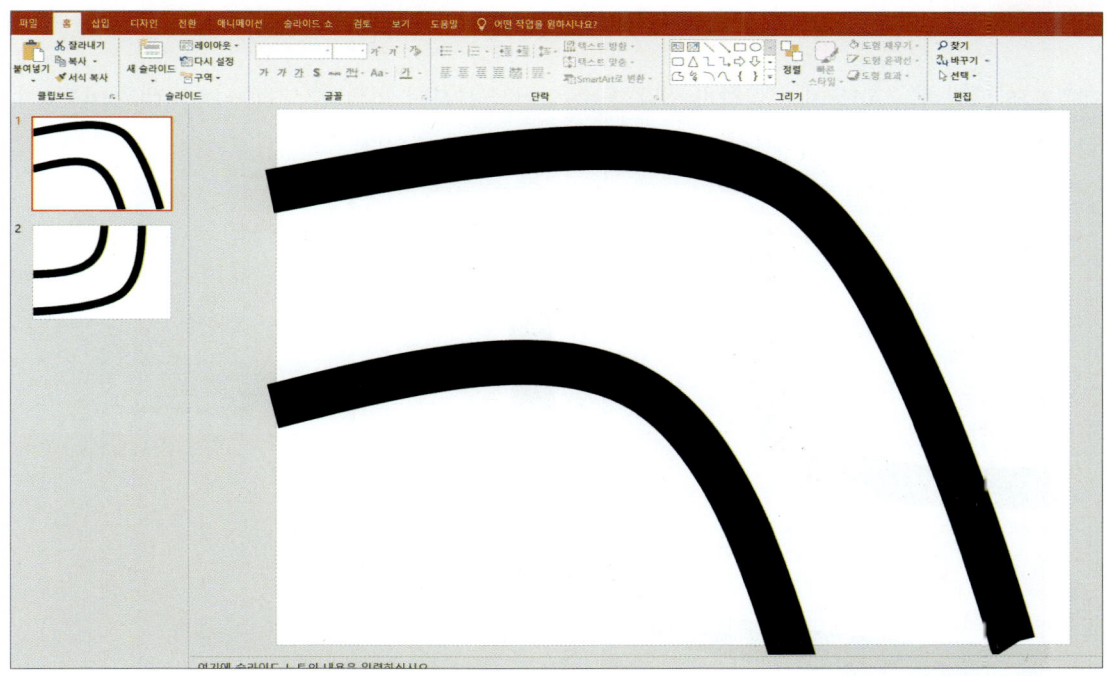

인쇄시에 용지에 맞게 크기 조정 부분의 체크를 해제하면 책에서 사용한 이미지와 동일한 사이즈의 출력이 가능합니다.

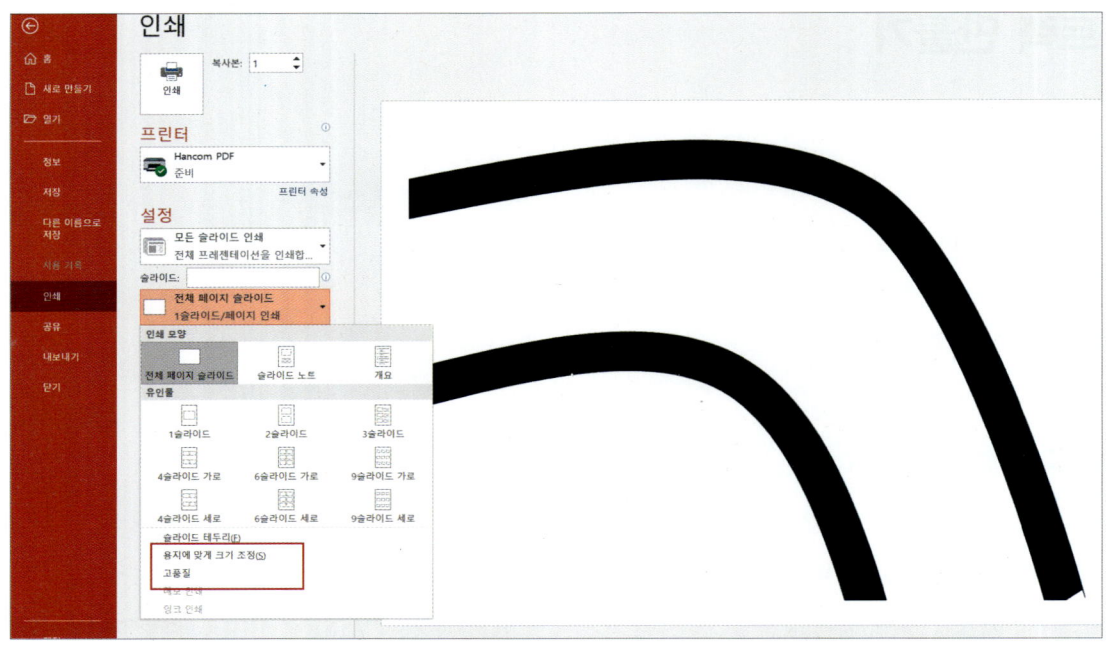

대부분의 프린터는 A4용지의 끝까지 인쇄할 수 없어 끝부분이 인쇄되지 않습니다. 칼을 이용하여 끝부분을 자른 후 트랙이 이어붙이면 트랙끼리 이어붙이기 좋습니다.

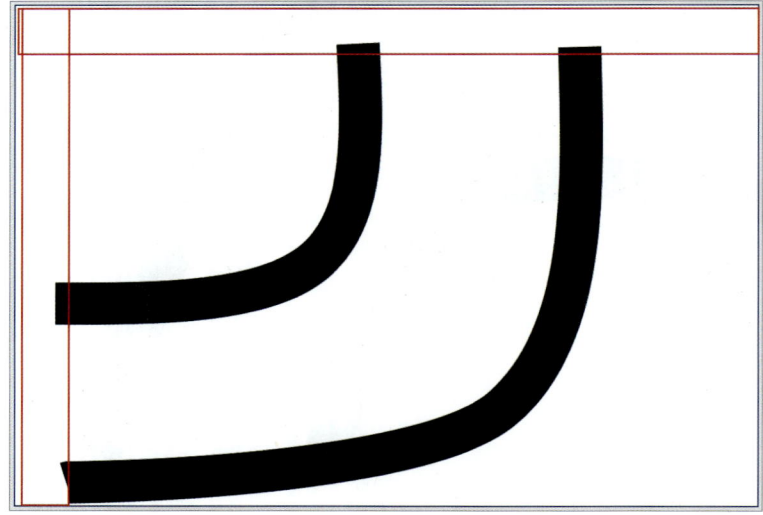

아래와 같이 차선의 끝이 용지 끝까지 이어지도록 비어있는 차선을 잘라줍니다.

차선의 끝과 끝을 이어 붙어가면서 원하는 형태의 차선을 만들어줍니다. 이어붙일때는 테이프를 사용합니다.

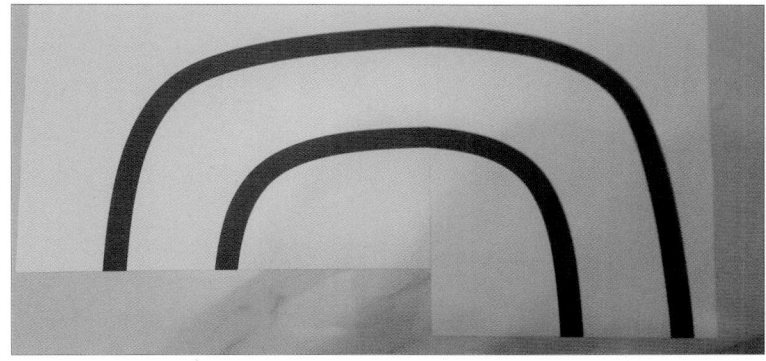

트랙을 이어 붙인 후에는 주위에 빈 A4용지를 이용하여 감싸 흰색으로 합니다. 카메라의 각도가 끝 차선 밖에도 비추고 있으므로 동일한 흰색일 경우 차선을 벗어나지 않고 주행이 가능합니다.

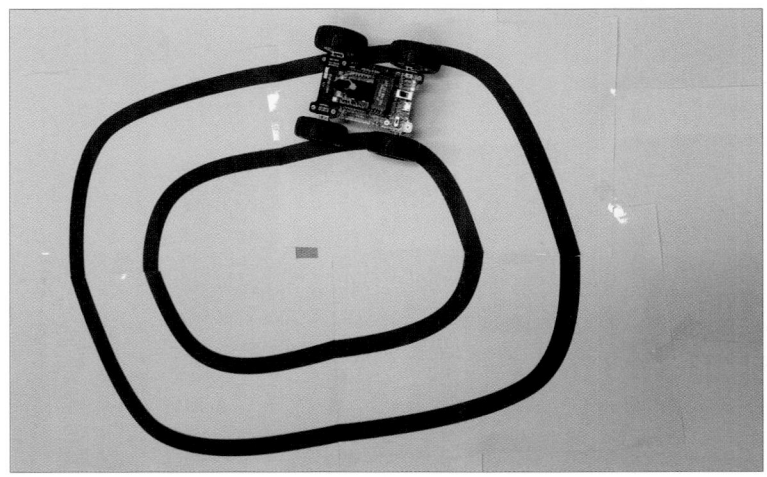

주행 이미지 데이터 수집하기

자동차를 주행하여 주행상태에 따른 데이터를 수집합니다. 데이터는 이미지로 수집되며 전진, 왼쪽, 오른쪽의 3개의 주행데이터를 각각 폴더를 생성하여 저장합니다.

폴더 생성하고 이미지 1장 저장하기

직진상태의 사진을 저장하는 [01_go] 폴더, 좌회전 상태의 사진을 저장하는 [02_left] 폴더, 우회전 상태의 사진을 저장하는 [03_right] 폴더를 생성하고 사진을 저장하는 코드를 작성합니다.
main4-1-1.py 파일을 생성 후 아래의 코드를 작성합니다.

main4-1-1.py
```python
01  import cv2
02  import numpy as np
03  from urllib.request import urlopen
04  import os
05  os.chdir(os.path.dirname(os.path.abspath(__file__)))
06
07  ip ='192.168.137.231'
08  stream = urlopen('http://'+ ip +':81/stream')
09  buffer = b''
10  urlopen('http://'+ ip +"/action?go=speed40")
11
12  if os.path.isdir('01_go') is False:
13      os.mkdir("01_go")
14
15  if os.path.isdir('02_left') is False:
16      os.mkdir("02_left")
17
18  if os.path.isdir('03_right') is False:
19      os.mkdir("03_right")
20
21  car_state ='stop'
22  while True:
23      buffer += stream.read(4096)
24      head = buffer.find(b'\xff\xd8')
25      end = buffer.find(b'\xff\xd9')
26
27      try:
28          if head >-1 and end >-1:
29              jpg = buffer[head:end+2]
30              buffer = buffer[end+2:]
31              img = cv2.imdecode(np.frombuffer(jpg, dtype=np.uint8), cv2.IMREAD_UNCHANGED)
32
```

```python
33              # 아랫부분의 반만 자르기
34              height, width, _ = img.shape
35              img = img[height //2:, :]
36
37              # 크기 조절
38              img = cv2.resize(img, (224, 224), interpolation=cv2.INTER_AREA)
39
40              cv2.imshow("AI CAR Streaming", img)
41
42              key = cv2.waitKey(1)
43              if key == ord('q'):
44                  urlopen('http://'+ ip +"/action?go=stop")
45                  break
46              elif key == ord('w'):
47                  car_state ='go'
48                  print('전진')
49                  urlopen('http://'+ ip +"/action?go=forward")
50              elif key == ord('a'):
51                  car_state ='left'
52                  print('왼쪽')
53                  urlopen('http://'+ ip +"/action?go=left")
54              elif key == ord('d'):
55                  car_state ='right'
56                  print('오른쪽')
57                  urlopen('http://'+ ip +"/action?go=right")
58              elif key ==32: #space key
59                  car_state ='stop'
60                  print('멈춤')
61                  urlopen('http://'+ ip +"/action?go=stop")
62
63              if car_state =='go':
64                  print("직진 이미지 저장")
65                  cv2.imwrite(f'01_go/go.png',img)
66              elif car_state =='left':
67                  print("왼쪽 이미지 저장")
68                  cv2.imwrite(f'02_left/left.png',img)
69              elif car_state =='right':
70                  print("오른쪽 이미지 저장")
71                  cv2.imwrite(f'03_right/right.png',img)
72
73      except:
74          print("에러")
75          pass
76
77  urlopen('http://'+ ip +"/action?go=stop")
78  cv2.destroyAllWindows()
79
80
81  # main4-1-1.py
82  # 폴더 생성하고 이미지 1장 저장하기
```

05 : 현재 작업 디렉토리를 이 파일이 위치한 디렉토리로 변경합니다.
11 : '01_go' 폴더가 없다면 폴더를 생성합니다.
15 : '02_left' 폴더가 없다면 폴더를 생성합니다.
18 : '03_right' 폴더가 없다면 폴더를 생성합니다.
21 : 차량 상태를 나타내는 변수 'car_state'를 'stop'으로 초기화하고, 무한 루프를 시작합니다.
34 : 이미지의 높이, 너비, 채널수를 가져옵니다.
35 : 이미지의 하단 절반 부분을 잘라냅니다.
38 : 이미지 크기를 (224, 224)로 조절합니다.
40 : 조절된 이미지를 창에 출력합니다.
42 : 키 입력을 대기하고, 'q' 키를 누르면 루프를 종료합니다.
46~62 : 키에 따라 차량 상태를 변경하고 원격 제어를 수행합니다.
63~71 : 차량 상태에 따라 이미지를 해당 폴더에 저장합니다.
73~75 : 예외가 발생하면 에러 메시지를 출력하고 계속합니다.
77 : 루프를 빠져나온 후 차량을 정지시키고 스트림을 닫습니다.
78 : OpenCV 창을 닫습니다.

[▶ Python 파일 실행] 버튼을 눌러 코드를 실행합니다.
w,a,d,스페이스를 눌러 자동차를 조종합니다.

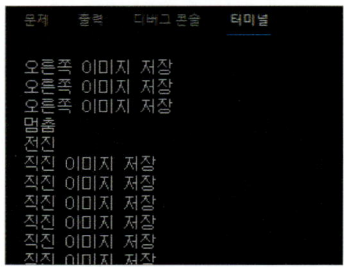

직진상태의 사진을 저장하는 [01_go] 폴더, 좌회전 상태의 사진을 저장하는 [02_left] 폴더, 우회전 상태의 사진을 저장하는 [03_right] 폴더가 생성되었고 이미지가 한 장 저장되었습니다.

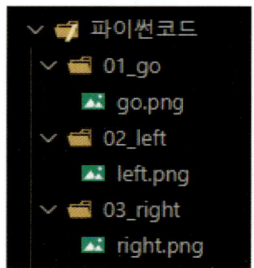

폴더를 삭제하기 위해서는 [Ctrl + 마우스 왼쪽 클릭]을 통해서 3개의 폴더를 선택해도 되고 첫 번째 폴더를 클릭하고 [Shit] 키를 누른 상태에서 마지막 폴더를 선택하여 3개의 폴더를 선택할 수 있습니다. 선택된 폴더는 마우스 오른쪽을 클릭 후 [삭제]를 눌러 폴더의 삭제가 가능합니다. 주행데이터를 획득 시 잘못 데이터를 획득하면 위와 같은 방법으로 폴더를 삭제한 다음 다시 진행합니다.

주행 이미지 저장하기

주행 이미지에 번호를 붙여 저장하는 코드를 만들어 이미지를 여러 장 저장하여 주행데이터를 수집하는 코드를 만들어봅니다.

main4-1-2.py 파일을 생성 후 아래의 코드를 작성합니다.

main4-1-2.py
```
01  import cv2
02  import numpy as np
03  from urllib.request import urlopen
04  import os
05  os.chdir(os.path.dirname(os.path.abspath(__file__)))
06
07  ip ='192.168.137.231'
08  stream = urlopen('http://'+ ip +':81/stream')
09  buffer = b''
10  urlopen('http://'+ ip +"/action?go=speed40")
11
12  if os.path.isdir('01_go') is False:
13      os.mkdir("01_go")
14
15  if os.path.isdir('02_left') is False:
16      os.mkdir("02_left")
17
18  if os.path.isdir('03_right') is False:
19      os.mkdir("03_right")
```

```python
20
21  go_cnt =0
22  left_cnt =0
23  right_cnt =0
24  car_state ='stop'
25  while True:
26      buffer += stream.read(4096)
27      #print(buffer)
28      head = buffer.find(b'\xff\xd8')
29      end = buffer.find(b'\xff\xd9')
30
31      try: #가끔 비어있는 버퍼를 받아 오류가 발생함. 이를 위한 try문
32          if head >-1 and end >-1:
33              jpg = buffer[head:end+2]
34              buffer = buffer[end+2:]
35              img = cv2.imdecode(np.frombuffer(jpg, dtype=np.uint8), cv2.IMREAD_UNCHANGED)
36
37              # 아랫부분의 반만 자르기
38              height, width, _ = img.shape
39              img = img[height //2:, :]
40
41              # 크기 조절
42              img = cv2.resize(img, (224, 224), interpolation=cv2.INTER_AREA)
43
44              cv2.imshow("AI CAR Streaming", img)
45
46              key = cv2.waitKey(1)
47              if key == ord('q'):
48                  break
49              elif key == ord('w'):
50                  car_state ='go'
51                  print('전진')
52                  urlopen('http://'+ ip +"/action?go=forward")
53              elif key == ord('a'):
54                  car_state ='left'
55                  print('왼쪽')
56                  urlopen('http://'+ ip +"/action?go=left")
57              elif key == ord('d'):
58                  car_state ='right'
59                  print('오른쪽')
60                  urlopen('http://'+ ip +"/action?go=right")
61              elif key ==32: #space key
62                  car_state ='stop'
63                  print('멈춤')
64                  urlopen('http://'+ ip +"/action?go=stop")
```

```python
65
66              if car_state =='go':
67                  print("직진 저장")
68                  cv2.imwrite(f'01_go/go_{go_cnt}.png',img)
69                  go_cnt = go_cnt +1
70              elif car_state =='left':
71                  print("왼쪽 저장")
72                  cv2.imwrite(f'02_left/left_{left_cnt}.png',img)
73                  left_cnt = left_cnt +1
74              elif car_state =='right':
75                  print("오른쪽 저장")
76                  cv2.imwrite(f'03_right/right_{right_cnt}.png',img)
77                  right_cnt = right_cnt +1
78
79      except:
80          print("에러")
81          pass
82
83  urlopen('http://'+ ip +"/action?go=stop")
84  cv2.destroyAllWindows()
85
86  # main4-1-2.py
87  # 주행 이미지 저장하기
```

66: 'car_state'가 'go'일 경우 실행되는 조건문입니다.
67: "직진 저장" 메시지를 출력합니다.
68: 'cv2.imwrite' 함수를 사용하여 이미지를 '01_go' 폴더에 저장합니다. 파일 이름은 'go_cnt'를 이용하여 지정됩니다.
69: 'go_cnt'를 1 증가시킵니다.
70: 'car_state'가 'left'일 경우 실행되는 조건문입니다.
71: "왼쪽 저장" 메시지를 출력합니다.
72: 'cv2.imwrite' 함수를 사용하여 이미지를 '02_left' 폴더에 저장합니다. 파일 이름은 'left_cnt'를 이용하여 지정됩니다.
73: 'left_cnt'를 1 증가시킵니다.
74: 'car_state'가 'right'일 경우 실행되는 조건문입니다.
75: "오른쪽 저장" 메시지를 출력합니다.
76: 'cv2.imwrite' 함수를 사용하여 이미지를 '03_right' 폴더에 저장합니다. 파일 이름은 'right_cnt'를 이용하여 지정됩니다.
77: 'right_cnt'를 1 증가시킵니다.

이 코드 부분은 차량 상태에 따라 직진, 왼쪽, 오른쪽 이미지를 각각 해당 폴더에 저장하고, 저장한 이미지의 개수를 증가시키는 역할을 합니다.

[▶Python 파일 실행] 버튼을 눌러 코드를 실행합니다.

w,a,d를 눌러 직진, 왼쪽, 오른쪽 주행데이터를 획득할 수 있습니다. [SpaceBar]를 누르면 차량이 정지합니다.

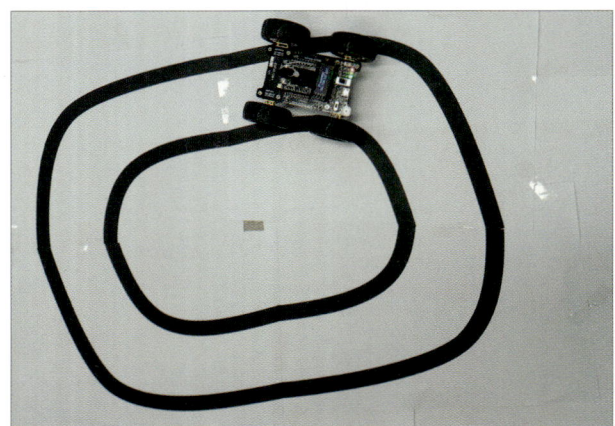

[w] 키를 눌러 직진하였을 때 저장된 사진입니다.

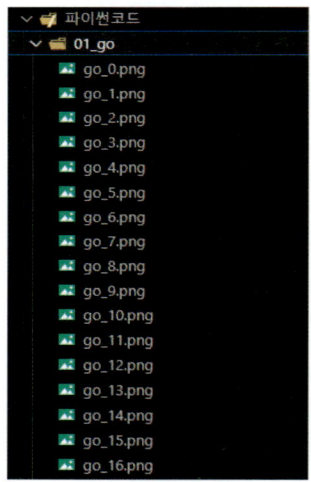

[a] 키를 눌러 왼쪽으로 차량이 이동하였을 때 저장된 사진입니다.

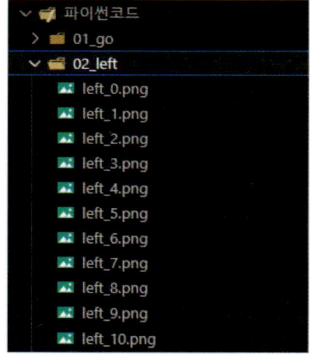

[d] 키를 눌러 오른쪽으로 차량이 이동하였을 때 저장된 사진입니다.

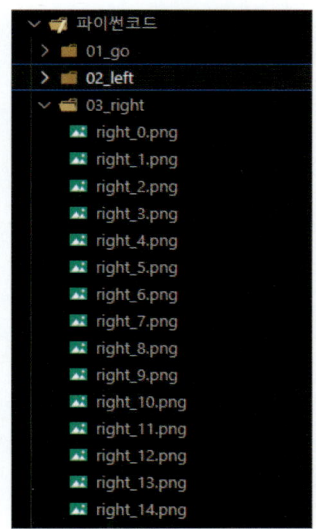

[SpaceBar] 키를 누르면 차량이 정지하며 사진이 저장되지 않습니다.

주행 데이터를 획득 시에 차선을 벗어나면 코드를 종료 후 [01_go], [02_left], [03_right] 폴더를 삭제 후 코드를 다시 실행하여 처음부터 다시 주행데이터를 획득합니다. 잘못된 데이터로 학습할 경우 결과가 좋지 않습니다.

주행 데이터 모으기

자동차를 오른쪽으로 한 바퀴, 왼쪽으로 한 바퀴를 주행하여 데이터를 획득합니다. 자동차를 주행할 때 자동차를 3인칭으로 바라보면서 하지 않고 PC에서 보여지는 영상을 바탕으로 주행합니다.

주행 데이터를 획득 시에 차선을 벗어나면 코드를 종료 후 [01_go], [02_left], [03_right] 폴더를 삭제 후 코드를 다시 실행하여 처음부터 다시 주행데이터를 획득합니다.

[SpaceBar]를 누르면 차량이 멈춥니다. 멈춰있을 때는 사진이 저장되지 않으므로 오른쪽 한 바퀴 주행데이터를 획득하였다면 [SpaceBar]를 눌러 자동차를 멈춘 다음 자동차를 손으로 들고 반대 방향으로 두어 왼쪽 주행데이터를 획득합니다.

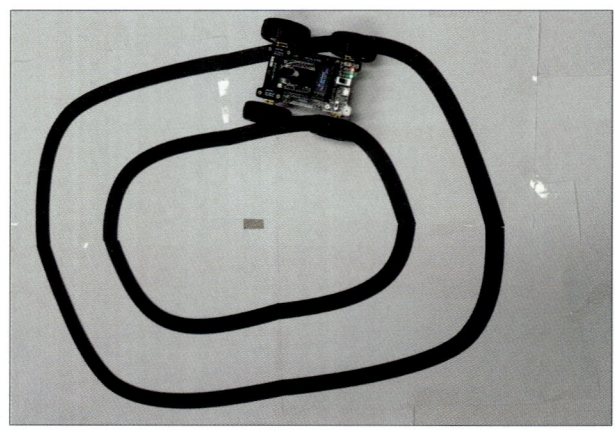

오른쪽으로 한 바퀴, 왼쪽으로 한 바퀴 주행하였을 때 대략 1000장 이상의 사진을 획득하였습니다.

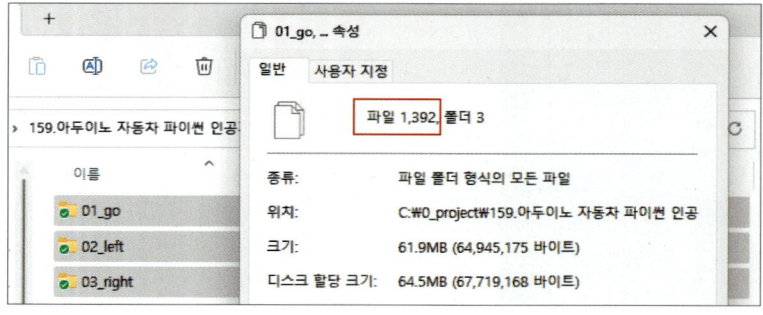

수집된 데이터 학습하기

수집된 데이터는 [티처블머신]을 이용하여 모델을 생성합니다. 구글에서 [티처블머신]을 검색 후 Teachable Machine 사이트에 접속합니다.

[티처블머신]사이트에 접속 후 [시작하기] 버튼을 클릭합니다.

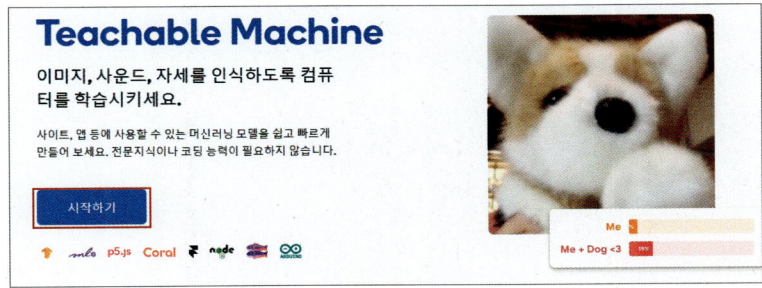

[이미지 프로젝트]를 선택합니다.

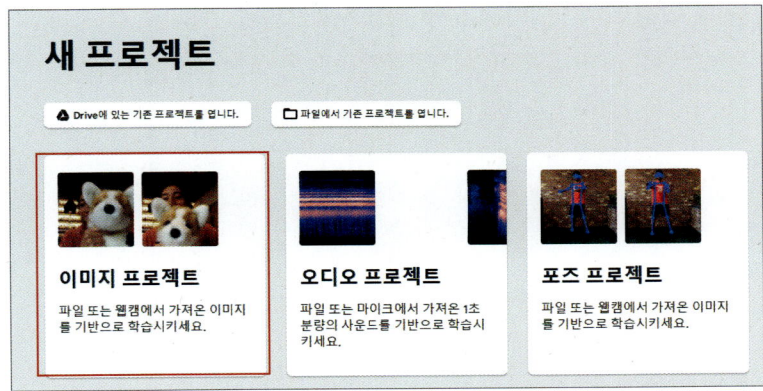

[표준 이미지 모델]을 선택합니다.

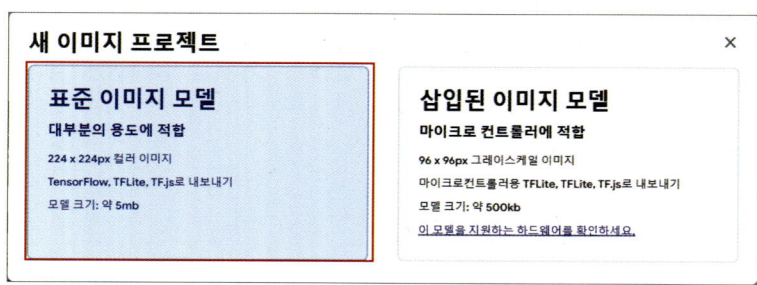

[+클래스 추가]를 클릭하여 클래스를 하나 더 추가합니다. 우리는 go, left, right로 총 3개를 분류하기 위해서 3개의 클래스를 필요로 합니다.

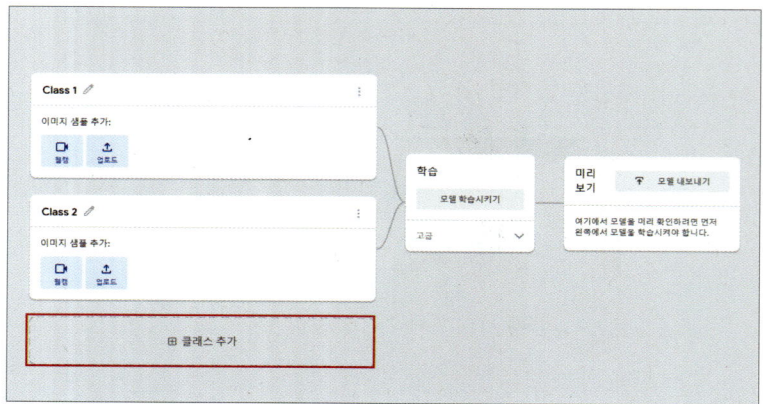

클래스의 이름을 go, left, right로 수정합니다. 이름옆에 연필 아이콘을 클릭하여 이름의 수정이 가능합니다. 클래스의 이름은 분류할 때 라벨로 지정되기 때문에 동일하게 입력합니다.

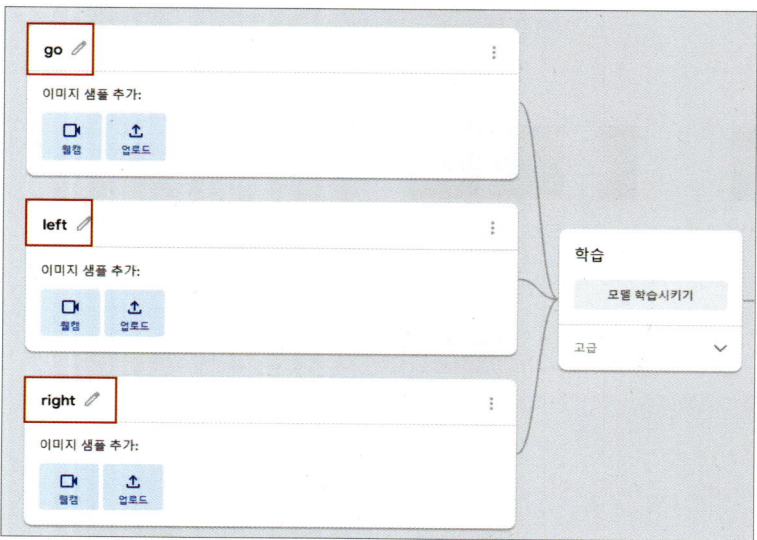

[go] 클래스에 [업로드] 버튼을 클릭합니다.

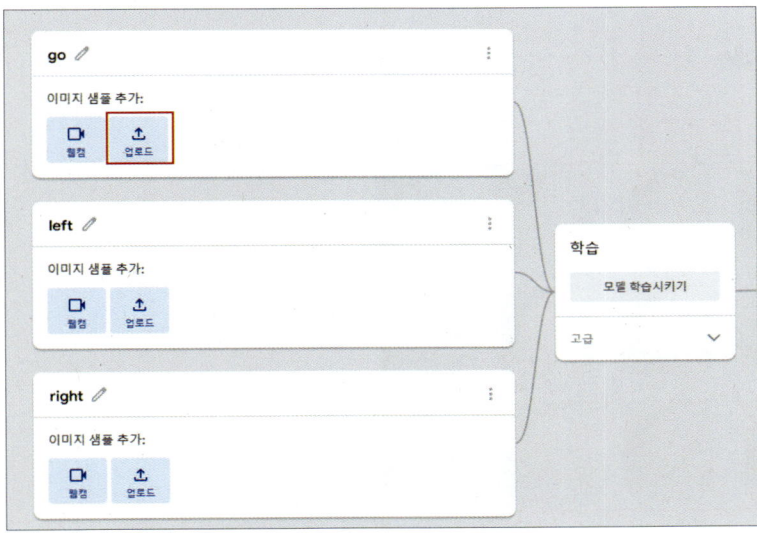

[파일에서 이미지를 선택하거나...] 부분을 클릭하여 이미지를 업로드합니다.

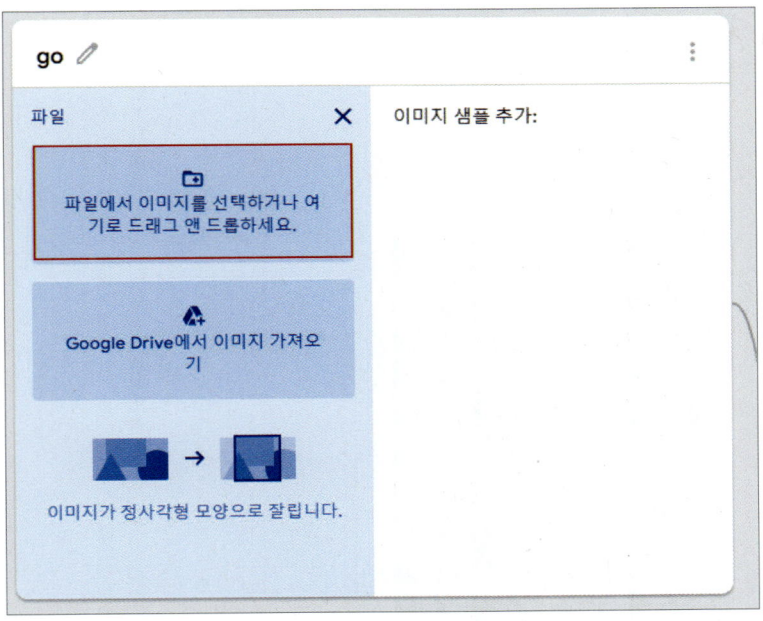

직진 이미지가 저장된 [01_go] 폴더에 접속 후 [Ctrl + a]를 눌러 모든 이미지를 선택 후 [열기]를 클릭하여 이미지를 업로드합니다.

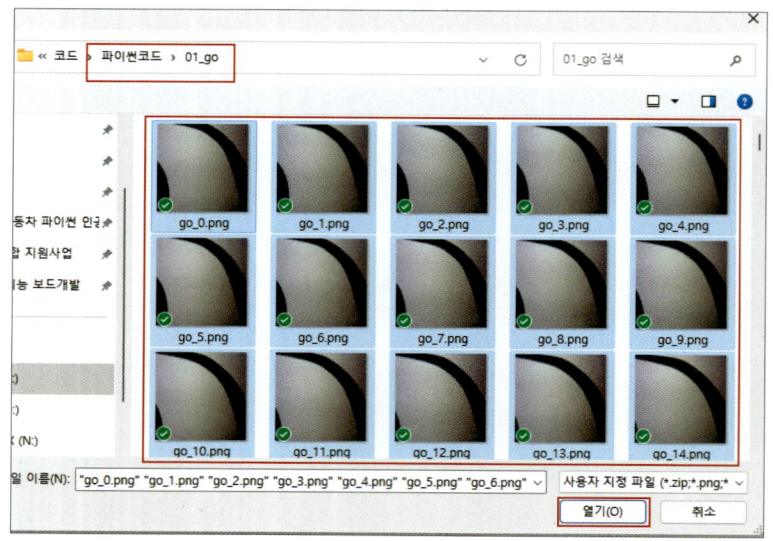

직진 이미지가 업로드 되었습니다.

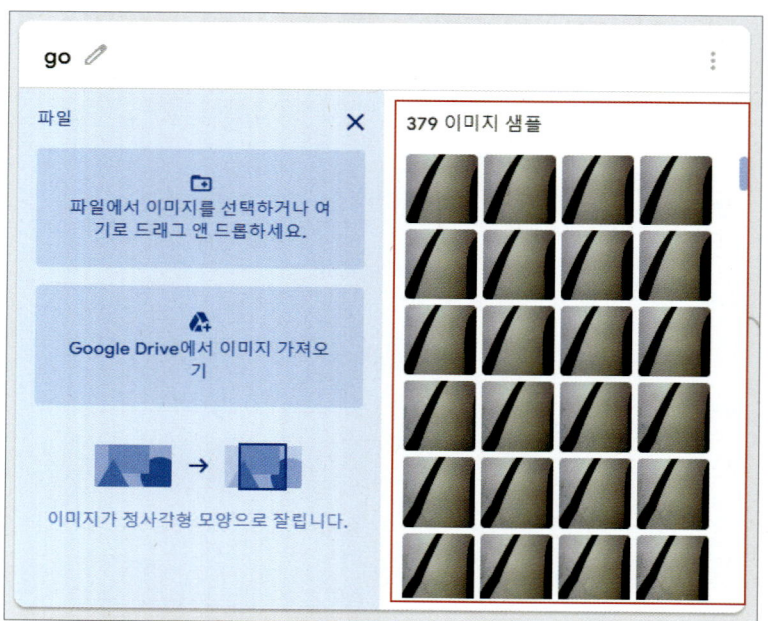

left 좌회전, right 우회전 이미지도 동일한 방식으로 업로드합니다.

go, left, right의 모든 이미지를 업로드 후 [모델 학습시키기] 버튼을 클릭하여 모델을 학습합니다.

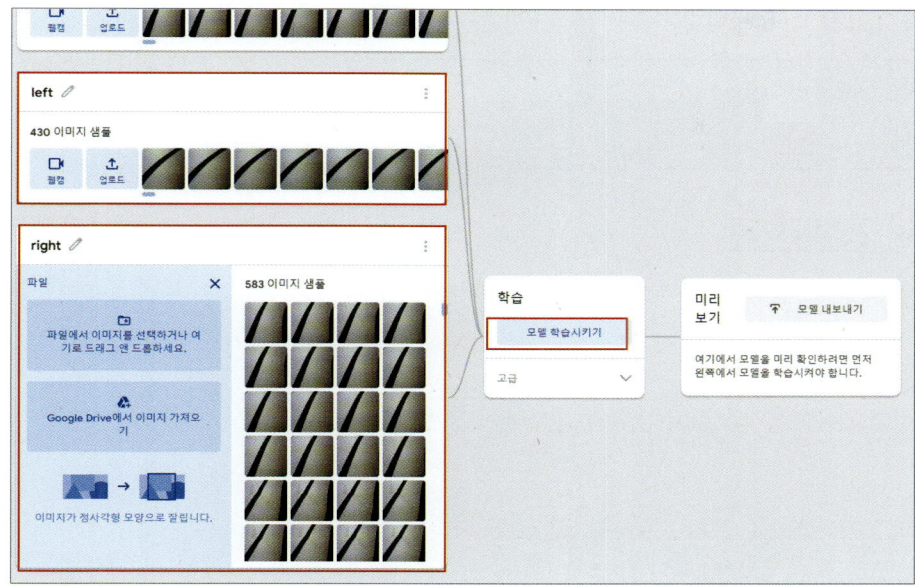

모델 학습이 완료 후 [모델 내보내기]를 클릭하여 모델의 다운로드 과정을 계속 진행합니다.

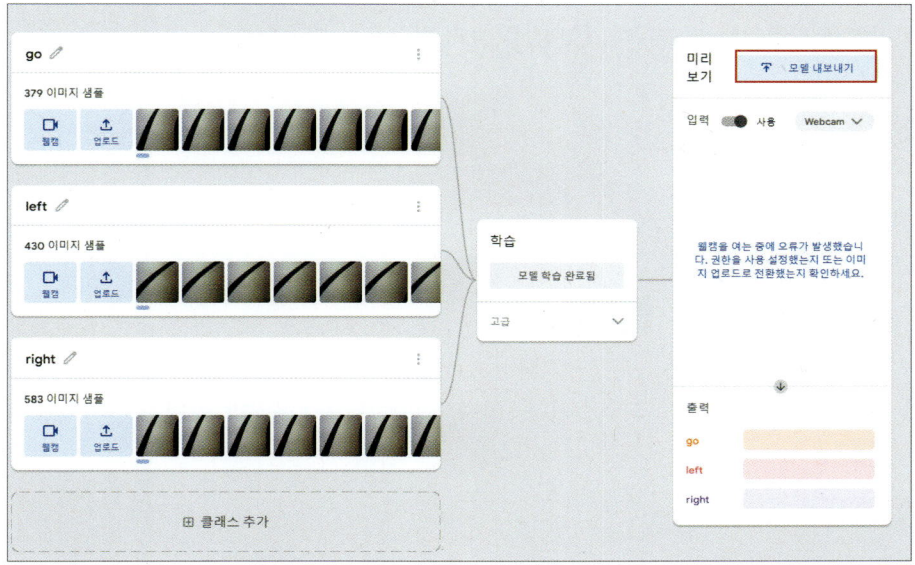

[Tensorflow] 탭으로 이동하여 [Keras] 모델을 선택 후(기본 선택되어 있음) [모델 다운로드]를 클릭하여 모델을 변환 후 다운로드합니다. 티처블머신을 많이 사용하는 시간대에는 모델 변환 시간이 오래 걸려 5분가량 소요될 수 있습니다.

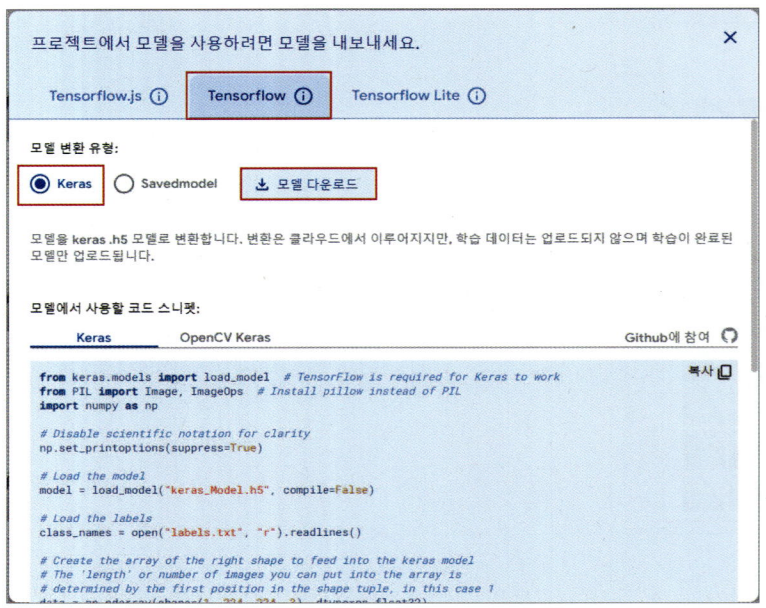

모델 변환 완료 후 파일을 다운로드 받습니다. [저장]을 눌러 다운로드 받습니다.

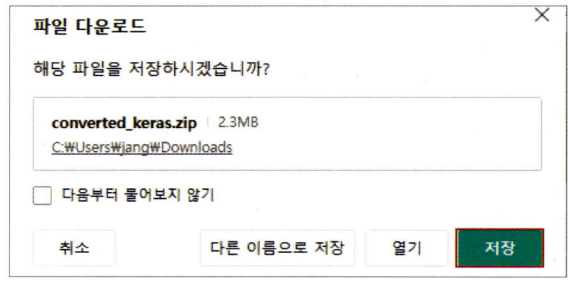

[다운로드] 폴더에 압축파일이 다운로드 되었습니다. 압축파일에는 모델파일과 라벨파일이 저장되어 있습니다.

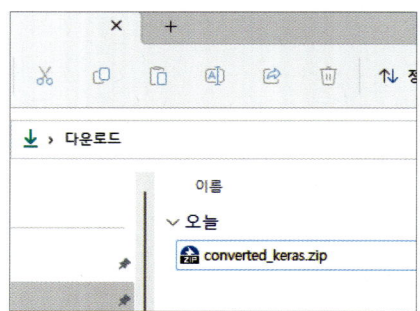

다운로드 받은 압축파일을 [Ctrl + x]를 눌러 파일을 잘라냅니다. 파일을 C 드라이브로 이동하기 위해 파일을 잘라내었습니다.

C 드라이브로 이동하여 [Ctrl + v]를 눌러 붙여넣습니다. C 드라이브로 파일을 이동하기 위해서는 관리자 권한이 필요로 하므로 [계속]을 눌러 파일을 이동합니다. 파일을 C 드라이브로 이동한 이유는 모델파일의 위치에 한글 경로가 있을 경우 파이썬의 tensorflow에서 읽어오지 못하므로 기본드라이브인 C 드라이브 위치로 이동합니다.

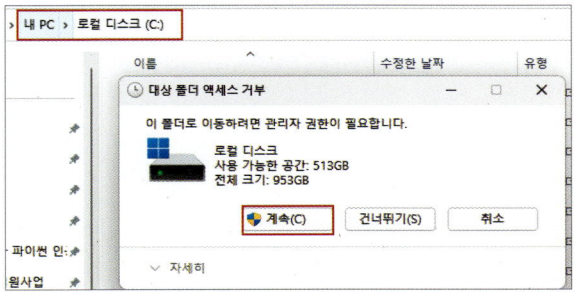

이동한 파일의 압축을 풀어줍니다. [converted_keras] 폴더가 생성되고 압축이 풀렸습니다.

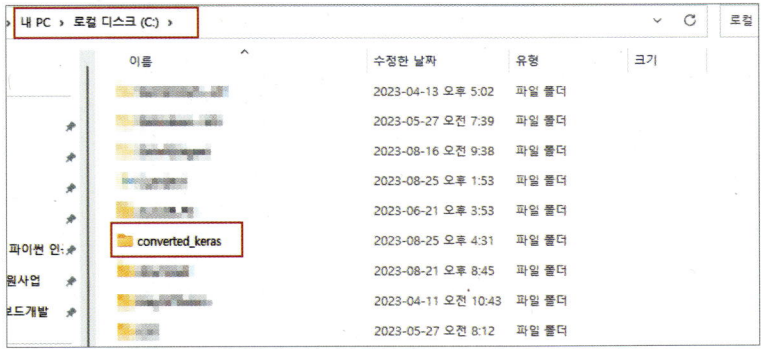

[converted_keras] 폴더안에 keras_model.h5 모델파일과 labels.txt 라벨파일이 압축이 풀려있습니다. 파이썬에서 다음의 두 개의 파일을 불러와 자율주행을 진행해보도록 합니다.

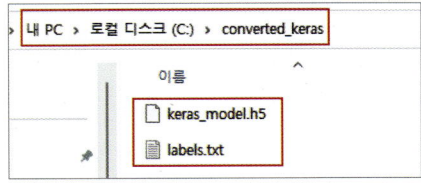

학습데이터 적용하여 자율주행

티처블머신에서 생성된 모델파일을 불러와 자율주행 자동차를 완성합니다.

티처블머신의 예측 예제코드로 확인하기

티처블머신에서 제공하는 예측 예제코드를 활용하여 영상데이터를 이용하여 이동 방향을 예측해보는 코드를 작성합니다.

main4-3-1.py 파일을 생성 후 아래의 코드를 작성합니다.

```python
main4-3-1.py
01  import cv2
02  import numpy as np
03  from urllib.request import urlopen
04  from keras.models import load_model
05  import numpy as np
06
07  #모델불러오기
08  model = load_model(r"C:\converted_keras\keras_model.h5", compile=False)
09  class_names =open(r"C:\converted_keras\labels.txt", "r").readlines()
10
11  ip ='192.168.137.231'
12  stream = urlopen('http://'+ ip +':81/stream')
13  buffer = b''
14
15  while True:
16      buffer += stream.read(4096)
17      head = buffer.find(b'\xff\xd8')
18      end = buffer.find(b'\xff\xd9')
19
20      try:
21          if head >-1 and end >-1:
22              jpg = buffer[head:end+2]
23              buffer = buffer[end+2:]
24              img = cv2.imdecode(np.frombuffer(jpg, dtype=np.uint8), cv2.IMREAD_UNCHANGED)
25
26              # 아랫부분의 반만 자르기
27              height, width, _ = img.shape
28              img = img[height //2:, :]
29
30              img = cv2.resize(img, (224, 224), interpolation=cv2.INTER_AREA)
31
32              cv2.imshow("AI CAR Streaming", img)
33
```

```
34              # Make the image a numpy array and reshape it to the model's input shape.
35              img = np.asarray(img, dtype=np.float32).reshape(1, 224, 224, 3)
36
37              # Normalize the image array
38              img = (img /127.5) -1
39
40              # Predict the model
41              prediction = model.predict(img)
42              index = np.argmax(prediction)
43              class_name = class_names[index]
44              confidence_score = prediction[0][index]
45
46              # Print prediction and confidence score
47              print("Class:", class_name[2:], end="")
48              print("Confidence Score:", str(np.round(confidence_score *100))[:-2], "%")
49
50              # Listen to the keyboard for presses.
51              key = cv2.waitKey(1)
52              if key ==' ord('q'):
53                  break
54
55      except:
56          print("에러")
57          pass
58
59  urlopen('http://'+ ip +"/action?go=stop")
60  cv2.destroyAllWindows()
61
62  # main4-3-1.py
63  # 티처블머신의 예측 예제코드로 확인하기
```

04 : Keras 라이브러리에서 모델 불러오기 위해 'load_model' 함수를 불러옵니다.
08 : 지정된 경로에서 Keras 모델을 불러옵니다.
09 : 지정된 경로에서 클래스 레이블 정보를 읽어들입니다.
35 : 이미지 데이터를 모델의 입력 형태에 맞게 NumPy 배열로 변환하고 모양을 조절합니다.
38 : 이미지 배열을 정규화합니다.
40~48 : 모델을 사용하여 이미지를 예측하고 예측 결과를 출력합니다.

[▶Python 파일 실행] 버튼을 눌러 코드를 실행합니다.
영상을 주행차선에 비춰 예측된 결과값을 확인합니다.

직진일 때 go를 예측하였습니다.

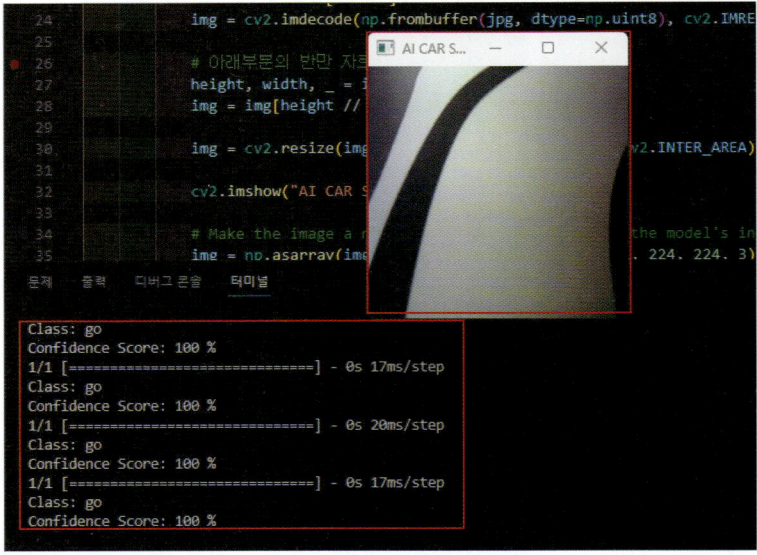

우회전 해야할 때 right를 예측하였습니다.

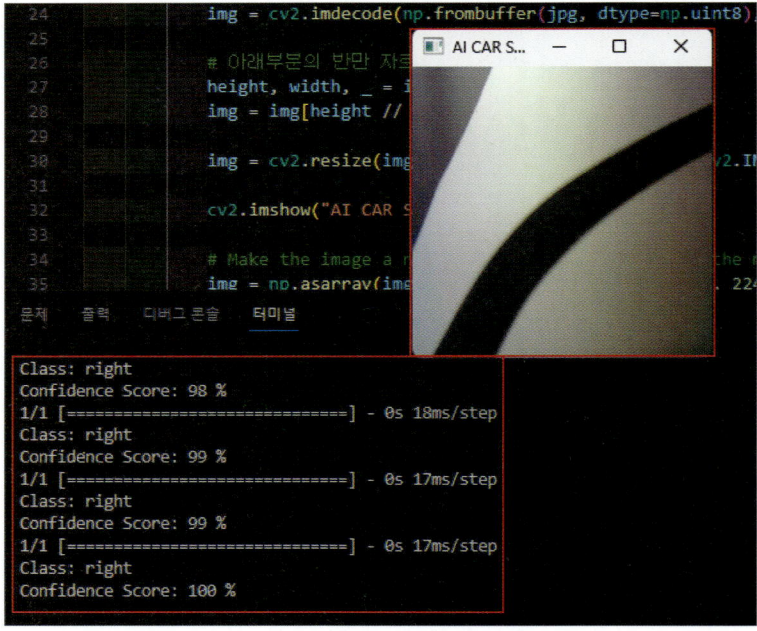

좌회전 해야할 때 left를 예측하였습니다.

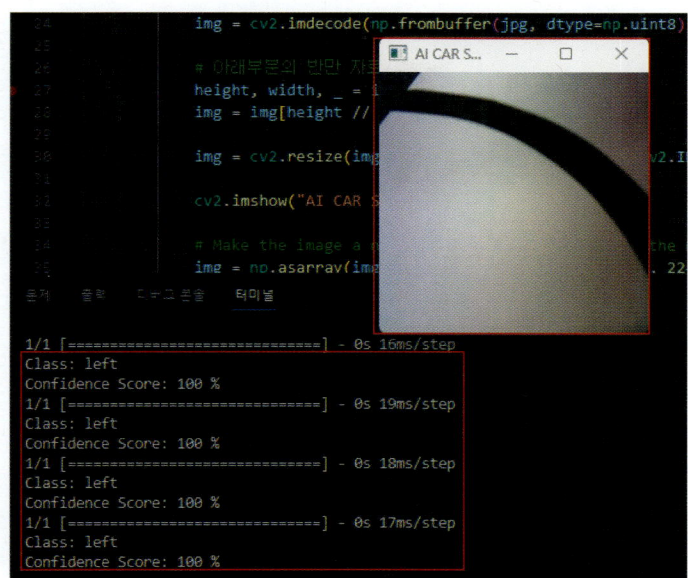

이미지를 비추었을 때 예측을 잘하지 못한다면 데이터를 다시 수집하여 모델데이터를 다시 생성한 다음 진행합니다.

쓰레드를 이용하여 영상 수신부와 분리

이미지를 이용하여 각도를 예측할 때 예측하는 시간이 소요되어 영상의 지연이 발생합니다. 영상의 지연이 발생하면 자율주행시에 반응이 늦어 차선을 벗어날 수 있습니다. 영상 수신부와 예측부를 다른 반복조건에서 동작하도록 예측부를 쓰레드를 이용하여 분리합니다.

우선 쓰레드를 사용하는 코드를 만들어봅니다.

main4-3-2.py 파일을 생성 후 아래의 코드를 작성합니다.

```
main4-3-2.py
01  import cv2
02  import numpy as np
03  from urllib.request import urlopen
04  from keras.models import load_model
05  import numpy as np
06  import threading
07  import time
08
09  ip ='192.168.137.231'
10  stream = urlopen('http://'+ ip +':81/stream')
```

```python
11  buffer = b''
12  urlopen('http://'+ ip +"/action?go=speed40")
13
14  #모델불러오기
15  model = load_model(r"C:\converted_keras\keras_model.h5", compile=False)
16  class_names =open(r"C:\converted_keras\labels.txt", "r").readlines()
17
18  def image_process_thread():
19      while True:
20          print("이미지처리 쓰레드")
21          time.sleep(1.0)
22
23  # 데몬 스레드를 생성합니다.
24  daemon_thread = threading.Thread(target=image_process_thread)
25  daemon_thread.daemon =True
26  daemon_thread.start()
27
28  while True:
29      buffer += stream.read(4096)
30      head = buffer.find(b'\xff\xd8')
31      end = buffer.find(b'\xff\xd9')
32
33      try:
34          if head >-1 and end >-1:
35              jpg = buffer[head:end+2]
36              buffer = buffer[end+2:]
37              img = cv2.imdecode(np.frombuffer(jpg, dtype=np.uint8), cv2.IMREAD_UNCHANGED)
38
39              # 아랫부분의 반만 자르기
40              height, width, _ = img.shape
41              img = img[height //2:, :]
42
43              img = cv2.resize(img, (224, 224), interpolation=cv2.INTER_AREA)
44
45              cv2.imshow("AI CAR Streaming", img)
46
47              key = cv2.waitKey(1)
48              if key == ord('q'):
49                  urlopen('http://'+ ip +"/action?go=stop")
50                  break
51
52      except:
53          print("에러")
54          pass
55
56
57  urlopen('http://'+ ip +"/action?go=stop")
58  cv2.destroyAllWindows()
59
60  # main4-3-2.py
61  # 쓰레드를 이용하여 영상 수신부와 분리
```

06 : 'threading' 모듈을 불러옵니다.
18~21 : 이미지 처리를 수행하는 쓰레드 함수를 정의합니다.
24~26 : 쓰레드를 생성하고 데몬 스레드로 설정하여 백그라운드에서 실행합니다.

[▶Python 파일 실행] 버튼을 눌러 코드를 실행합니다.

이미지처리 부분을 쓰레드로 분리하여 "이미지처리 쓰레드"라는 글자가 1초마다 출력됩니다. 영상 수신부는 시간의 지연없이 동작합니다.

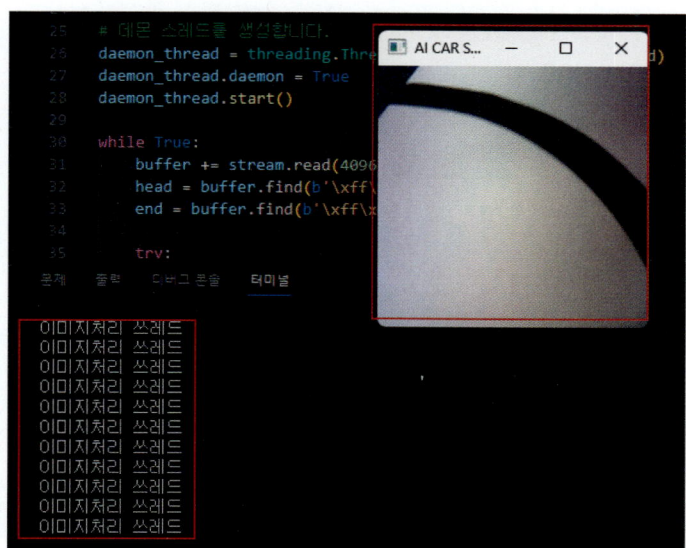

경로 예측

쓰레드로 분리된 이미지처리 부분에서 경로를 예측하여 자동차의 이동 방향을 출력하는 코드를 작성합니다. 실제 자동차는 움직이지 않고 예측만 합니다.

main4-3-3.py 코드를 생성 후 아래의 코드를 작성합니다.

```
main4-3-3.py
01  import cv2
02  import numpy as np
03  from urllib.request import urlopen
04  from keras.models import load_model
05  import numpy as np
06  import threading
07
08  ip ='192.168.137.231'
09  stream = urlopen('http://'+ ip +':81/stream')
10  buffer = b''
```

```python
10  buffer = b''
11  urlopen('http://'+ ip +"/action?go=speed40")
12
13  #모델불러오기
14  model = load_model(r"C:\converted_keras\keras_model.h5", compile=False)
15  class_names =open(r"C:\converted_keras\labels.txt", "r").readlines()
16
17  image_flag =0
18  def image_process_thread():
19      global img
20      global image_flag
21      while True:
22          if image_flag ==1:
23              img = np.asarray(img, dtype=np.float32).reshape(1, 224, 224, 3)
24              img = (img /127.5) -1
25
26              # Predict the model
27              prediction = model.predict(img)
28              index = np.argmax(prediction)
29              class_name = class_names[index]
30              confidence_score = prediction[0][index]
31
32              if "go"in class_name[2:]:
33                  print("직진:",str(np.round(confidence_score *100))[:-2],"%")
34              elif "left"in class_name[2:]:
35                  print("왼쪽:",str(np.round(confidence_score *100))[:-2],"%")
36              elif "right"in class_name[2:]:
37                  print("오른쪽:",str(np.round(confidence_score *100))[:-2],"%")
38
39              image_flag =0
40
41  # 데몬 스레드를 생성합니다.
42  daemon_thread = threading.Thread(target=image_process_thread)
43  daemon_thread.daemon =True
44  daemon_thread.start()
45
46
47  while True:
48      buffer += stream.read(4096)
49      head = buffer.find(b'\xff\xd8')
50      end = buffer.find(b'\xff\xd9')
51
52      try:
53          if head >-1 and end >-1:
54              jpg = buffer[head:end+2]
55              buffer = buffer[end+2:]
```

```
56              img = cv2.imdecode(np.frombuffer(jpg, dtype=np.uint8), cv2.IMREAD_UNCHANGED)
57
58              # 아랫부분의 반만 자르기
59              height, width, _ = img.shape
60              img = img[height //2:, :]
61
62              img = cv2.resize(img, (224, 224), interpolation=cv2.INTER_AREA)
63
64              cv2.imshow("AI CAR Streaming", img)
65              image_flag =1
66
67              key = cv2.waitKey(1)
68              if key == ord('q'):
69                  urlopen('http://'+ ip +"/action?go=stop")
70                  break
71
72          except:
73              print("에러")
74              pass
75
76 urlopen('http://'+ ip +"/action?go=stop")
77 cv2.destroyAllWindows()
78
79 # main4-3-3.py
80 # 경로 예측
```

17 : 이미지 처리 여부를 나타내는 'image_flag' 변수를 0으로 초기화합니다.
18~40 : 이미지 처리를 수행하는 쓰레드 함수를 정의합니다.
19 : 전역 변수로 이미지 'img'와 'image_flag'를 사용하기 위해 'global' 선언합니다.
22 : 'image_flag'가 1일 경우에 이미지 처리를 수행합니다.
23 : 이미지를 모델 입력 형태로 변환합니다.
24 : 이미지 배열을 정규화합니다.
27~37 : 모델을 사용하여 이미지를 예측하고 예측 결과에 따라 출력합니다. 이미지 처리가 끝났음을 나타내는 'image_flag'를 0으로 설정합니다.
65 : 이미지 처리를 수행했음을 나타내는 'image_flag'를 1로 설정합니다.

[▶Python 파일 실행] 버튼을 눌러 코드를 실행합니다.
영산수신와 이미지를 처리하여 예측하는 부분은 분리되어 동작합니다. 이미지가 표시되고 이미지의 경로를 예측하였습니다.

직진을 잘 예측하였습니다.

왼쪽 이동을 잘 예측하였습니다.

오른쪽 이동을 잘 예측하였습니다.

자율주행

실제 자동차를 움직이는 명령을 전송하여 자율주행 코드를 만들어봅니다.

main4-3-4.py 파일을 생성 후 아래의 코드를 작성합니다.

```
main4-3-4.py
01  import cv2
02  import numpy as np
03  from urllib.request import urlopen
04  from keras.models import load_model
05  import numpy as np
06  import threading
07  import time
08
09  #모델불러오기
10  model = load_model(r"C:\converted_keras\keras_model.h5", compile=False)
11  class_names =open(r"C:\converted_keras\labels.txt", "r").readlines()
12
13  ip ='192.168.137.121'
14  stream = urlopen('http://'+ ip +':81/stream')
15  buffer = b''
16  urlopen('http://'+ ip +"/action?go=speed40")
17
18  image_flag =0
19  def image_process_thread():
20      global img
21      global image_flag
```

```python
22      while True:
23          if image_flag ==1:
24              img = np.asarray(img, dtype=np.float32).reshape(1, 224, 224, 3)
25              img = (img /127.5) -1
26  
27              # 예측
28              prediction = model.predict(img)
29              index = np.argmax(prediction)
30              class_name = class_names[index]
31              confidence_score = prediction[0][index]
32  
33              if "go"in class_name[2:]:
34                  print("직진:",str(np.round(confidence_score *100))[:-2],"%")
35                  urlopen('http://'+ ip +"/action?go=forward")
36              elif "left"in class_name[2:]:
37                  print("왼쪽:",str(np.round(confidence_score *100))[:-2],"%")
38                  urlopen('http://'+ ip +"/action?go=left")
39              elif "right"in class_name[2:]:
40                  print("오른쪽:",str(np.round(confidence_score *100))[:-2],"%")
41                  urlopen('http://'+ ip +"/action?go=right")
42  
43              image_flag =0
44  
45  # 데몬 스레드를 생성합니다.
46  daemon_thread = threading.Thread(target=image_process_thread)
47  daemon_thread.daemon =True
48  daemon_thread.start()
49  
50  while True:
51      buffer += stream.read(4096)
52      head = buffer.find(b'\xff\xd8')
53      end = buffer.find(b'\xff\xd9')
54  
55      try:
56          if head >-1 and end >-1:
57              jpg = buffer[head:end+2]
58              buffer = buffer[end+2:]
59              img = cv2.imdecode(np.frombuffer(jpg, dtype=np.uint8), cv2.IMREAD_UNCHANGED)
60  
61              # 아랫부분의 반만 자르기
62              height, width, _ = img.shape
63              img = img[height //2:, :]
64  
65              # 크기 조절
66              img = cv2.resize(img, (224, 224), interpolation=cv2.INTER_AREA)
67  
68              cv2.imshow("AI CAR Streaming", img)
69              image_flag =1
70  
71              key = cv2.waitKey(1)
```

```
72            if key == ord('q'):
73                urlopen('http://'+ ip +"/action?go=stop")
74                break
75
76     except:
77         print("에러")
78         pass
79
80 urlopen('http://'+ ip +"/action?go=stop")
81 cv2.destroyAllWindows()
82
83 # main4-3-4.py
84 # 자율주행
```

이 코드 블록은 모델이 예측한 클래스에 따라 자율주행 차량을 제어합니다

33~41 : 모델이 예측한 클래스 이름(class_name)에 따라 조작을 결정합니다.
34   : 클래스 이름에 "go"가 포함되어 있고, 확률이 95% 이상일 경우, "직진" 메시지와 확률을 출력하고, 해당 URL을 이용하여 차량을 전진시킵니다.
37   : 클래스 이름에 "left"가 포함되어 있고, 확률이 95% 이상일 경우, "왼쪽" 메시지와 확률을 출력하고, 해당 URL을 이용하여 차량을 좌회전시킵니다.
40   : 클래스 이름에 "right"가 포함되어 있고, 확률이 95% 이상일 경우, "오른쪽" 메시지와 확률을 출력하고, 해당 URL을 이용하여 차량을 우회전시킵니다.

즉, 이 코드는 예측 결과에 따라 차량을 제어하며, 특정 조건을 만족할 때만 조작을 실행하는 로직을 담당합니다.

[▶Python 파일 실행] 버튼을 눌러 코드를 실행합니다.
자율주행 자동차를 트랙위에 위치한 다음 코드를 실행합니다.

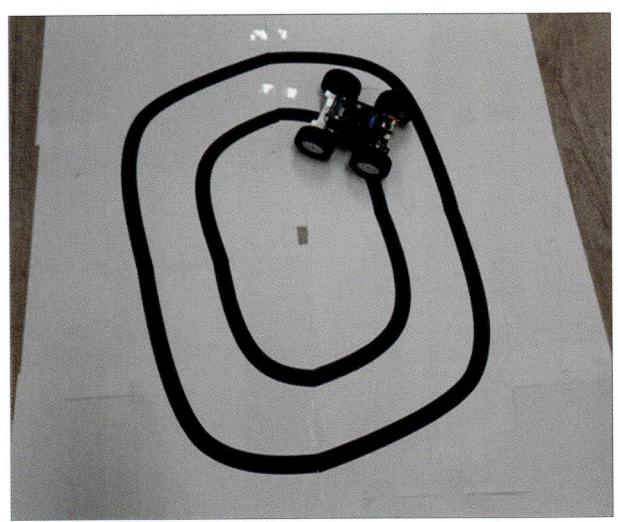

예측을 바탕으로 자율주행을 시작합니다.

95% 이상일 때만 조종하여 성능 높이기

예측 확률이 95%이상일 때만 조건을 추가하여 자율주행의 성능을 높혀 차선에 벗어나지 않고 자율주행이 더 잘 할 수 있도록 코드를 수정하여 자율주행 자동차를 완성합니다.

main4-3-5.py 파일을 생성 후 아래의 코드를 작성합니다.

```python
# main4-3-5.py
import cv2
import numpy as np
from urllib.request import urlopen
from keras.models import load_model
import numpy as np
import threading
import time

#모델불러오기
model = load_model(r"C:\converted_keras\keras_model.h5", compile=False)
class_names =open(r"C:\converted_keras\labels.txt", "r").readlines()

ip ='192.168.137.121'
stream = urlopen('http://'+ ip +':81/stream')
buffer = b''
urlopen('http://'+ ip +"/action?go=speed40")

image_flag =0
```

```python
19  def image_process_thread():
20      global img
21      global image_flag
22      while True:
23          if image_flag ==1:
24              img = np.asarray(img, dtype=np.float32).reshape(1, 224, 224, 3)
25              img = (img /127.5) -1
26
27              # 예측
28              prediction = model.predict(img)
29              index = np.argmax(prediction)
30              class_name = class_names[index]
31              confidence_score = prediction[0][index]
32              percent =int(str(np.round(confidence_score *100))[:-2])
33
34              if "go"in class_name[2:] and percent >=95:
35                  print("직진:",str(np.round(confidence_score *100))[:-2],"%")
36                  urlopen('http://'+ ip +"/action?go=forward")
37              elif "left"in class_name[2:] and percent >=95:
38                  print("왼쪽:",str(np.round(confidence_score *100))[:-2],"%")
39                  urlopen('http://'+ ip +"/action?go=left")
40              elif "right"in class_name[2:] and percent >=95:
41                  print("오른쪽:",str(np.round(confidence_score *100))[:-2],"%")
42                  urlopen('http://'+ ip +"/action?go=right")
43
44              image_flag =0
45
46  # 데몬 스레드를 생성합니다.
47  daemon_thread = threading.Thread(target=image_process_thread)
48  daemon_thread.daemon =True
49  daemon_thread.start()
50
51  while True:
52      buffer += stream.read(4096)
53      head = buffer.find(b'\xff\xd8')
54      end = buffer.find(b'\xff\xd9')
55
56      try:
57          if head >-1 and end >-1:
58              jpg = buffer[head:end+2]
59              buffer = buffer[end+2:]
60              img = cv2.imdecode(np.frombuffer(jpg, dtype=np.uint8), cv2.IMREAD_UNCHANGED)
61
62              # 아랫부분의 반만 자르기
63              height, width, _ = img.shape
64              img = img[height //2:, :]
```

```
65
66                  # 크기 조절
67                  img = cv2.resize(img, (224, 224), interpolation=cv2.INTER_AREA)
68
69                  cv2.imshow("AI CAR Streaming", img)
70                  image_flag =1
71
72                  key = cv2.waitKey(1)
73                  if key == ord('q'):
74                      urlopen('http://'+ ip +"/action?go=stop")
75                      break
76
77          except:
78              print("에러")
79              pass
80
81  urlopen('http://'+ ip +"/action?go=stop")
82  cv2.destroyAllWindows()
83
84  # main4-3-5.py
85  # 95% 이상일 때만 조종하여 성능 높이기
```

이 코드는 실시간으로 영상 스트림을 받아와 이미지 처리 및 모델 예측을 수행하여 자율주행 차량을 제어하는 프로그램입니다. 코드를 주석과 함께 설명하겠습니다.

01~15 : 모델 및 클래스 레이블 정보를 불러옵니다.
17~40 : 이미지 처리를 수행하는 쓰레드 함수를 정의합니다.
19, 20 : 전역 변수로 이미지 'img'와 'image_flag'를 사용하기 위해 'global' 선언합니다.
22~37 :   이미지 처리 및 모델 예측을 수행합니다.
38   : 이미지 처리가 끝났음을 나타내는 'image_flag'를 0으로 설정합니다.
42~44 : 쓰레드를 생성하고 데몬 스레드로 설정하여 백그라운드에서 실행합니다.
47~78 : 메인 루프를 시작합니다.
48~71 : 스트림으로부터 데이터를 읽어 이미지 처리를 수행하고 OpenCV 창에 출력합니다.
72~75 : 키보드 입력을 감지하고 'q' 키를 누르면 루프를 종료합니다.
78~81 : 루프를 빠져나온 후 차량을 정지시키고 OpenCV 창을 닫습니다.

주요 변경 사항:

- 이 코드는 이미지의 클래스 예측 확률이 95% 이상일 때에만 해당 조작을 실행하도록 조건을 추가했습니다.
- 조종 명령은 "go ", "left ", "right " 클래스의 예측 결과 중 확률이 95% 이상인 경우에만 전송됩니다. 이를 통해 모델의 확신도가 높은 경우에만 조작을 실행하며, 더 안정적인 동작을 목표로 합니다.

코드 주석에는 "main4-3-5.py" 라고 표시되어 있어, 이 코드는 "main4-3-5.py" 파일의 내용이며, 주석 뒤의 내용은 해당 코드의 설명이라고 해석됩니다.

[▶Python 파일 실행] 버튼을 눌러 코드를 실행합니다.

확률이 95% 이상일 때만 이동 방향을 결정하여 성능을 높였습니다. 확률을 조절하여 성능을 튜닝하여도 좋습니다.

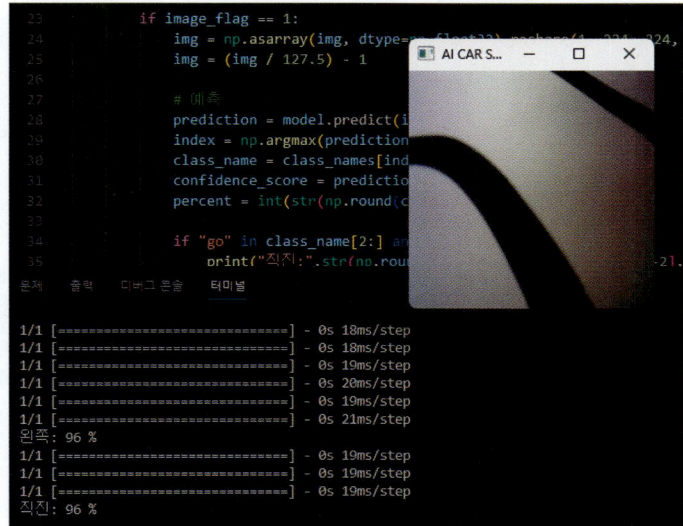

자율주행 실습 결과 동영상 QR코드

https://youtu.be/rjEJZDyEkpo

CHAPTER
05

OpenCV 자율주행 자동차 만들기

OpenCV를 이용하여 이미지처리를 통해 영상의 무게 중심을 구해 차선의 중앙을 찾고 찾은 중앙의 위치를 이용하여 양쪽 차선을 따라 주행하는 자율주행 자동차를 만들어봅니다.

라이브러리 설치하기

아래의 명령어를 터미널에 입력하여 라이브러리를 설치합니다. opencv-python은 영상처리를 위한 파이썬용 opencv라이브러리입니다.

```
pip install opencv-python
```

OpenCV로 영상처리 하기

OpenCV를 이용하여 영상처리를 통해 차선 중앙의 값을 찾는 코드를 만들어봅니다.

자동차의 영상을 OpenCV를 이용하여 출력하기

자동차에서 보내주는 스트리밍 영상을 OpenCV를 이용하여 영상으로 출력하는 코드를 만들어봅니다. main5-1-1.py 파일을 생성 후 아래의 코드를 작성합니다.

```python
# main5-1-1.py
01  import cv2
02  import numpy as np
03  from urllib.request import urlopen
04  import time
05
06  ip ='192.168.137.18'
07  stream = urlopen('http://'+ ip +':81/stream')
08  buffer = b''
09
10  while True:
11      buffer += stream.read(4096)
12      head = buffer.find(b'\xff\xd8')
13      end = buffer.find(b'\xff\xd9')
14
15      try:
16          if head >-1 and end >-1:
17              jpg = buffer[head:end+2]
18              buffer = buffer[end+2:]
19              img = cv2.imdecode(np.frombuffer(jpg, dtype=np.uint8), cv2.IMREAD_UNCHANGED)
20
21              # 아랫부분의 반만 자르기
```

```
22              height, width, _ = img.shape
23              img = img[height //2:, :]
24
25              cv2.imshow("AI CAR Streaming", img)
26
27              key = cv2.waitKey(1)
28              if key == ord('q'):
29                  break
30
31      except:
32          print("에러")
33          pass
34
35  cv2.destroyAllWindows()
36
37  # main5-1-1.py
38  # 자동차의 영상을 OpenCV를 이용하여 출력하기
```

01: OpenCV 패키지를 "cv2"라는 이름으로 불러옵니다.
02: "numpy" 패키지를 "np"라는 이름으로 불러옵니다.
03: "urlopen" 함수를 "urlopen"이라는 이름으로부터 불러옵니다.
04: "time" 패키지를 불러옵니다.
06: IP 주소 문자열을 '192.168.137.18'로 설정합니다.
07: 설정한 IP 주소를 이용하여 'http://192.168.137.18:81/stream' 주소에 요청을 보내 동영상 스트림을 받아옵니다.
08: 바이트 형태의 데이터를 저장할 "buffer" 변수를 초기화합니다.
10: 무한 반복 루프를 시작합니다.
11: 스트림으로부터 최대 4096바이트씩 데이터를 읽어 "buffer"에 추가합니다.
12: "buffer" 내에서 JPEG 이미지의 시작을 나타내는 바이트 시퀀스 '₩xff₩xd8'의 인덱스를 찾는다.
13: "buffer" 내에서 JPEG 이미지의 끝을 나타내는 바이트 시퀀스 '₩xff₩xd9'의 인덱스를 찾는다.
15: 예외 처리를 시작합니다.
16: "buffer"에 이미지의 시작과 끝이 모두 존재하는 경우 (이미지가 완전한 경우).
17: "jpg" 변수에 이미지 데이터를 할당하고 "buffer"에서 해당 이미지 데이터를 제거합니다.
19: "jpg" 데이터를 NumPy 배열로 변환하고 OpenCV 함수를 사용하여 이미지를 디코딩합니다.
22: 이미지의 높이, 너비 및 채널 정보를 가져옵니다.
23: 이미지의 하단 반을 자른다.
25: OpenCV 창에 이미지를 표시합니다.
27: 사용자의 키 입력을 대기하며, 'q' 키를 누르면 루프를 종료합니다.
31: 예외 발생 시 "에러"를 출력하고 루프를 계속합니다.
35: 모든 OpenCV 창을 닫습니다.
37: 주석으로 "main5-1-1.py"라는 파일의 내용을 나타냅니다. (외부 파일의 내용은 여기에 포함되지 않음)

이 코드는 IP 카메라 스트림에서 영상을 읽어와 OpenCV를 사용하여 화면에 표시하는 작업을 수행합니다. 영상 스트림 데이터를 계속 읽어와서 JPEG 이미지를 찾고 디코딩한 후 화면에 표시합니다. 'q' 키를 누르면 프로그램이 종료됩니다.

[▶Python 파일 실행] 버튼을 눌러 코드를 실행합니다.

AI 자동차에서 스트리밍을 통해 보내준 영상에서 아랫부분 1/2만 잘라내어 이미지로 출력하였습니다. 이미지의 윗부분은 차선이 아닌 다른 내용이 있으므로 아랫부분의 이미지만 사용합니다.

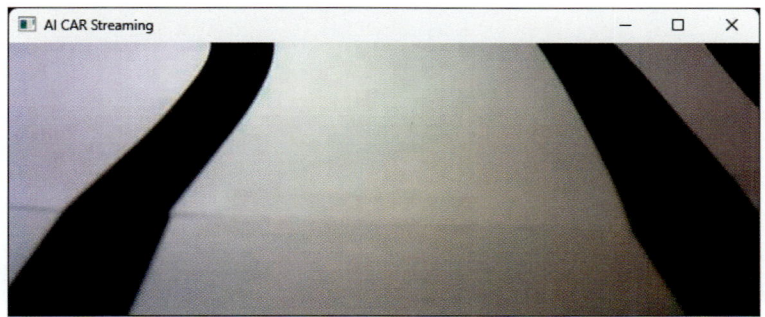

색상 필터링으로 검정색 선 추출

이미지에서 검정색 선 부분을 찾아 마스크하는 코드를 작성합니다. 흰색부분을 검정색으로 마스크합니다. 검정색 선 부분은 마스크되지 않아 흰색으로 처리됩니다.

main5-1-2.py 파일을 생성 후 아래의 코드를 작성합니다.

```python
# main5-1-2.py
import cv2
import numpy as np
from urllib.request import urlopen

ip ='192.168.137.18'
stream = urlopen('http://'+ ip +':81/stream')
buffer = b''
urlopen('http://'+ ip +"/action?go=speed40")

while True:
    buffer += stream.read(4096)
    head = buffer.find(b'\xff\xd8')
    end = buffer.find(b'\xff\xd9')
    
    try:
        if head >-1 and end >-1:
            jpg = buffer[head:end+2]
            buffer = buffer[end+2:]
            img = cv2.imdecode(np.frombuffer(jpg, dtype=np.uint8), cv2.IMREAD_UNCHANGED)
            cv2.imshow("img", img)
```

```
22          # 아랫부분의 반만 자르기
23          height, width, _ = img.shape
24          img = img[height //2:, :]
25
26          # 색상 필터링으로 검정색 선 추출
27          lower_bound = np.array([0, 0, 0])
28          upper_bound = np.array([255, 255, 80])
29          mask = cv2.inRange(img, lower_bound, upper_bound)
30
31          cv2.imshow("mask", mask)
32
33          key = cv2.waitKey(1)
34          if key == ord('q'):
35              urlopen('http://'+ ip +"/action?go=stop")
36              break
37
38      except:
39          print("에러")
40          pass
41
42  urlopen('http://'+ ip +"/action?go=stop")
43  cv2.destroyAllWindows()
44
45  # main5-1-2.py
46  # 색상 필터링으로 검정색 선 추출
```

23: 이미지의 높이, 너비 및 채널 정보를 가져옵니다.
24: 이미지의 하단 반을 자른다.
27: 색상 필터링을 위한 하한값을 정의합니다.
28: 색상 필터링을 위한 상한값을 정의합니다.
29: 이미지에서 하한값과 상한값 사이의 색상에 해당하는 부분을 추출하여 이진 이미지 "mask"를 생성합니다.
31: "mask" 창에 이진 이미지를 표시합니다.

이 코드는 IP 카메라 스트림에서 영상을 읽어와 화면에 표시하고, 특정 색상 범위에 해당하는 부분을 추출하여 이진 이미지로 표시하는 작업을 수행합니다. 루프가 실행되는 동안 'q' 키를 누르면 차량을 정지시키고 프로그램이 종료됩니다.

[▶Python 파일 실행] 버튼을 눌러 코드를 실행합니다.

원본 이미지입니다.

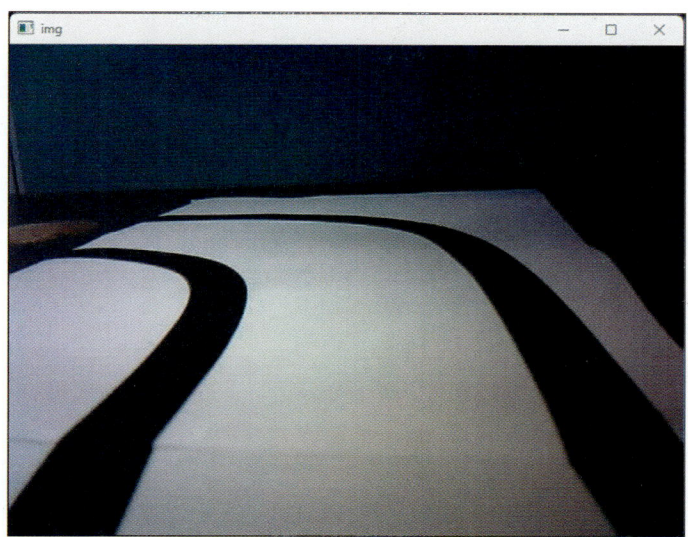

이미지의 아랫부분을 반을 남기고 이미지를 마스크 처리하였습니다. 색상 필터링을 위한 상한값을 [255,255,80]으로 설정하였습니다. 선을 잘 찾았습니다.

upper_bound = np.array([255, 255, 80])

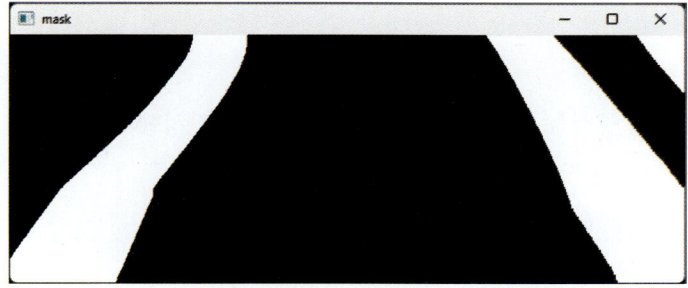

색상 필터링을 위한 상한값을 [255,255,40]으로 설정하였습니다. 선의 중간부분과 끝부분도 찾지 못해 검정색으로 마스크 되었습니다.

upper_bound = np.array([255, 255, 40])

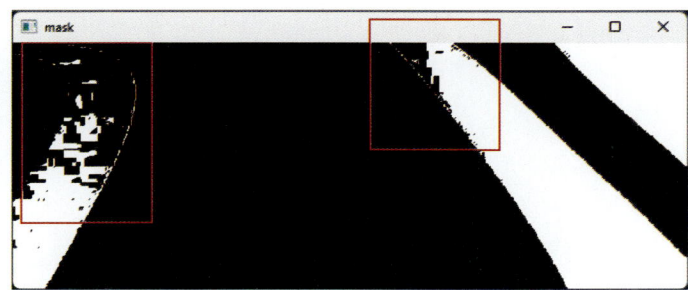

색상 필터링을 위한 상한값을 [255,255,120]으로 설정하였습니다. 선이 아닌 부분도 선처럼 표시되었습니다.

upper_bound = np.array([255, 255, 120])

적절한 임계값을 찾아 이미지를 잘 보이도록 처리하는 것이 OpenCV를 이용한 이미지처리부분의 중요한 포인트입니다.

책에서는 선이 잘 보였던 upper_bound = np.array([255, 255, 80]) 값을 사용하도록 하겠습니다. 실제 빛에양에 따라서 다르게 처리 될 수 있으므로 테스트를 해보고 적절한 값을 찾아서 진행합니다.

영상처리를 통한 무게 중심 찾기

마스크된 이미지를 이용하여 이미지의 무게 중심을 구해 숫자로 출력하는 코드를 작성합니다.
main5-1-3.py 파일을 생성 후 아래의 코드를 작성합니다.

```python
# main5-1-3.py
import cv2
import numpy as np
from urllib.request import urlopen

ip ='192.168.137.18'
stream = urlopen('http://'+ ip +':81/stream')
buffer = b''
urlopen('http://'+ ip +"/action?go=speed40")

while True:
    buffer += stream.read(4096)
    head = buffer.find(b'\xff\xd8')
    end = buffer.find(b'\xff\xd9')
    
    try:
        if head >-1 and end >-1:
```

```python
17              jpg = buffer[head:end+2]
18              buffer = buffer[end+2:]
19              img = cv2.imdecode(np.frombuffer(jpg, dtype=np.uint8), cv2.IMREAD_UNCHANGED)
20
21              # 아랫부분의 반만 자르기
22              height, width, _ = img.shape
23              img = img[height //2:, :]
24
25              # 색상 필터링으로 검정색 선 추출
26              lower_bound = np.array([0, 0, 0])
27              upper_bound = np.array([255, 255, 80])
28              mask = cv2.inRange(img, lower_bound, upper_bound)
29
30              cv2.imshow("mask", mask)
31
32              # 무게 중심 계산
33              M = cv2.moments(mask)
34              if M["m00"] !=0:
35                  cX =int(M["m10"] / M["m00"])
36                  cY =int(M["m01"] / M["m00"])
37              else:
38                  cX, cY =0, 0
39
40              # 무게 중심과 이미지 중앙의 거리 계산
41              center_offset = width //2 - cX
42              print(center_offset)
43
44              # 디버그용 시각화
45              cv2.circle(img, (cX, cY), 10, (0, 255, 0), -1)
46              cv2.imshow("AI CAR Streaming", img)
47
48              key = cv2.waitKey(1)
49              if key == ord('q'):
50                  urlopen('http://'+ ip +"/action?go=stop")
51                  break
52
53      except:
54          print("에러")
55          pass
56
57  urlopen('http://'+ ip +"/action?go=stop")
58  cv2.destroyAllWindows()
59
60  # main5-1-3.py
61  # 영상처리를 통한 무게 중심 찾기
```

33 : 이진 이미지 "mask"의 모멘트를 계산하여 무게 중심을 구합니다.
35~36 : 무게 중심의 x, y 좌표를 계산합니다.
40 : 이미지 중앙과 무게 중심의 거리를 계산합니다.
41 : 이미지의 너비를 이용하여 무게 중심과 이미지 중앙의 x 좌표 거리를 계산합니다.
42 : 계산한 거리를 출력합니다.
45 : 무게 중심 위치에 원을 그려 디버그용으로 시각화합니다.
46 : 디버그용 이미지를 "AI CAR Streaming" 창에 표시합니다.

이 코드는 IP 카메라 스트림에서 영상을 읽어와 화면에 표시하고, 색상 필터링을 통해 검정색 선을 추출한 후 해당 선의 무게 중심을 계산하여 디버그용 시각화와 함께 표시하는 작업을 수행합니다. 루프가 실행되는 동안 'q' 키를 누르면 차량을 정지시키고 프로그램이 종료됩니다.

[▶Python 파일 실행] 버튼을 눌러 코드를 실행합니다.
차선의 중앙에 무게 중심이 있을때는 -10~+10 정도의 무게 중심값을 찾습니다.

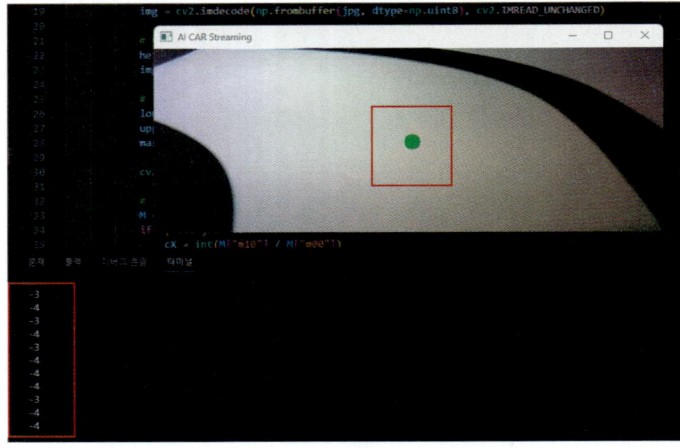

차선의 왼쪽 부분에 무게 중심이 있을때는 +로 값이 커지면서 무게 중심값을 찾습니다.

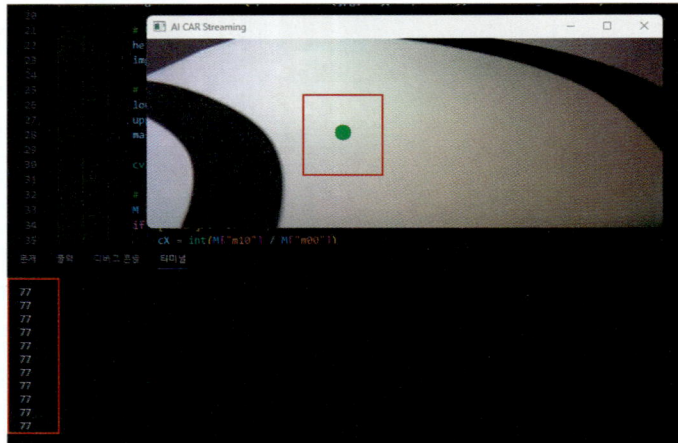

차선의 오른쪽 부분에 무게 중심이 있을때는 -로 값이 작아지면서 무게 중심값을 찾습니다.

OpenCV로 자율주행하기

OpenCV를 이용한 영상처리로 찾은 무게 중심을 이용하여 실제 자동차를 움직여 차선을 따라 주행해는 자율주행 자동차를 만들어봅니다.

영상처리를 통한 자율주행 완성

무게 중심이 +10보다 크면 자동차를 오른쪽으로 이동하고 -10보다 작으면 자동차를 왼쪽으로 이동하고 -10~+10은 자동차를 직진하도록 코드를 추가하여 차선을 따라 주행하는 자율주행 자동차를 만들어봅니다.

main5-2-1.py 파일을 생성 후 아래의 코드를 작성합니다.

```python
main5-2-1.py
01  import cv2
02  import numpy as np
03  from urllib.request import urlopen
04
05  ip ='192.168.137.18'
06  stream = urlopen('http://'+ ip +':81/stream')
07  buffer = b''
08  urlopen('http://'+ ip +"/action?go=speed40")
09
10  while True:
11      buffer += stream.read(4096)
12      head = buffer.find(b'\xff\xd8')
13      end = buffer.find(b'\xff\xd9')
14
15      try:
16          if head >-1 and end >-1:
17              jpg = buffer[head:end+2]
18              buffer = buffer[end+2:]
19              img = cv2.imdecode(np.frombuffer(jpg, dtype=np.uint8), cv2.IMREAD_UNCHANGED)
20
21              # 아랫부분의 반만 자르기
22              height, width, _ = img.shape
23              img = img[height //2:, :]
24
25              # 색상 필터링으로 검정색 선 추출
26              lower_bound = np.array([0, 0, 0])
27              upper_bound = np.array([255, 255, 80])
28              mask = cv2.inRange(img, lower_bound, upper_bound)
29
```

```python
30            cv2.imshow("mask", mask)
31
32            # 무게 중심 계산
33            M = cv2.moments(mask)
34            if M["m00"] !=0:
35                cX =int(M["m10"] / M["m00"])
36                cY =int(M["m01"] / M["m00"])
37            else:
38                cX, cY =0, 0
39
40            # 무게 중심과 이미지 중앙의 거리 계산
41            center_offset = width //2 - cX
42            #print(center_offset)
43
44            # 디버그용 시각화
45            cv2.circle(img, (cX, cY), 10, (0, 255, 0), -1)
46            cv2.imshow("AI CAR Streaming", img)
47
48            if center_offset >10:
49                print("오른쪽")
50                urlopen('http://'+ ip +"/action?go=right")
51            elif center_offset <-10:
52                print("왼쪽")
53                urlopen('http://'+ ip +"/action?go=left")
54            else:
55                print("직진")
56                urlopen('http://'+ ip +"/action?go=forward")
57
58            key = cv2.waitKey(1)
59            if key == ord('q'):
60                urlopen('http://'+ ip +"/action?go=stop")
61                break
62
63        except:
64            print("에러")
65            pass
66
67 urlopen('http://'+ ip +"/action?go=stop")
68 cv2.destroyAllWindows()
69
70 # main5-2-1.py
71 # 영상처리를 통한 자율주행 완성
```

22: 이미지의 높이, 너비 및 채널 정보를 가져옵니다.
23: 이미지의 하단 반을 자른다.
26: 색상 필터링을 위한 하한값을 정의합니다.

27 : 색상 필터링을 위한 상한값을 정의합니다.
28 : 이미지에서 하한값과 상한값 사이의 색상에 해당하는 부분을 추출하여 이진 이미지 "mask"를 생성합니다.
30 : "mask" 창에 이진 이미지를 표시합니다.
33 : 이진 이미지 "mask"의 모멘트를 계산하여 무게 중심을 구합니다.
35~36 : 무게 중심의 x, y 좌표를 계산합니다.
40 : 이미지 중앙과 무게 중심의 거리를 계산합니다.
41 : 이미지의 너비를 이용하여 무게 중심과 이미지 중앙의 x 좌표 거리를 계산합니다.
44 : 디버그용으로 무게 중심 위치에 원을 그려 시각화합니다.
45 : 디버그용 이미지를 "AI CAR Streaming" 창에 표시합니다.
48~57 : 무게 중심과 이미지 중앙의 거리를 기반으로 주행 제어를 수행합니다.
58 : 사용자의 키 입력을 대기하며, 'q' 키를 누르면 차량을 정지시키고 프로그램이 종료됩니다.
63 : 예외 발생 시 "에러"를 출력하고 루프를 계속합니다.
67 : 차량을 정지시키기 위해 'http://192.168.137.18/action?go=stop' 주소에 요청을 보냅니다.
68 : 모든 OpenCV 창을 닫습니다.

이 코드는 IP 카메라 스트림에서 영상을 읽어와 화면에 표시하고, 색상 필터링을 통해 검정색 선을 추출하고 그 무게 중심을 계산하여 주행 제어를 수행하는 자율주행 시스템을 구현합니다. 루프가 실행되는 동안 'q' 키를 누르면 차량을 정지시키고 프로그램이 종료됩니다. 무게 중심 위치에 따라 오른쪽, 왼쪽 또는 직진을 판단하여 해당 방향으로 주행 제어를 수행합니다.

[▷Python 파일 실행] 버튼을 눌러 코드를 실행합니다.
차선을 따라 자율주행하는 자동차를 완성하였습니다.

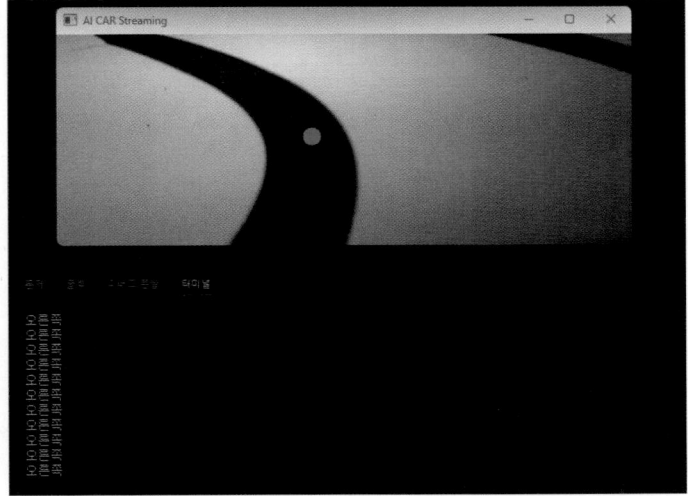

자동차를 조종하기 위해서는 네트워크를 이용하여 자동차에 명령어를 전송해야 합니다. urlopen함수를 사용하여 자동차의 url에 접속하여 자동차에 명령어를 전송합니다. url로 접속하다보면 접속시간이 소요되므로 전체적인 프로세스가 느려져서 자율주행을 위한 연산의 차례가 늦게와서 차선을 벗어나는 일이 종종있습니다.

쓰레드를 이용하여 자율주행 성능 높이기

영상처리를 통해 무게 중심을 구하는 부분은 기존 while문에서 동작하고 자동차에 명령을 전송하는 부분은 쓰레드로 분리하여 명령의 전송으로 인해 영상처리가 느려지는 문제를 해결하여 자율주행 자동차의 성능을 높이는 코드를 만들어 자율주행 자동차를 완성해보도록 합니다.

main5-2-2.py 파일을 생성 후 아래의 코드를 작성합니다.

```python
# main5-2-2.py
import cv2
import numpy as np
from urllib.request import urlopen
import threading

ip ='192.168.137.18'
stream = urlopen('http://'+ ip +':81/stream')
buffer = b''
urlopen('http://'+ ip +"/action?go=speed40")

image_flag =0
def image_process_thread():
    global image_flag, car_state
    while True:
        if image_flag ==1:
            if car_state =="go":
                urlopen('http://'+ ip +"/action?go=forward")
            elif car_state =="right":
                urlopen('http://'+ ip +"/action?go=right")
            elif car_state =="left":
                urlopen('http://'+ ip +"/action?go=left")

            image_flag =0

# 데몬 스레드를 생성합니다.
daemon_thread = threading.Thread(target=image_process_thread)
daemon_thread.daemon =True
daemon_thread.start()

car_state ="go"
while True:
    buffer += stream.read(4096)
    head = buffer.find(b'\xff\xd8')
    end = buffer.find(b'\xff\xd9')

    try:
        if head >-1 and end >-1:
```

```python
38          jpg = buffer[head:end+2]
39          buffer = buffer[end+2:]
40          img = cv2.imdecode(np.frombuffer(jpg, dtype=np.uint8), cv2.IMREAD_UNCHANGED)
41          #cv2.imshow("AI CAR Streaming", img)
42
43          height, width, _ = img.shape
44          img = img[height //2:, :]
45
46          # 색상 필터링으로 검정색 선 추출
47          #img = cv2.cvtColor(img, cv2.COLOR_BGR2HSV)
48          lower_bound = np.array([0, 0, 0])
49          upper_bound = np.array([255, 255, 80])
50          mask = cv2.inRange(img, lower_bound, upper_bound)
51
52          cv2.imshow("mask", mask)
53
54          # 무게 중심 계산
55          M = cv2.moments(mask)
56          if M["m00"] !=0:
57              cX =int(M["m10"] / M["m00"])
58              cY =int(M["m01"] / M["m00"])
59          else:
60              cX, cY =0, 0
61
62          # 무게 중심과 이미지 중앙의 거리 계산
63          center_offset = width //2 - cX
64          #print(center_offset)
65
66          # 디버그용 시각화
67          cv2.circle(img, (cX, cY), 10, (0, 255, 0), -1)
68          cv2.imshow("AI CAR Streaming", img)
69
70
71          if center_offset >10:
72              print("오른쪽")
73              car_state ="right"
74              #urlopen('http://' + ip + "/action?go=right")
75          elif center_offset <-10:
76              print("왼쪽")
77              car_state ="left"
78              #urlopen('http://' + ip + "/action?go=left")
79          else:
80              print("직진")
81              car_state ="go"
82              #urlopen('http://' + ip + "/action?go=forward")
83
84          image_flag =1
```

```
85                key = cv2.waitKey(1)
86                if key == ord('q'):
87                    urlopen('http://'+ ip +"/action?go=stop")
88                    break
89
90        except:
91            print("에러")
92            pass
93
94    urlopen('http://'+ ip +"/action?go=stop")
95    cv2.destroyAllWindows()
96
97    # main5-2-2.py
98    # 쓰레드를 이용하여 자율주행 성능 높이기
```

04   : "threading" 모듈을 불러옵니다.
09   : 설정한 IP 주소를 이용하여 'http://192.168.137.18/action?go=speed40' 주소에 요청을 보내 차량을 40의 속도로 이 동시킵니다.
11   : 이미지 처리를 위한 플래그 변수 "image_flag"를 0으로 초기화합니다.
12~24 : 이미지 처리를 위한 스레드 함수 "image_process_thread"를 정의합니다.
15   : "image_flag"가 1인 경우에만 이미지 처리와 관련된 동작을 수행합니다.
16-21 : 현재 차량 상태(car_state)에 따라 움직임을 제어하는 명령을 보냅니다.
23   : 이미지 처리가 끝났음을 나타내기 위해 "image_flag"를 0으로 설정합니다.
26~28 : "image_process_thread" 함수를 데몬 스레드로 생성하고 시작합니다.
71~74 : 만약 중앙에서 오른쪽으로 일정 거리보다 멀어진다면 "car_state"를 "right"로 변경하고 차량을 오른쪽으로 움직이도록 명령을 보냅니다.
75~78 : 만약 중앙에서 왼쪽으로 일정 거리보다 멀어진다면 "car_state"를 "left"로 변경하고 차량을 왼쪽으로 움직이도록 명령을 보냅니다.
79-83 : 그 외의 경우(중앙에 위치) "car_state"를 "go"로 변경하고 차량을 직진하도록 명령을 보냅니다.
84   : 이미지 처리를 위한 스레드 플래그를 1로 설정합니다.

이 코드는 이미지 처리를 위한 별도의 스레드를 생성하여 자율주행을 수행합니다. 이미지 처리 스레드는 "image_flag" 플래그를 통해 주행 명령을 처리하며, 주행 명령은 "car_state" 변수에 저장됩니다

[▶Python 파일 실행] 버튼을 눌러 코드를 실행합니다.
차선을 따라 이동하는 자율주행 자동차를 완성하였습니다. 쓰레드를 활용하여 데이터를 전송하는 부분을 분리하여 자율주행의 성능을 높였습니다.

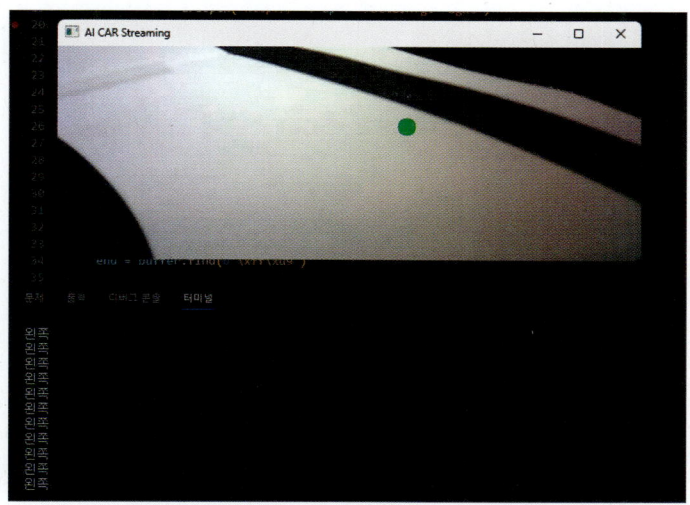

OpenCV 자율주행 실습 결과 동영상 QR코드

https://youtu.be/lhWPI7vnBA8

CHAPTER 06

인공지능 객체 검출하여 자율주행하기

인공지능을 이용하여 객체를 검출하는 방법을 알아봅니다. 검출한 객체를 이용하여 자율주행시 사람이 보이면 멈추거나, 위험 표지판을 검출하면 속도를 줄이는 기능 등을 만들어봅니다. 객체 검출에는 yolov5를 사용합니다.

라이브러리 설치

아래의 명령어를 터미널에 입력하여 라이브러리를 설치합니다. torch torchvision은 파이토치와 영상처리를 위한 라이브러리입니다. 2개의 라이브러리를 설치합니다.

```
pip install torch torchvision
```

아래의 명령어를 터미널에 입력하여 라이브러리를 설치합니다. yolo는 객체인식을 위한 라이브러리입니다.

```
pip install yolov5
```

yolov5 설치 후 opencv를 삭제합니다. yolov5에서 윈도우와 맞지 않는 opencv 관련 라이브러리를 설치하므로 삭제한 다음 다시 설치를 진행합니다.

```
pip uninstall opencv-python -y
```

아래의 명령어를 터미널에 입력하여 opencv-python를 다시 설치합니다.

```
pip install opencv-python
```

객체 이미지 인쇄하기

제공 자료의 [yolo이미지] PPT 파일에 yolo이미지가 제공됩니다.

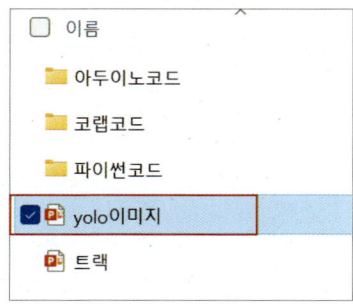

인쇄시에 용지에 맞게 크기 조정 부분의 체크를 해제하면 책에서 사용한 이미지와 동일한 사이즈의 출력이 가능합니다.

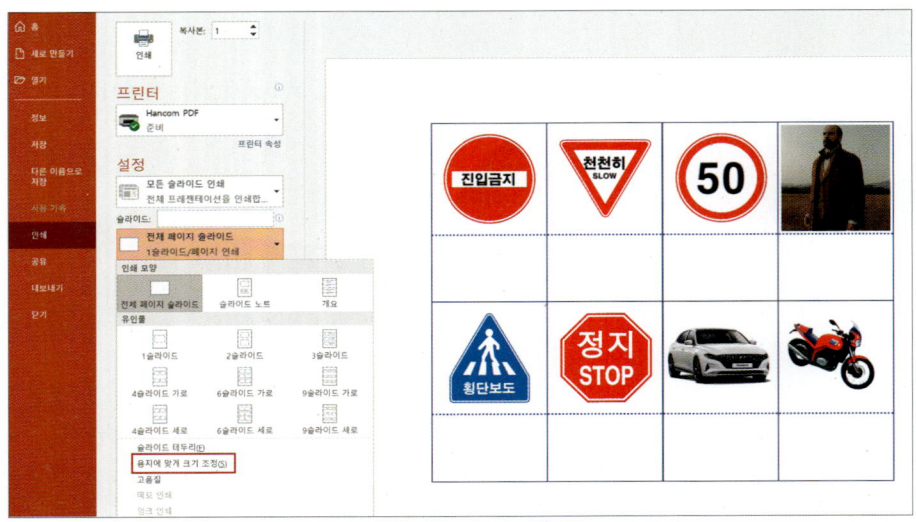

실선은 칼 또는 가위를 이용하여 자르고 점선(----)은 표지판을 세우기 위해 접어줍니다.

아래와 같이 이미지를 출력하여 준비합니다.

Yolo를 이용한 객체 검출하기

Yolo를 사용하여 이미지에서 객체를 검출합니다.
YOLO (You Only Look Once)는 객체 검출(Object Detection)을 위한 신경망 아키텍처 중 하나입니다. 전통적인 객체 검출 방법은 종종 두 단계로 이루어집니다: 첫째, 이미지 내에서 관심 영역 (Region of Interest, ROI)을 제안하고 둘째, 이러한 영역을 분류합니다. 그러나 YOLO는 이름에서도 알 수 있듯이 이미지를 한 번만 보고 객체의 위치와 클래스를 동시에 예측합니다.

YOLO의 주요 특징은 다음과 같습니다:
❶ 속도: 전체 이미지를 한 번만 처리하기 때문에 빠르게 동작합니다.
❷ 실시간 처리 가능: 속도가 빠르기 때문에 실시간 객체 검출에 적합합니다.
❸ 경계 상자와 클래스 분류를 동시에**: YOLO는 하나의 신경망을 통해 경계 상자(bounding box)와 해당 경계 상자의 클래스를 동시에 예측합니다.

yolov5 기본 모델 사용해서 객체 검출하기

yolov5의 기본모델인 yolov5s 모델을 적용하여 객체를 검출해보는 코드를 만들어봅니다.
YOLOv5에는 여러 가지 크기와 속도의 모델이 있습니다:

YOLOv5s: "Small"을 의미하며, 가장 경량화되어 있지만 정확도는 상대적으로 낮습니다. 임베디드 시스템이나 리소스가 제한된 환경에서 유용합니다.
YOLOv5m: "Medium"을 의미하며, 속도와 정확도 사이에 균형을 이룹니다.
YOLOv5l: "Large"를 의미하며, 더 높은 정확도를 위해 설계되었지만, 계산 복잡성이 높습니다.
YOLOv5x: "Extra Large"를 의미하며, 가장 높은 정확도를 목표로 하지만 가장 느립니다.

main6-1-1.py 파일을 생성 후 아래의 코드를 작성합니다.

```
main6-1-1.py
01  import torch
02  import cv2
03  from numpy import random
04  from urllib.request import urlopen
05  import numpy as np
06
07  ip ='192.168.137.18'
08  stream = urlopen('http://'+ ip +':81/stream')
09  buffer = b''
10  urlopen('http://'+ ip +"/action?go=speed40")
11
13  model = torch.hub.load('ultralytics/yolov5', 'yolov5s', pretrained=True)
```

```
14
15  if torch.cuda.is_available():
16      model = model.cuda()
17
18  while True:
19      buffer += stream.read(4096)
20      head = buffer.find(b'\xff\xd8')
21      end = buffer.find(b'\xff\xd9')
22
23      try:
24          if head >-1 and end >-1:
25              jpg = buffer[head:end+2]
26              buffer = buffer[end+2:]
27              img = cv2.imdecode(np.frombuffer(jpg, dtype=np.uint8), cv2.IMREAD_UNCHANGED)
28
29              # 프레임 크기 조정
30              frame = cv2.resize(img, (640, 480))
31
32              # 이미지를 모델에 입력
33              results = model(frame)
34
35              # 객체 감지 결과 얻기
36              detections = results.pandas().xyxy[0]
37
38              if not detections.empty:
39                  # 결과를 반복하며 객체 표시
40                  for _, detection in detections.iterrows():
41                      x1, y1, x2, y2 = detection[['xmin', 'ymin', 'xmax', 'ymax']].astype(int).values
42                      label = detection['name']
43                      conf = detection['confidence']
44
45                      # 박스와 라벨 표시
46                      color = [int(c) for c in random.choice(range(256), size=3)]
47                      cv2.rectangle(frame, (x1, y1), (x2, y2), color, 2)
48                      cv2.putText(frame, f'{label} {conf:.2f}', (x1, y1 -10), cv2.FONT_HERSHEY_SIMPLEX, 0.5, color, 2)
49
50              # 프레임 표시
51              cv2.imshow('frame', frame)
52
53              key = cv2.waitKey(1)
54              if key == ord('q'):
55                  break
56
57      except:
58          print("에러")
59          pass
60
61  cv2.destroyAllWindows()
```

01: PyTorch 라이브러리를 가져옵니다.
12: 'ultralytics/yolov5' 저장소에서 YOLOv5 모델을 정의합니다.
15: CUDA(GPU 지원)를 사용할 수 있는지 확인하고 가능하면 모델을 GPU로 이동합니다.
30: 이미지 프레임 크기를 (640, 480)으로 조정합니다.
33: 조정된 프레임을 YOLOv5 모델에 전달하여 감지 결과를 가져옵니다.
36: pandas DataFrame으로 감지 결과를 가져옵니다.
38: 감지된 객체가 있는지 확인합니다.
40: 결과에서 감지된 객체들을 반복합니다.
41: 경계 상자의 좌표(xmin, ymin, xmax, ymax)를 가져옵니다.
42: 감지된 객체의 레이블(클래스 이름)을 가져옵니다.
43: 감지의 신뢰도 점수를 가져옵니다.
46: 경계 상자에 사용할 무작위 색상을 생성합니다.
47: 선택한 색상으로 감지된 객체 주위에 사각형을 그립니다.
48: 경계 상자 근처에 레이블과 신뢰도 점수를 표시합니다.
51: 경계 상자와 레이블이 그려진 프레임을 표시합니다.
53: 키 눌림 이벤트를 대기하고 일정 시간(1 밀리초) 동안 대기합니다.
54: 눌린 키가 'q'인 경우 루프를 종료합니다.
57: 처리 중 발생할 수 있는 예외를 처리합니다.
61: 모든 OpenCV 창을 닫고 프로그램을 종료합니다.

이 코드는 실시간으로 스트림에서 비디오 프레임을 캡처하고 YOLOv5 객체 감지 모델을 사용하여 감지된 객체에 경계 상자와 레이블을 겹쳐서 프레임을 표시합니다. 'q' 키를 눌러 프로그램을 종료할 수 있습니다.

[▶ Python 파일 실행] 버튼을 눌러 코드를 실행합니다.

정지 표지판 객체를 검출하여 [stop sign]으로 객체를 검출하였습니다.
[stop sign]은 기본 검출 가능합니다. 검출한 객체 옆의 0.59는 검출된 객체의 정확도로 *100으로 설정할 경우 %로 환산이 가능합니다. 0.59는 59%의 정확도입니다.

사람 객체를 검출하여 [person]으로 객체를 검출하였습니다.
[person]은 기본 검출 가능합니다.

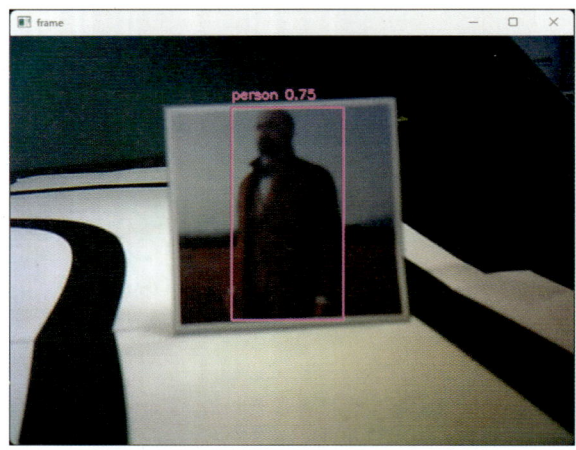

자동차 객체를 검출하여 [car]으로 객체를 검출하였습니다. [car]은 기본 검출 가능합니다.

오토바이 객체를 검출하여 읽어 [motocycle]으로 객체를 검출하였습니다.
[motocycle]은 기본 검출 가능합니다.

하나의 이미지에서 여러개의 객체를 동시에 검출도 가능합니다. 검출된 객체는 항상 정확하게 검출하지는 않습니다. yolo모델의 사이즈에 따라서 정확도의 차이가 있습니다. 가장 큰 모델로 객체를 검출할 경우 정확도는 높으나 속도가 느려집니다. 우리는 자동차에 적용해야 하기 때문에 정확도 보다는 속도를 우선시하여 가장 적고 빠른 모델을 사용하였습니다.

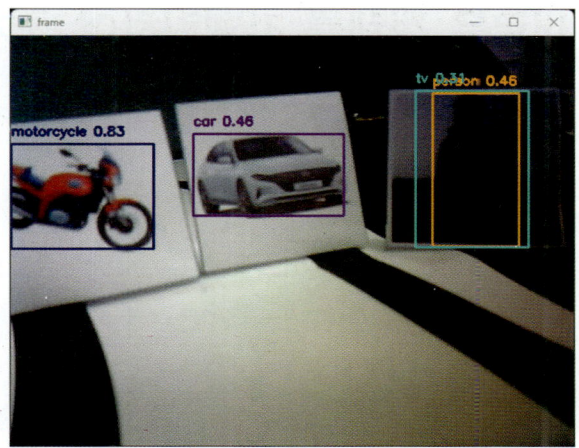

모든 객체의 검출이 가능하지는 않습니다. 기본 모델에서 제공되지 않는 객체는 학습을 통해 검출 할 수 있습니다.

YOLOv5는 COCO 데이터셋을 기반으로 일반적으로 훈련됩니다. COCO 데이터셋에는 다양한 객체 클래스가 포함되어 있고, 일반적으로 YOLOv5 모델은 이 데이터셋에 있는 클래스를 검출할 수 있습니다. COCO 데이터셋에서 흔히 사용되는 클래스 몇 가지를 나열하면 다음과 같습니다:

사람 (Person), 자동차 (Car), 자전거 (Bicycle), 버스 (Bus), 오토바이 (Motorcycle), 비행기 (Airplane), 기차 (Train), 트럭 (Truck), 보트 (Boat), 신호등 (Traffic Light), 소화전 (Fire Hydrant), 정지 표지판 (Stop Sign), 주차 미터 (Parking Meter), 벤치 (Bench), 새 (Bird), 고양이 (Cat), 개 (Dog), 말 (Horse), 양 (Sheep), 소 (Cow), 코끼리 (Elephant), 곰 (Bear), 얼룩말 (Zebra), 기린 (Giraffe), 백팩 (Backpack), 우산 (Umbrella), 핸드백 (Handbag), 넥타이 (Tie), 여행 가방 (Suitcase), 프리스비 (Frisbee), 스키 (Skis), 스노보드 (Snowboard), 스포츠 공 (Sports Ball), 연 (Kite), 야구 배트 (Baseball Bat), 야구 글러브 (Baseball Glove), 스케이트 보드 (Skateboard), 서핑 보드 (Surfboard), 테니스 라켓 (Tennis Racket), 병 (Bottle), 와인 글라스 (Wine Glass), 컵 (Cup), 포크 (Fork), 나이프 (Knife), 숟가락 (Spoon), 그릇 (Bowl), 바나나 (Banana), 사과 (Apple), 샌드위치 (Sandwich), 주황색 (Orange), 브로콜리 (Broccoli), 당근 (Carrot), 핫도그 (Hot Dog), 피자 (Pizza), 도넛 (Donut), 케이크 (Cake), 의자 (Chair), 소파 (Couch), 화분 (Potted Plant), 침대 (Bed), 식탁 (Dining Table), 화장실 (Toilet), TV (TV), 노트북 (Laptop), 마우스 (Mouse), 리모컨 (Remote), 키보드 (Keyboard), 휴대폰 (Cell Phone), 전자 레인지 (Microwave), 오븐 (Oven), 토스터 (Toaster), 싱크대 (Sink), 냉장고 (Refrigerator), 책 (Book), 시계 (Clock), 꽃병 (Vase), 가위 (Scissors), 테디 베어 (Teddy Bear), 헤어 드라이어 (Hair Drier), 칫솔 (Toothbrush)

새로운 객체를 라벨링하여 추가하기

기본 검출객체가 아닌 새로운 객체를 학습하여 검출하는 방법을 알아보도록 합니다.

버튼을 눌러 이미지 저장하기

키보드의 [s] 키를 눌러 [images] 폴더에 사진을 저장하는 코드를 작성합니다. 저장된 이미지는 객체를 검출하기 위해 학습 용도로 사용됩니다.

main6-2-1.py 파일을 생성 후 아래의 코드를 작성합니다.

6-2-1.py
```python
import cv2
import numpy as np
from urllib.request import urlopen
import os
os.chdir(os.path.dirname(os.path.abspath(__file__)))

ip ='192.168.137.208'
stream = urlopen('http://'+ ip +':81/stream')
buffer = b''
urlopen('http://'+ ip +"/action?go=speed40")

if os.path.isdir('images') is False:
    os.mkdir("images")

image_cnt =0
while True:
    buffer += stream.read(4096)
    head = buffer.find(b'\xff\xd8')
    end = buffer.find(b'\xff\xd9')

    try:
        if head >-1 and end >-1:
            jpg = buffer[head:end+2]
            buffer = buffer[end+2:]
            img = cv2.imdecode(np.frombuffer(jpg, dtype=np.uint8), cv2.IMREAD_UNCHANGED)

            cv2.imshow("AI CAR Streaming", img)

            key = cv2.waitKey(1)
            if key == ord('q'):
                break
```

```
32                elif key == ord('s'):
33                    print("이미지 저장:",image_cnt)
34                    cv2.imwrite(f'images/image_{image_cnt}.png',img)
35                    image_cnt = image_cnt +1
36
37        except:
38            print("에러")
39            pass
40
41  urlopen('http://'+ ip +"/action?go=stop")
42  cv2.destroyAllWindows()
```

04   : os 모듈을 가져옵니다.
05   : 현재 스크립트 파일의 디렉터리로 작업 디렉터리를 변경합니다.
12~13 : 'images' 디렉터리가 없는 경우, 디렉터리를 생성합니다.
15   : 이미지 파일의 개수를 나타내는 변수인 image_cnt를 초기화합니다.
32   : 눌린 키가 's'인 경우 이미지를 저장하고 카운트를 증가시킵니다.

이 코드는 스트림에서 실시간으로 비디오 프레임을 캡처하고 이를 OpenCV 창에 표시하는 프로그램입니다. 'q' 키를 눌러 프로그램을 종료할 수 있으며, 's' 키를 눌러 이미지를 저장할 수 있습니다. 저장된 이미지는 'images' 디렉터리에 저장됩니다.

[▷Python 파일 실행] 버튼을 눌러 코드를 실행합니다.

키보드의 s를 눌러 사진을 저장합니다. 다양한 각도로 크게 또는 작게 찍습니다. 한 장씩 따로 또는 같이 사진을 찍어도 괜찮습니다.

학습을 위한 용도로 사진이 많으면 좋으나 너무 많으면 라벨링하는데 시간이 오래 소요되므로 50장 내외의 사진을 찍어 저장합니다. 검출하는 객체당 대략 50개의 라벨을 진행합니다.

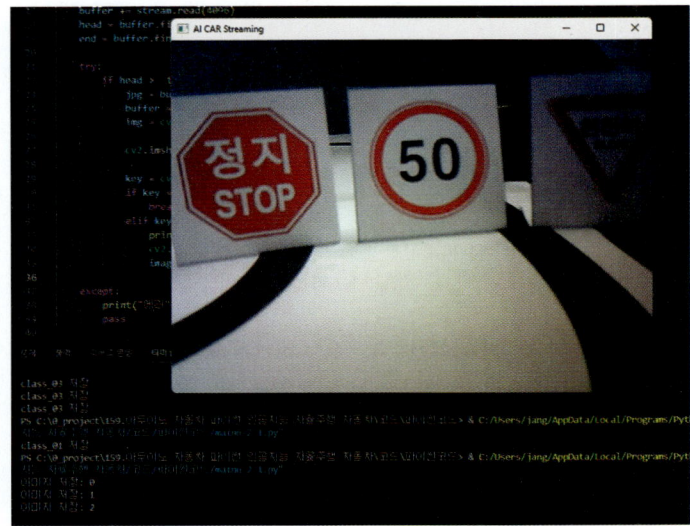

가깝거나 멀리 여러 각도로 사진을 찍어 저장합니다.

가깝거나 멀리 여러 각도로 사진을 찍어 저장합니다.

Yolov5 모델 라벨링하기

저장된 사진에서 객체를 라벨링합니다. 라벨링 작업은 객체의 정답을 부여하는 과정으로 사람이 수작업으로 진행합니다.

구글에서 "labelimg"를 검색 후 아래 github 사이트에 접속합니다.

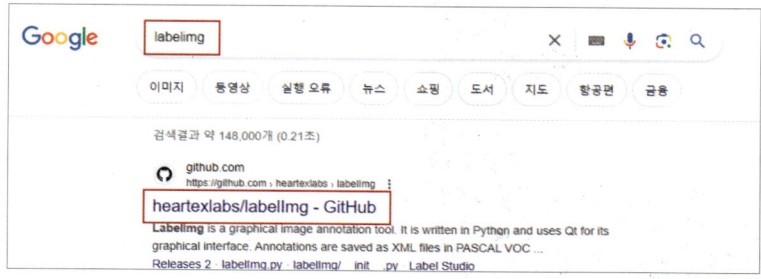

오른쪽 아래 Releases 부분에 +1 release 부분을 클릭합니다.

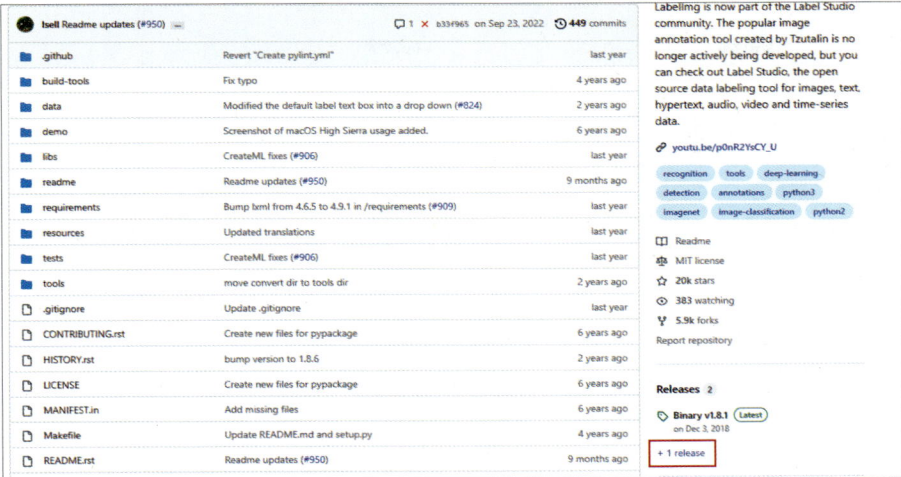

windows_v1.8.1zip 부분을 클릭하여 프로그램을 다운로드 받습니다. 버전은 다를 수 있으니 다운로드 시점의 최신 버전을 다운로드 합니다.

다운로드 받은 파일의 압축을 풀어줍니다.

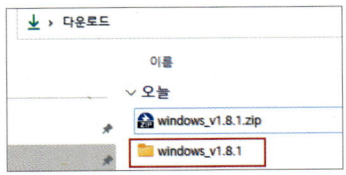

labelimg.exe 파일로 프로그램을 실행합니다. 다만 프로그램 실행 전 [data] 폴더에서 라벨링할 데이터를 미리 수정합니다.

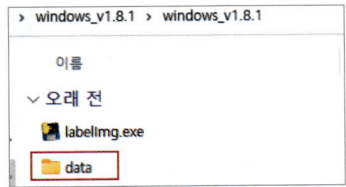

[predefined_classes.txt] 파일을 더블클릭 열어줍니다.

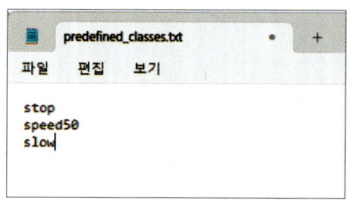

아래와 같이 수정합니다. 실제 라벨링할 객체의 이름으로 수정하였습니다. 영어로만 가능합니다.

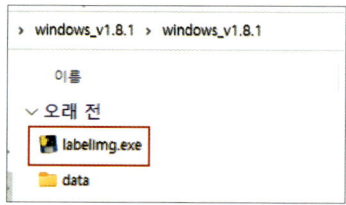

labelimg.exe를 더블클릭하여 실행합니다.

크기를 적당히 키워줍니다. [PascalVOC] 부분을 한번 클릭하여 Yolo로 변경합니다.

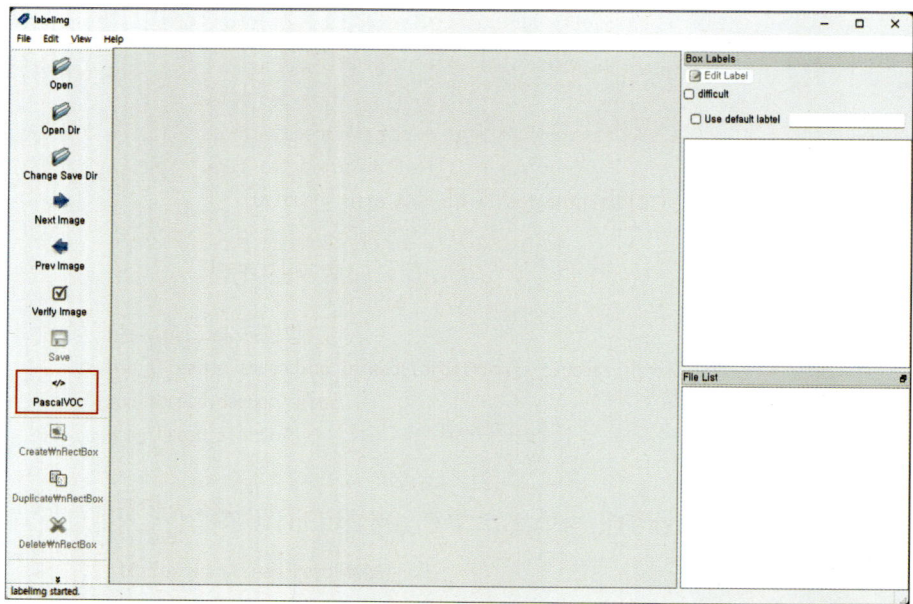

Yolo로 변경되었습니다. [Open Dir]을 클릭하여 이미지가 저장된 폴더를 열어줍니다.

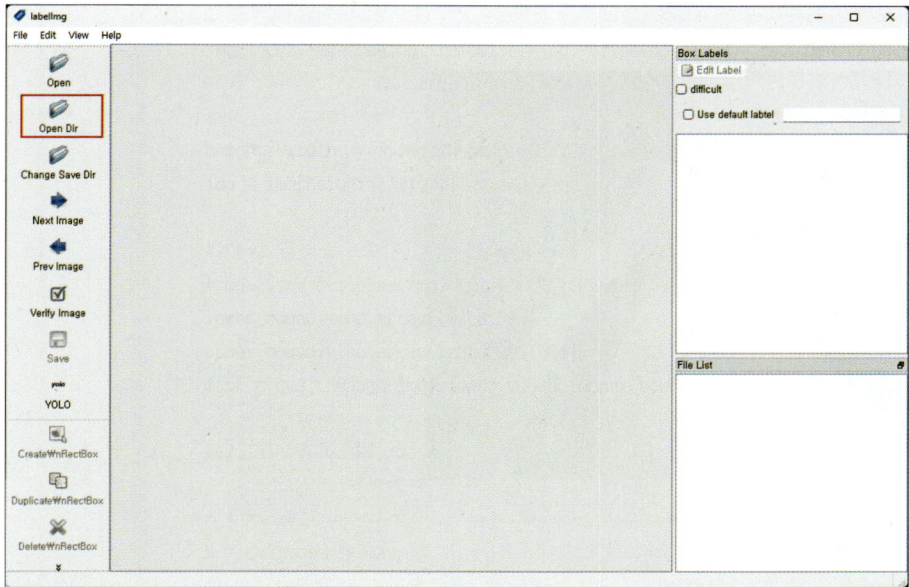

이미지가 저장되어 있는 [images] 폴더를 선택합니다.

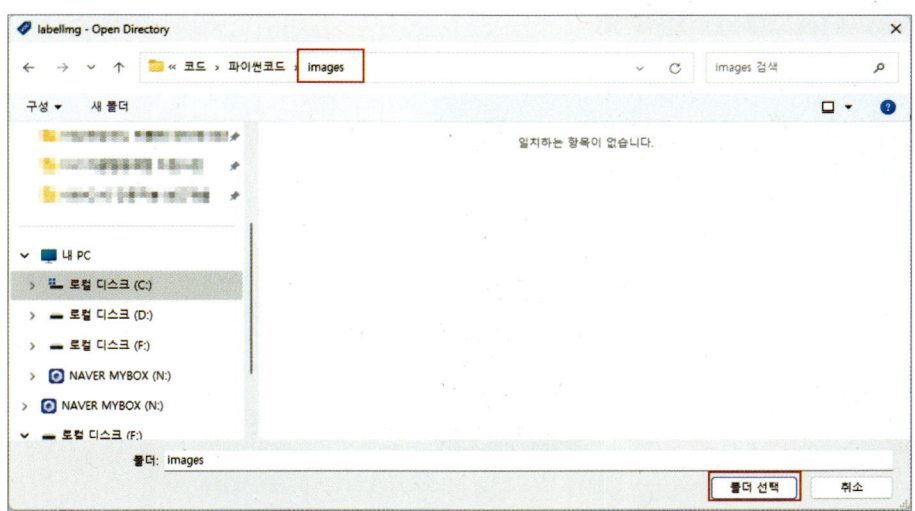

이미지가 모두 불러와졌습니다.

'w' 키를 누른 다음 마우스를 드래그하여 객체를 선택 후 이름을 지정합니다. 라벨링 작업입니다.

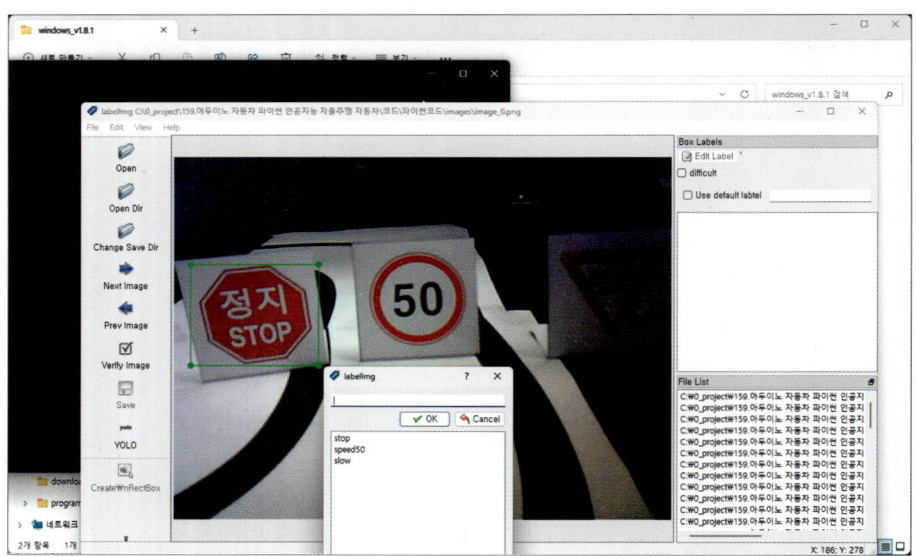

한 장의 이미지에 여러개의 검출할 객체를 모두 라벨링을 진행합니다.

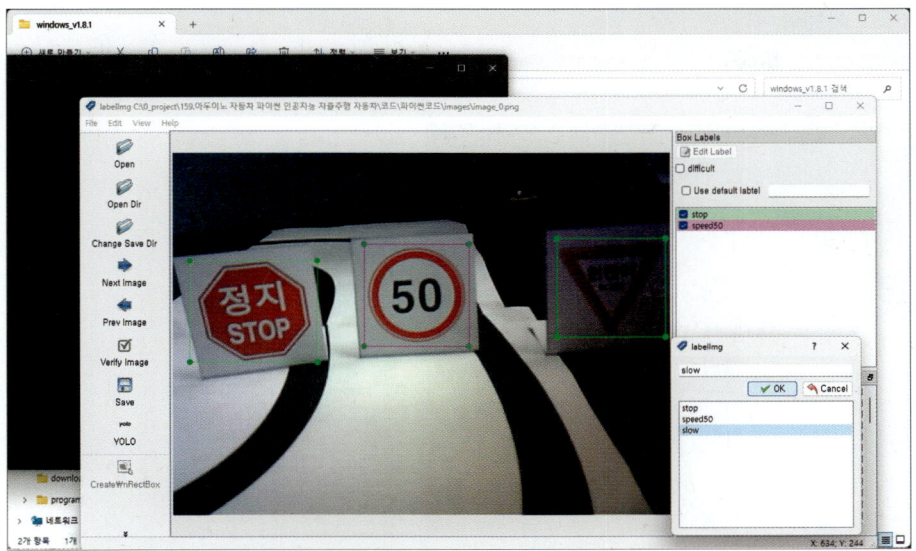

[Ctrl + S]를 눌러 객체의 정보를 저장합니다.

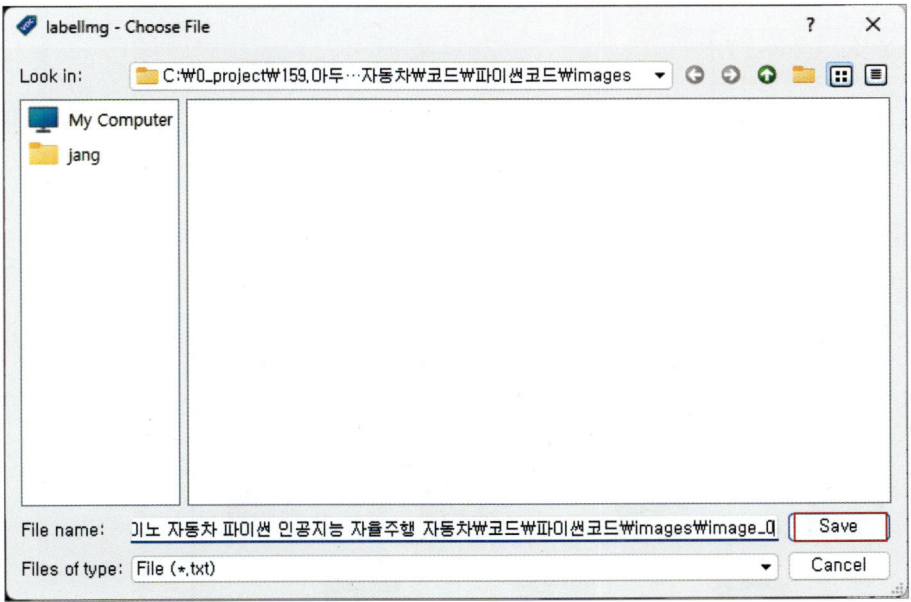

d 키를 누르면 다음 이미지로 이동 가능합니다. a는 이전 이미지로 이동 가능합니다. d를 눌러 다음 장으로 이동합니다.

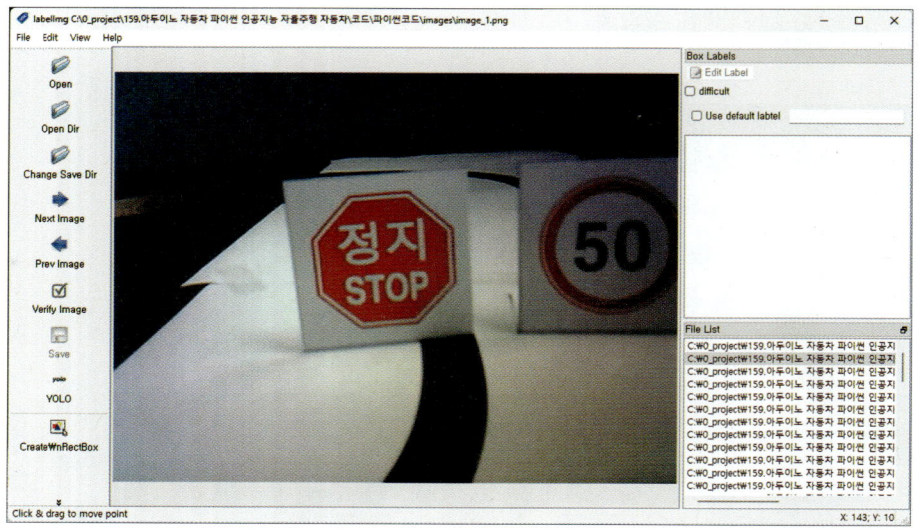

경로에 한글이 있을 경우 저장의 에러가 발생 할 수 있으나 [Yes]를 눌러 다음으로 진행합니다.

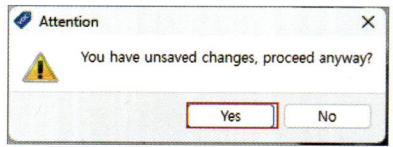

사진 모두 라벨링을 진행합니다.

라벨링이 되면 이미지와 동일한 이름의 txt 파일이 생성되었습니다.

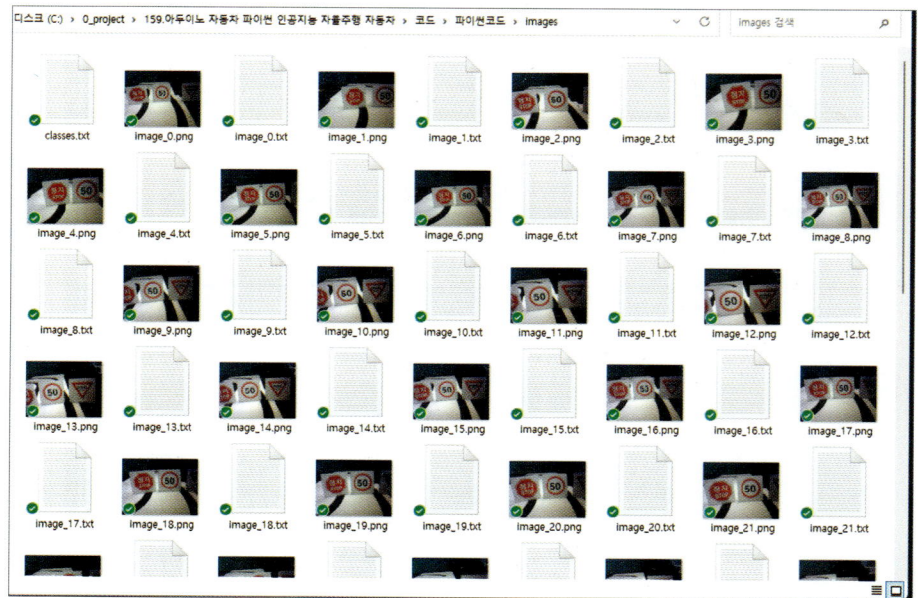

텍스트 파일을 하나 열어 확인해보면 객체 번호화 시작x,y 종료x,y 로 4개의 점으로 라벨이 선택되었습니다.

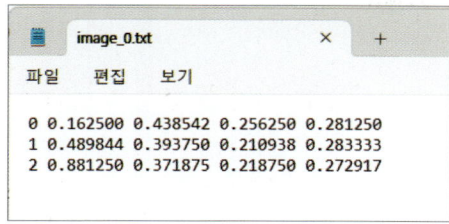

VS Code에서 파일을 하나 선택 후 [파일 탐색기에 표시]를 클릭하여 파일 탐색기를 열어줍니다.

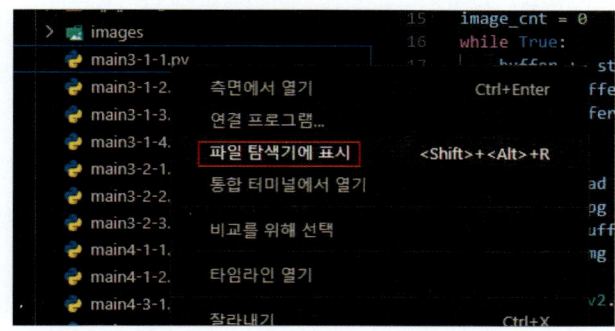

작업 폴더로 이동되었습니다. 작업 폴더에 [yolo_train] 폴더를 생성합니다.

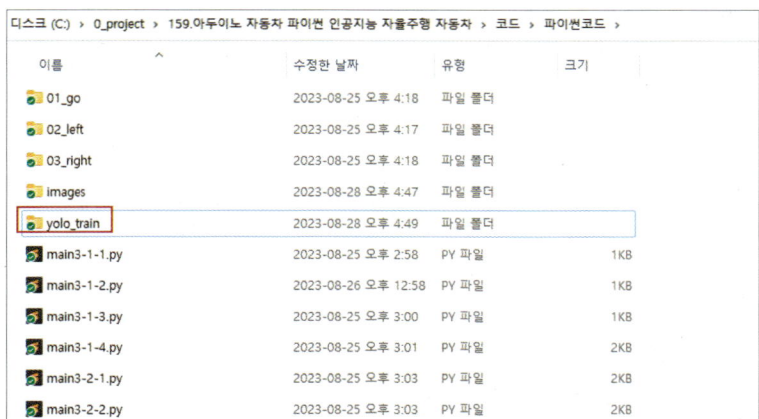

[yolo_train] 폴더안에 [train] 폴더를 생성합니다.

[yolo_train]->[train] 폴더안에 [images] 폴더와 [labels] 폴더를 생성합니다. 폴더는 동일하게 생성합니다. yolo를 학습시키기 위해서는 폴더구조가 동일해야 합니다.

사진과 라벨이 저장된 [image] 폴더에서 사진만 [yolo_train] -> [train] -> [images] 폴더로 복사합니다. 파일탐색기에서 [유형]을 클릭하면 같은 유형끼리 보여지므로 사진만을 선택하여 복사합니다.

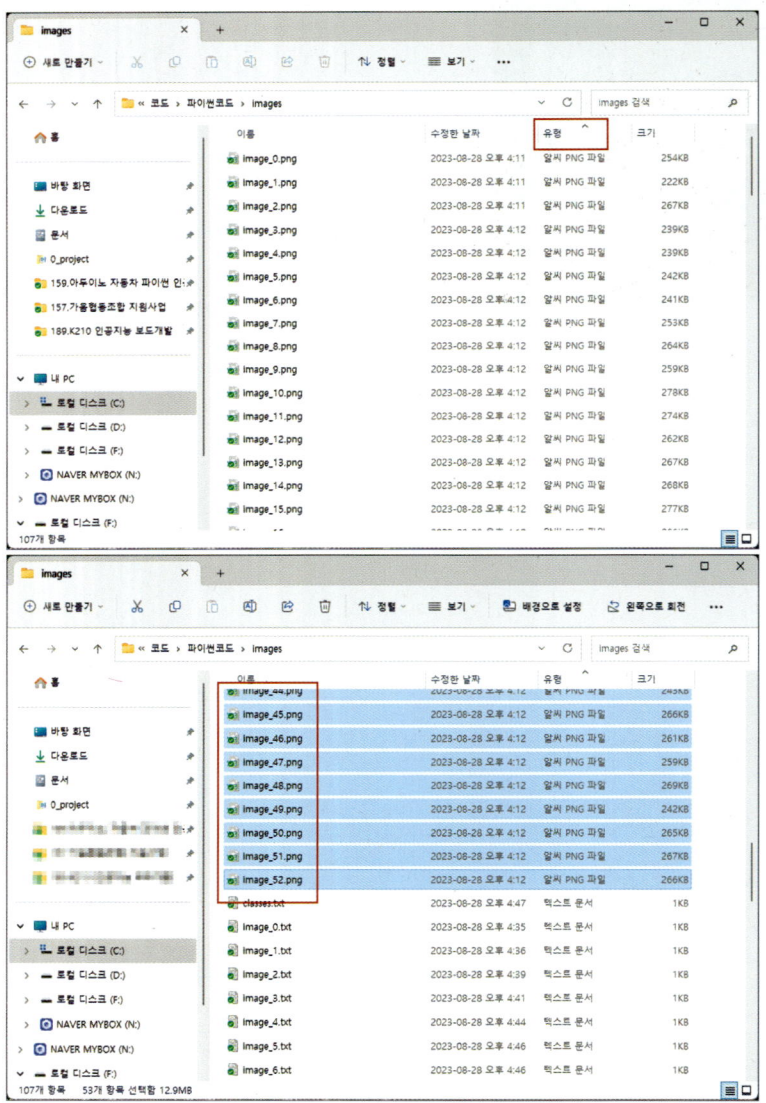

사진과 라벨이 저장된 [image] 폴더에서 라벨데이터가 저장된 txt 파일만 [yolo_train] -> [train] -> [labels] 폴더로 복사합니다. 파일탐색기에서 [유형]을 클릭하면 같은 유형끼리 보여지므로 텍스트 파일만 복사합니다.

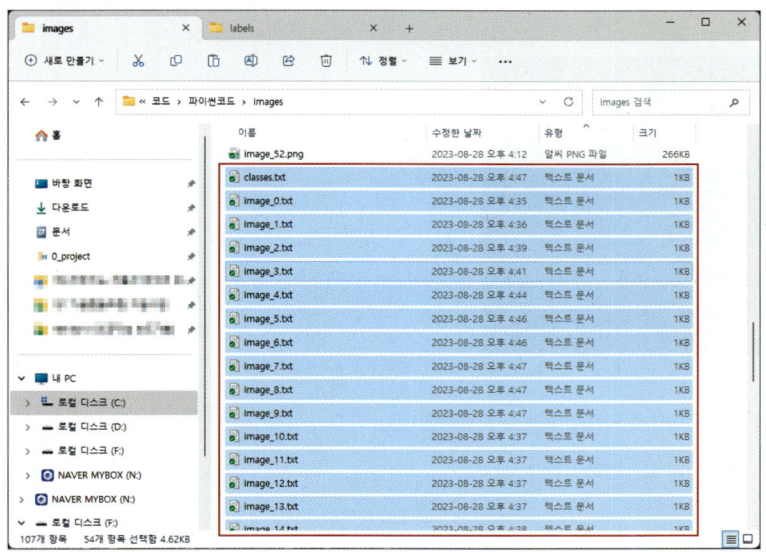

VS Code로 돌아와 [yolo_train] 폴더아이콘에서 오른쪽을 클릭 후 [새 파일...]을 클릭합니다.

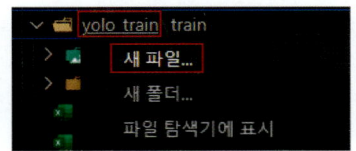

data.yaml 이름으로 파일을 생성합니다.

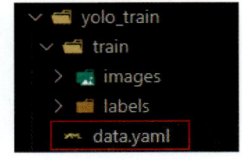

[train] 폴더와 [data.yaml]은 같은 위치에 있어야 합니다.

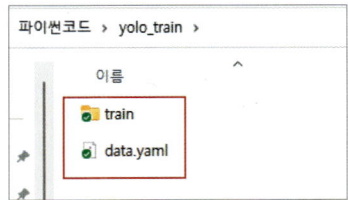

아래 내용으로 data.yaml 내용을 넣습니다. /content/train/images 의 경로는 코랩을 사용하여 데이터를 학습하기 위해서 업로드 후 이미지가 저장된 경로입니다. train학습 데이터와 val 검증 데이터는 따로 나누지 않았습니다. 데이터양이 작아 모두 학습으로 사용합니다.

nc는 객체의 수, names는 객체의 이름입니다.

```
data.yaml
파이썬코드 > yolo_train > data.yaml
1  train: /content/train/images
2  val: /content/train/images
3
4  nc: 3
5  names: ['stop', 'speed50', 'slow']
```

[yolo_train] 폴더에 마우스 오른쪽 클릭 후 zip 파일로 압축합니다.

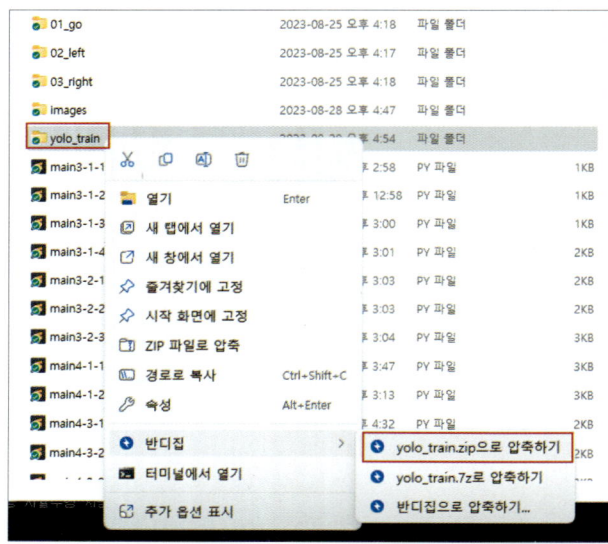

zip 파일로 압축되었습니다.

Yolov5 모델 학습하기

yolo 모델을 학습합니다. PC에서 진행해도 되지만 그래픽카드가 없을 경우 소요시간이 개우 오래 걸리기 때문에 그래픽카드가 있더라도 드라이버의 설치가 번거로워 웹상에서 손쉽게 사용할 수 있는 구글 코랩을 이용하여 모델을 생성합니다.

구글에서 구글 코랩을 검색 후 아래 사이트에 접속합니다.

로그인 후 진행합니다.

[파일] -> [새노트]를 클릭하여 새로운 노트를 생성합니다. 코랩에서는 코드를 작성할 수 있는 부분을 노트라고 부릅니다.

yolov5_train.ipynb로 수정합니다. .ipynb는 주피터노트북의 확장자입니다.

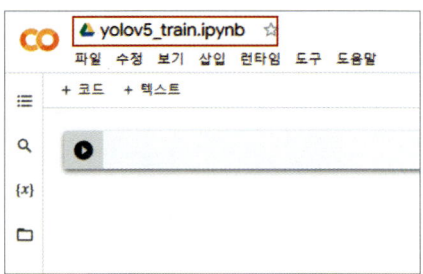

구글코랩을 사용하는 이유로 그래픽카드를 사용할 수 있도록 런타임을 변경합니다.
[런타임] -> [런타임 유형 변경]을 클릭합니다.

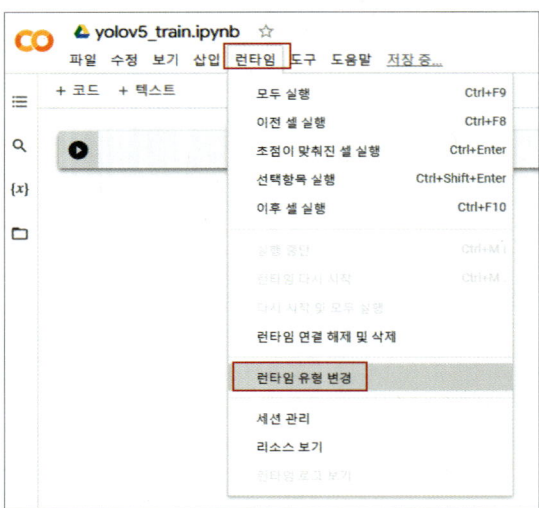

하드웨어 가속기 부분에서 [T4 GPU]로 선택 후 [저장]을 눌러 GPU를 사용하도록 설정합니다.

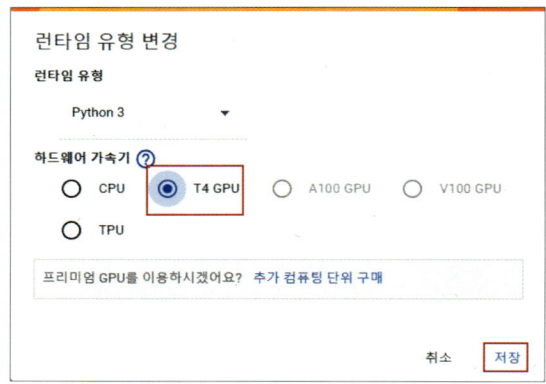

[폴더] 부분을 클릭 후 [파일업로드] 아이콘을 클릭합니다.

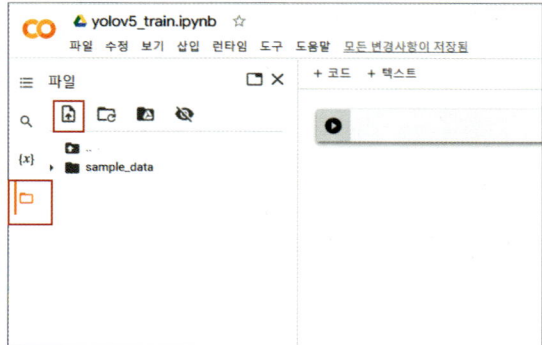

라벨링된 이미지와 라벨파일을 압축한 [yolo_train.zip] 파일을 선택하여 [열기]를 눌러 업로드합니다.

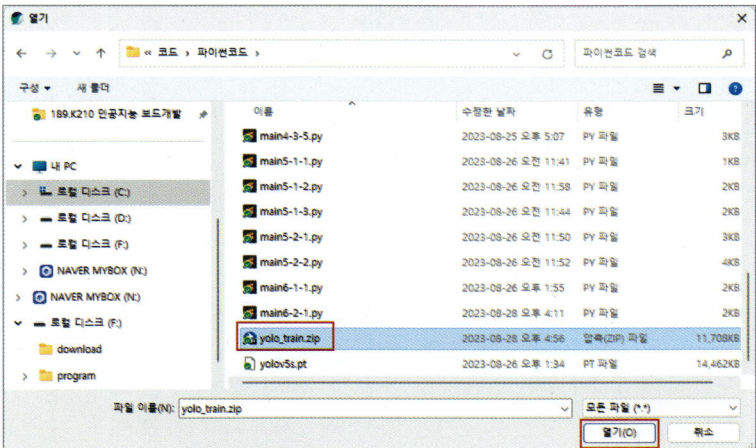

업로드 중으로 시간이 조금 소요됩니다.

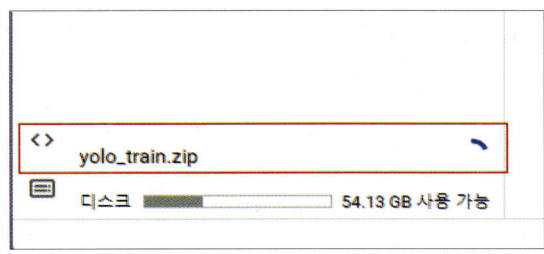

[yolo_train.zip] 파일이 업로드 되었습니다.

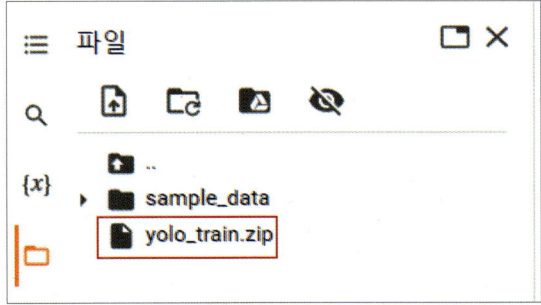

아래의 코드를 코드 영역에 작성합니다.

```
#yolo5 다운로드
!git clone https://github.com/ultralytics/yolov5.git
```

[▶실행]을 클릭하여 코드를 실행합니다.

yolov5를 다운로드 받는 코드입니다.

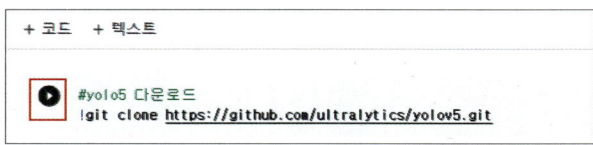

yolov5 폴더가 다운로드 되었습니다.

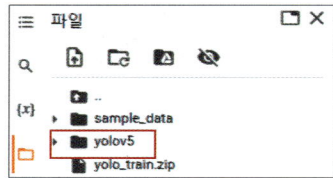

[+코드]로 코드 영역을 추가 후 아래 코드를 입력 후 [▶실행]을 클릭하여 코드를 실행합니다.

yolov5/requirements.txt 파일에서 필요한 라이브러리를 설치하는 과정입니다.

```
#yolo5 관련 라이브러리 설치
!pip install -U -r yolov5/requirements.txt
```

라이브러리의 설치가 완료되었습니다.

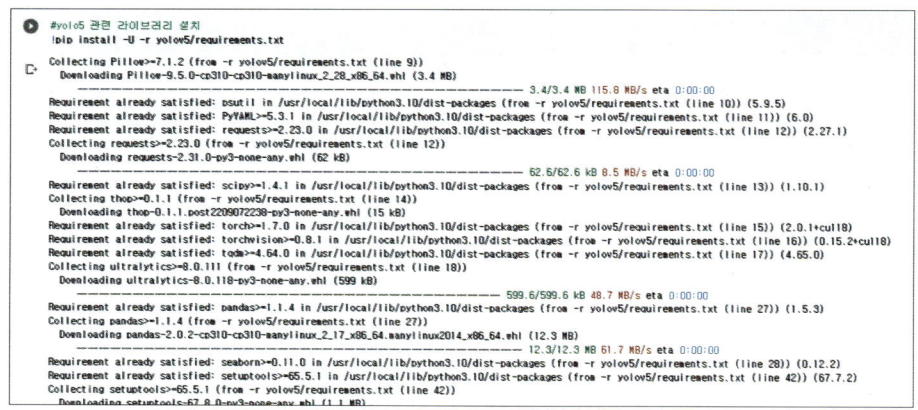

[+코드]로 코드 영역을 추가 후 아래 코드를 입력 후 [▶실행]을 클릭하여 코드를 실행합니다.

[yolo_train.zip] 파일의 압축을 푸는 코드입니다.

```
#라벨링된 파일의 압축풀기
!unzip /content/yolo_train.zip
```

파일의 압축이 풀렸습니다.

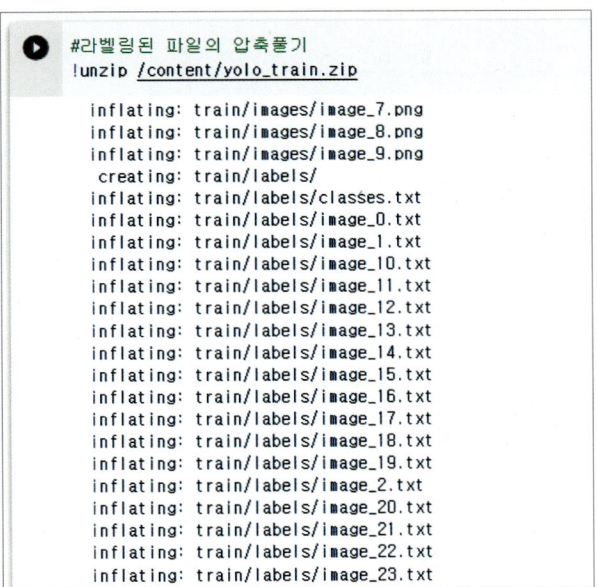

train 폴더와 data.yaml 파일이 압축이 풀렸습니다. 파일이 바로 보이지 않는다면 새로고침 아이콘을 클릭합니다.

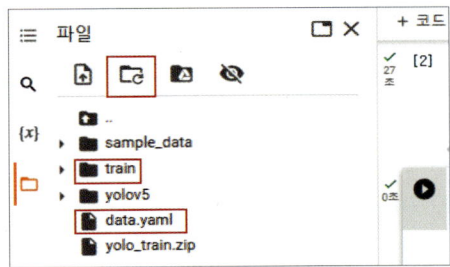

[+코드]로 코드 영역을 추가 후 아래 코드를 입력 후 [▶ 실행]을 클릭하여 코드를 실행합니다.
data.yaml 파일을 참고하여 학습하는 과정입니다.

```
#학습하기, cfg를 이용하여 모델의 크기 조절가능
!python /content/yolov5/train.py --data "/content/data.yaml" --epochs 30 --batch 16 --cfg "/content/yolov5/models/yolov5s.yaml"
```

학습을 시작합니다. 대략 5~10분가량 소요됩니다.

Epoch 횟수만큼 학습을 진행합니다.

학습이 완료되었습니다.

코랩에서 yolo학습을 위한 코드는 4줄이 전부입니다.

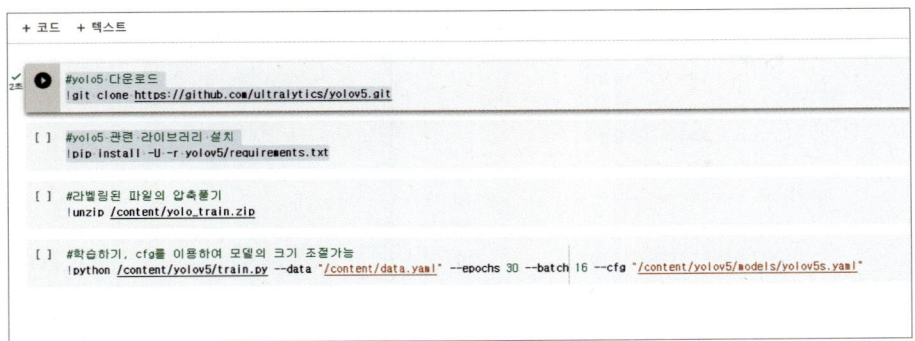

코랩코드는 제공 자료의 colab_code폴더에서 확인할 수 있습니다.

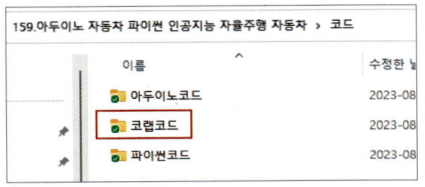

확장자가 yolov5_train.ipynb 파일로 코랩에서 열 수 있는 파일형태로 제공됩니다.

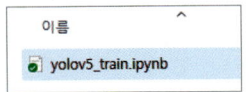

yolov5/runs/exp/weights 폴더에서 [best.pt] 파일을 다운로드 받습니다. [best.pt] 이 학습된 결과를 저장하고 있는 모델파일입니다.

[best.pt] 파일을 [Ctrl + x]를 눌러 잘라냅니다.

파이썬 코드를 실행하는 프로젝트 폴더로 이동합니다.

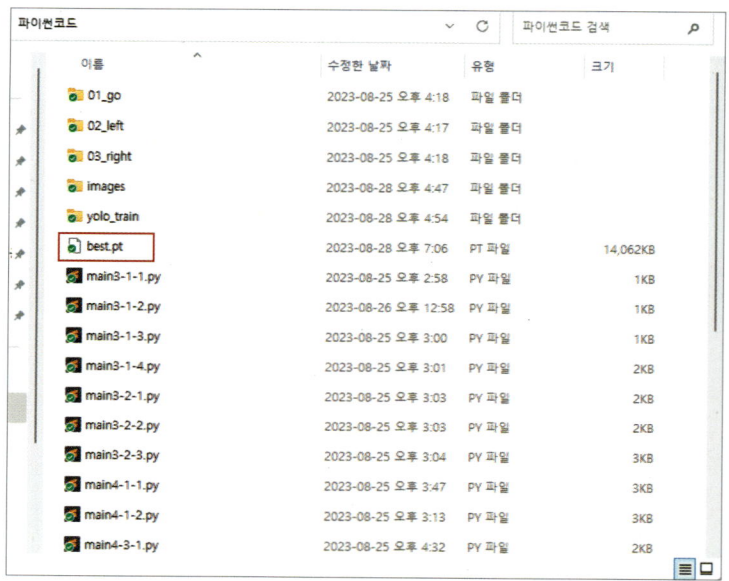

[best.pt] 파일은 프로젝트가 실행되는 폴더에 위치해야 합니다.

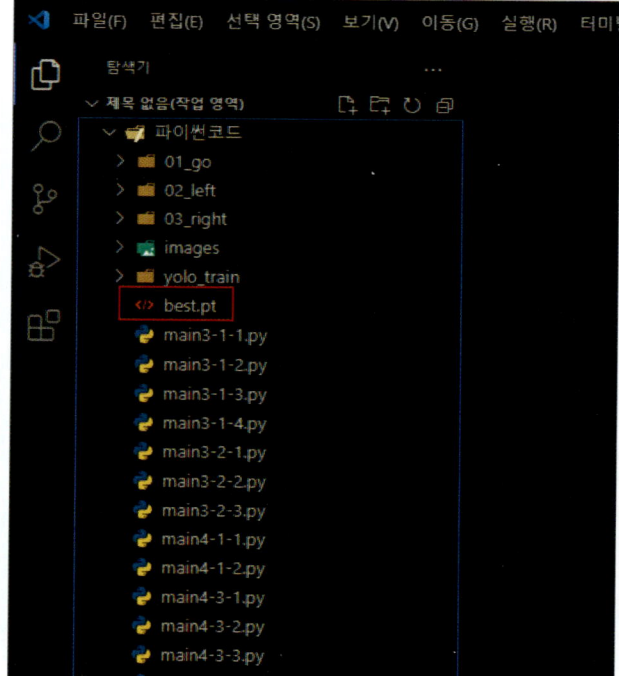

학습한 객체 검출하기

학습한 커스텀 모델로 객체를 검출하는 코드를 작성합니다.
main6-2-2.py 파일을 생성 후 아래의 코드를 작성합니다.

```
main6-2-2.py
01  import torch
02  import cv2
03  from numpy import random
04  import numpy as np
05  from urllib.request import urlopen
06  import os
07  os.chdir(os.path.dirname(os.path.abspath(__file__)))
08
09  ip ='192.168.137.174'
10  stream = urlopen('http://'+ ip +':81/stream')
11  buffer = b''
12  urlopen('http://'+ ip +"/action?go=speed40")
13
14  # YOLOv5 모델 정의
15  model = torch.hub.load('ultralytics/yolov5', 'custom', path='best.pt')
16
17  while True:
18      buffer += stream.read(4096)
19      head = buffer.find(b'\xff\xd8')
20      end = buffer.find(b'\xff\xd9')
21
22      try:
23          if head >-1 and end >-1:
24              jpg = buffer[head:end+2]
25              buffer = buffer[end+2:]
26              img = cv2.imdecode(np.frombuffer(jpg, dtype=np.uint8), cv2.IMREAD_UNCHANGED)
27
28              # 프레임 크기 조정
29              frame = cv2.resize(img, (640, 480))
30
31              # 이미지를 모델에 입력
32              results = model(frame)
33
34              # 객체 감지 결과 얻기
35              detections = results.pandas().xyxy[0]
36
37              if not detections.empty:
38                  # 결과를 반복하며 객체 표시
39                  for _, detection in detections.iterrows():
40                      x1, y1, x2, y2 = detection[['xmin', 'ymin', 'xmax', 'ymax']].astype(int).values
```

```python
41                    label = detection['name']
42                    conf = detection['confidence']
43
44                    # 박스와 라벨 표시
45                    color = [int(c) for c in random.choice(range(256), size=3)]
46                    cv2.rectangle(frame, (x1, y1), (x2, y2), color, 2)
47                    cv2.putText(frame, f'{label} {conf:.2f}', (x1, y1 -10), cv2.FONT_HERSHEY_SIMPLEX, 0.5, color, 2)
48
49                # 프레임 표시
50                cv2.imshow('frame', frame)
51
52                key = cv2.waitKey(1)
53                if key == ord('q'):
54                    break
55
56        except:
57            print("에러")
58            pass
59
60    urlopen('http://'+ ip +"/action?go=stop")
61    cv2.destroyAllWindows()
```

01: PyTorch 라이브러리를 가져옵니다.
14: 'best.pt' 경로로 커스텀 YOLOv5 모델을 정의합니다.
35: pandas DataFrame으로 감지 결과를 가져옵니다.
37: 감지된 객체가 있는지 확인합니다.
39: 결과에서 감지된 객체들을 반복합니다.
40: 경계 상자의 좌표(xmin, ymin, xmax, ymax)를 가져옵니다.
41: 감지된 객체의 레이블(클래스 이름)을 가져옵니다.
42: 감지의 신뢰도 점수를 가져옵니다.
45: 경계 상자에 사용할 무작위 색상을 생성합니다.
46: 선택한 색상으로 감지된 객체 주위에 사각형을 그립니다.
47: 경계 상자 근처에 레이블과 신뢰도 점수를 표시합니다.
50: 경계 상자와 레이블이 그려진 프레임을 표시합니다.
52: 키 눌림 이벤트를 대기하고 일정 시간(1 밀리초) 동안 대기합니다.
53: 눌린 키가 'q'인 경우 루프를 종료합니다.

이 코드는 커스텀 YOLOv5 모델을 사용하여 실시간으로 스트림에서 비디오 프레임을 캡처하고 이를 OpenCV 창에 표시하는 프로그램입니다. 'q' 키를 눌러 프로그램을 종료할 수 있습니다.

[▷Python 파일 실행] 버튼을 눌러 코드를 실행합니다.

사용자가 학습한 객체를 검출하였습니다.

쓰레드 사용하여 객체 검출

객체의 검출속도가 느려 영상이 느려지고 있어. 객체의 검출되는 연산 부분을 쓰레드로 분리하여 영상이 느려지지 않도록 코드를 수정합니다.

main6-2-3.py 파일을 생성 후 아래의 코드를 작성합니다.

```python
main6-2-3.py
01  import torch
02  import cv2
03  from numpy import random
04  import numpy as np
05  from urllib.request import urlopen
06  import threading
07  import os
08  os.chdir(os.path.dirname(os.path.abspath(__file__)))
09
10  ip ='192.168.137.174'
11  stream = urlopen('http://'+ ip +':81/stream')
12  buffer = b''
13  urlopen('http://'+ ip +"/action?go=speed40")
14
15  # YOLOv5 모델 정의
16  model = torch.hub.load('ultralytics/yolov5', 'custom', path='best.pt')
17
18  thread_frame =None
19  image_flag =0
20  thread_image_flag =0
21  def yolo_thread():
22      global image_flag,thread_image_flag,frame, thread_frame
```

```
23      while True:
24          if image_flag ==1:
25              thread_frame = frame
26
27              # 이미지를 모델에 입력
28              results = model(thread_frame)
29
30              # 객체 감지 결과 얻기
31              detections = results.pandas().xyxy[0]
32
33              if not detections.empty:
34                  # 결과를 반복하며 객체 표시
35                  for _, detection in detections.iterrows():
36                      x1, y1, x2, y2 = detection[['xmin', 'ymin', 'xmax', 'ymax']].astype(int).values
37                      label = detection['name']
38                      conf = detection['confidence']
39                      print(label)
40
41                      # 박스와 라벨 표시
42                      color = [int(c) for c in random.choice(range(256), size=3)]
43                      cv2.rectangle(thread_frame, (x1, y1), (x2, y2), color, 2)
44                      cv2.putText(thread_frame, f'{label} {conf:.2f}', (x1, y1 -10), cv2.FONT_HERSHEY_SIMPLEX, 0.5, color, 2)
45                  thread_image_flag =1
46                  image_flag =0
47
48  # 데몬 스레드를 생성합니다.
49  daemon_thread = threading.Thread(target=yolo_thread)
50  daemon_thread.daemon =True
51  daemon_thread.start()
52
53  while True:
54      buffer += stream.read(4096)
55      head = buffer.find(b'\xff\xd8')
56      end = buffer.find(b'\xff\xd9')
57
58      try:
59          if head >-1 and end >-1:
60              jpg = buffer[head:end+2]
61              buffer = buffer[end+2:]
62              img = cv2.imdecode(np.frombuffer(jpg, dtype=np.uint8), cv2.IMREAD_UNCHANGED)
63
64              # 프레임 크기 조정
65              frame = cv2.resize(img, (640, 480))
66
67              # 프레임 표시
68              cv2.imshow('frame', frame)
69              image_flag =1
70
```

```
71              #쓰레드에서 이미지 처리가 완료되었으면
72              if thread_image_flag ==1:
73                      cv2.imshow('thread_frame', thread_frame)
74                      thread_image_flag =0
75
76              key = cv2.waitKey(1)
77              if key == ord('q'):
78                      break
79
80      except:
81          print("에러")
82          pass
83
84  urlopen('http://'+ ip +"/action?go=stop")
85  cv2.destroyAllWindows()
```

06   : threading 모듈을 가져옵니다.
18~20 : 쓰레드와 관련된 변수들을 초기화합니다.
21~47 : YOLOv5 모델을 이용하여 객체 감지를 수행하는 쓰레드를 정의합니다.
48~51 : 백그라운드에서 실행되는 데몬 쓰레드를 생성하고 시작합니다.
53~83 : 메인 쓰레드에서 실시간으로 스트림에서 비디오 프레임을 캡처하고 표시하는 작업을 수행합니다.
54~56 : 스트림에서 데이터를 읽어 버퍼에 추가합니다.
58~82 : 예외 처리를 통해 프레임 처리 및 표시 작업을 수행합니다.
71~74 : 백그라운드 쓰레드에서 이미지 처리가 완료되면 해당 프레임을 표시합니다.
77   : 'q' 키를 누르면 루프를 종료합니다.

이 코드는 쓰레드를 사용하여 YOLOv5 모델을 백그라운드에서 실행하고, 메인 쓰레드에서 스트림에서 실시간으로 비디오 프레임을 캡처하고 표시하는 프로그램입니다. 'q' 키를 눌러 프로그램을 종료할 수 있습니다.

[▶Python 파일 실행] 버튼을 눌러 코드를 실행합니다.

왼쪽의 영상인 객체의 검출되는 속도의 영상은 조금 느리게 반응하고 원래의 영상재생이 되는 오른쪽의 영상은 지연 없이 보입니다. 연산 결과가 느릴 수 있으나 원래의 이미지에 영향을 주지 않도록 쓰레드를 이용하여 수정하였습니다.

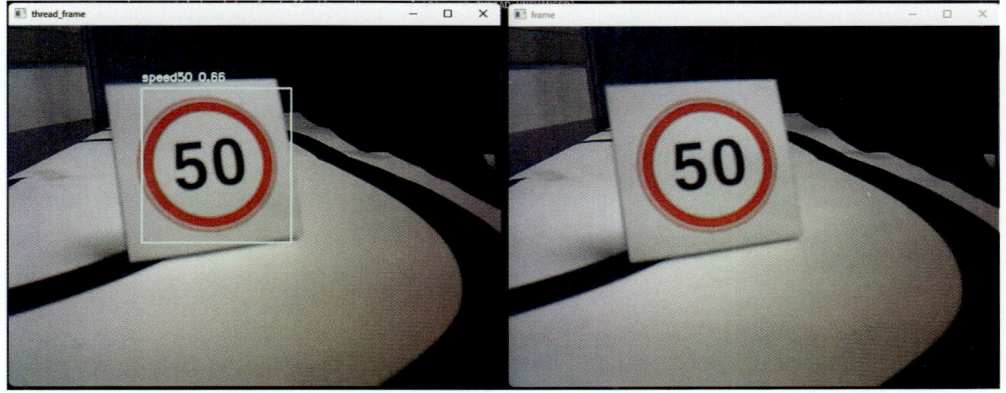

객체 탐지를 자율주행에 구현하기

직접 학습한 객체를 이용하여 자율주행 동작에 객체를 탐지하는 기능을 추가해보도록 합니다.
멈춤을 감지하면 자동차를 멈추고 그 외에 speed50, slow를 감지하면 자동차를 속도에 맞게 이동하는 코드를 만들어봅니다.

자율주행과 객체 검출 동시에 사용하기

5장에서 진행했던 차전을 따라 무게 중심을 구해 자율주행하는 코드에 객체를 탐지하는 코드를 합쳐 자율주행 중에 객체를 탐지하는 코드를 만들어봅니다.

main6-3-1.py 파일을 생성 후 아래의 코드를 작성합니다.

```python
# main6-3-1.py
import torch
import cv2
from numpy import random
import numpy as np
from urllib.request import urlopen
import threading
import time
import os
os.chdir(os.path.dirname(os.path.abspath(__file__)))

ip ='192.168.137.186'
stream = urlopen('http://'+ ip +':81/stream')
buffer = b''
urlopen('http://'+ ip +"/action?go=speed40")

# YOLOv5 모델 정의
model = torch.hub.load('ultralytics/yolov5', 'custom', path='best.pt')

thread_frame =None
image_flag =0
thread_image_flag =0
def yolo_thread():
    global image_flag,thread_image_flag,frame, thread_frame
    while True:
        if image_flag ==1:
            thread_frame = frame

            # 이미지를 모델에 입력
            results = model(thread_frame)

            # 객체 감지 결과 얻기
            detections = results.pandas().xyxy[0]
```

```
33
34                  if not detections.empty:
35                      # 결과를 반복하며 객체 표시
36                      for _, detection in detections.iterrows():
37                          x1, y1, x2, y2 = detection[['xmin', 'ymin', 'xmax', 'ymax']].astype(int).values
38                          label = detection['name']
39                          conf = detection['confidence']
40
41                          # 박스와 라벨 표시
42                          color = [int(c) for c in random.choice(range(256), size=3)]
43                          cv2.rectangle(thread_frame, (x1, y1), (x2, y2), color, 2)
44                          cv2.putText(thread_frame, f'{label} {conf:.2f}', (x1, y1 -10), cv2.FONT_HERSHEY_SIMPLEX, 0.5, color, 2)
45                          thread_image_flag =1
46                          image_flag =0
47
48      # 데몬 스레드를 생성합니다.
49      t1 = threading.Thread(target=yolo_thread)
50      t1.daemon =True
51      t1.start()
52
53
54      def image_process_thread():
55          global image_flag, car_state, car_state2
56          while True:
57              if image_flag ==1:
58                  if car_state =="go":
59                      urlopen('http://'+ ip +"/action?go=forward")
60                  elif car_state =="right":
61                      urlopen('http://'+ ip +"/action?go=right")
62                  elif car_state =="left":
63                      urlopen('http://'+ ip +"/action?go=left")
64
65                  image_flag =0
66
67      # 데몬 스레드를 생성합니다.
68      t2 = threading.Thread(target=image_process_thread)
69      t2.daemon =True
70      t2.start()
71
72
73      while True:
74          buffer += stream.read(4096)
75          head = buffer.find(b'\xff\xd8')
76          end = buffer.find(b'\xff\xd9')
77
78          try:
79              if head >-1 and end >-1:
80                  jpg = buffer[head:end+2]
```

```python
buffer = buffer[end+2:]
img = cv2.imdecode(np.frombuffer(jpg, dtype=np.uint8), cv2.IMREAD_UNCHANGED)

# 프레임 크기 조정
frame = cv2.resize(img, (640, 480))

height, width, _ = img.shape
img = img[height //2:, :]

# 색상 필터링으로 검정색 선 추출
#img = cv2.cvtColor(img, cv2.COLOR_BGR2HSV)
lower_bound = np.array([0, 0, 0])
upper_bound = np.array([255, 255, 80])
mask = cv2.inRange(img, lower_bound, upper_bound)

# 무게 중심 계산
M = cv2.moments(mask)
if M["m00"] !=0:
    cX =int(M["m10"] / M["m00"])
    cY =int(M["m01"] / M["m00"])
else:
    cX, cY =0, 0

# 무게 중심과 이미지 중앙의 거리 계산
center_offset = width //2 - cX
#print(center_offset)

# 디버그용 시각화
cv2.circle(img, (cX, cY), 10, (0, 255, 0), -1)
cv2.imshow("AI CAR Streaming", img)

if center_offset >10:
    print("오른쪽")
    car_state ="right"
elif center_offset <-10:
    print("왼쪽")
    car_state ="left"
else:
    print("직진")
    car_state ="go"

image_flag =1

#쓰레드에서 이미지 처리가 완료되었으면
if thread_image_flag ==1:
    cv2.imshow('thread_frame', thread_frame)
    thread_image_flag =0

key = cv2.waitKey(1)
if key == ord('q'):
    break
```

```
132
133        except:
134            print("에러")
135            pass
136
137    urlopen('http://'+ ip +"/action?go=stop")
138    cv2.destroyAllWindows()
```

19~20   : 자동차의 상태와 YOLOv5 객체 감지 상태를 초기화합니다.
21~58   : YOLOv5 모델을 이용하여 객체 감지를 수행하는 쓰레드를 정의합니다.
67~85   : 이미지 처리 및 자동차 동작 제어를 수행하는 쓰레드를 정의합니다.
87~~152   : 메인 쓰레드에서 실시간으로 스트림에서 비디오 프레임을 캡처하고 YOLOv5 결과를 통해 자동차를 제어하는
            작업을 수행합니다.
88~90   : 스트림에서 데이터를 읽어 버퍼에 추가합니다.
92~148   : 예외 처리를 통해 프레임 처리, 객체 감지, 자동차 동작 제어, 화면 표시 작업을 수행합니다.
126~133   : 무게 중심을 계산하여 자동차의 위치를 결정합니다.
136   : 이미지 프로세싱이 완료되었음을 표시합니다.
139~142   : 백그라운드 쓰레드에서 이미지 처리가 완료되면 해당 프레임을 표시합니다.
143~145   : 'q' 키를 누르면 루프를 종료합니다.
147   : 예외 발생 시 에러 메시지를 출력하고 계속 진행합니다.
151~152   : 동작을 멈추기 위해 HTTP 요청을 보냅니다.
153   : 모든 OpenCV 창을 닫고 프로그램을 종료합니다.

이 코드는 YOLOv5 모델을 사용하여 객체 감지를 수행하고, 객체의 위치에 따라 자동차를 제어하는 프로그램입니다. 'q' 키를 눌러 프로그램을 종료할 수 있습니다.

[▶Python 파일 실행] 버튼을 눌러 코드를 실행합니다.

이미지의 무게 중심을 구해 차선 중앙으로 자율주행하는 자율주행 도중 yolo를 이용한 객체를 함께 검출합니다.

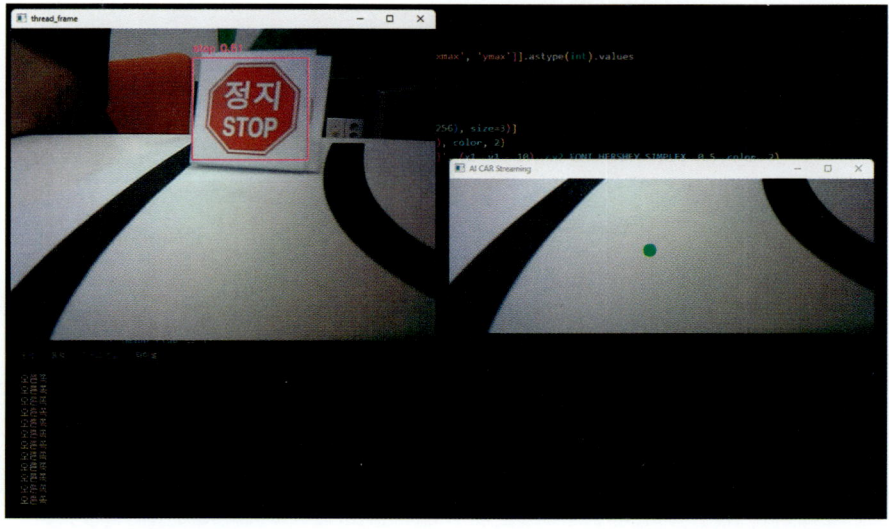

자율주행에 객체 검출 결과 반영하기

검출한 객체를 바탕으로 자율주행 자동차에 반영해보도록 합니다. stop을 검출하면 자동차를 멈추고 speed50, slow를 검출하면 차량의 속도를 제어합니다. 자동차를 멈춘 다음에는 speed50, slow를 검출하여 자동차를 움직이도록 합니다.

main6-3-2.py 파일을 생성 후 아래의 코드를 작성합니다.

main6-3-2.py

```python
import torch
import cv2
from numpy import random
import numpy as np
from urllib.request import urlopen
import threading
import time
import os
os.chdir(os.path.dirname(os.path.abspath(__file__)))

ip ='192.168.137.174'
stream = urlopen('http://'+ ip +':81/stream')
buffer = b''
urlopen('http://'+ ip +"/action?go=speed40")

# YOLOv5 모델 정의
model = torch.hub.load('ultralytics/yolov5', 'custom', path='best.pt')

yolo_state ="go"
thread_frame =None
image_flag =0
thread_image_flag =0
def yolo_thread():
    global image_flag,thread_image_flag,frame, thread_frame, yolo_state
    while True:
        if image_flag ==1:
            thread_frame = frame

            # 이미지를 모델에 입력
            results = model(thread_frame)

            # 객체 감지 결과 얻기
            detections = results.pandas().xyxy[0]

            if not detections.empty:
                # 결과를 반복하며 객체 표시
                for _, detection in detections.iterrows():
```

```
38                        x1, y1, x2, y2 = detection[['xmin', 'ymin', 'xmax', 'ymax']].astype(int).val-
ues
39                        label = detection['name']
40                        conf = detection['confidence']
41
42                        if "stop"in label and conf >0.3:
43                            print("stop")
44                            yolo_state ="stop"
45                        elif "slow"in label and conf >0.3:
46                            print("slow")
47                            yolo_state ="go"
48                            urlopen('http://'+ ip +"/action?go=speed40")
49                        elif "speed50"in label and conf >0.3:
50                            print("speed50")
51                            yolo_state ="go"
52                            urlopen('http://'+ ip +"/action?go=speed60")
53
54                        # 박스와 라벨 표시
55                        color = [int(c) for c in random.choice(range(256), size=3)]
56                        cv2.rectangle(thread_frame, (x1, y1), (x2, y2), color, 2)
57                        cv2.putText(thread_frame, f'{label} {conf:.2f}', (x1, y1 -10), cv2.FONT_HER-
SHEY_SIMPLEX, 0.5, color, 2)
58                    thread_image_flag =1
59                    image_flag =0
60
61 # 데몬 스레드를 생성합니다.
62 t1 = threading.Thread(target=yolo_thread)
63 t1.daemon =True
64 t1.start()
65
66
67 def image_process_thread():
68     global image_flag, car_state, yolo_state
69     while True:
70         if image_flag ==1:
71             if car_state =="go"and yolo_state =="go":
72                 urlopen('http://'+ ip +"/action?go=forward")
73             elif car_state =="right"and yolo_state =="go":
74                 urlopen('http://'+ ip +"/action?go=right")
75             elif car_state =="left"and yolo_state =="go":
76                 urlopen('http://'+ ip +"/action?go=left")
77             elif yolo_state =="stop":
78                 urlopen('http://'+ ip +"/action?go=stop")
79
80             image_flag =0
81
82 # 데몬 스레드를 생성합니다.
```

```python
83  t2 = threading.Thread(target=image_process_thread)
84  t2.daemon =True
85  t2.start()
86
87  while True:
88      buffer += stream.read(4096)
89      head = buffer.find(b'\xff\xd8')
90      end = buffer.find(b'\xff\xd9')
91
92      try:
93          if head >-1 and end >-1:
94              jpg = buffer[head:end+2]
95              buffer = buffer[end+2:]
96              img = cv2.imdecode(np.frombuffer(jpg, dtype=np.uint8), cv2.IMREAD_UNCHANGED)
97
98              # 프레임 크기 조정
99              frame = cv2.resize(img, (640, 480))
100
101             height, width, _ = img.shape
102             img = img[height //2:, :]
103
104             # 색상 필터링으로 검정색 선 추출
105             #img = cv2.cvtColor(img, cv2.COLOR_BGR2HSV)
106             lower_bound = np.array([0, 0, 0])
107             upper_bound = np.array([255, 255, 80])
108             mask = cv2.inRange(img, lower_bound, upper_bound)
109
110             # 무게 중심 계산
111             M = cv2.moments(mask)
112             if M["m00"] !=0:
113                 cX =int(M["m10"] / M["m00"])
114                 cY =int(M["m01"] / M["m00"])
115             else:
116                 cX, cY =0, 0
117
118             # 무게 중심과 이미지 중앙의 거리 계산
119             center_offset = width //2 - cX
120             #print(center_offset)
121
122             # 디버그용 시각화
123             cv2.circle(img, (cX, cY), 10, (0, 255, 0), -1)
124             cv2.imshow("AI CAR Streaming", img)
125
126             if center_offset >10:
127                 print("오른쪽")
128                 car_state ="right"
129             elif center_offset <-10:
```

```
130                    print("왼쪽")
131                    car_state ="left"
132              else:
133                    print("직진")
134                    car_state ="go"
135
136              image_flag =1
137
138              #쓰레드에서 이미지 처리가 완료되었으면
139              if thread_image_flag ==1:
140                    cv2.imshow('thread_frame', thread_frame)
141                    thread_image_flag =0
142
143              key = cv2.waitKey(1)
144              if key == ord('q'):
145                    break
146
147       except:
148              print("에러")
149              pass
150
151 urlopen('http://'+ ip +"/action?go=stop")
152 cv2.destroyAllWindows()
```

21~58   : YOLOv5 모델을 이용하여 객체 감지를 수행하는 쓰레드를 정의합니다.
67~85   : 이미지 처리 및 자동차 동작 제어를 수행하는 쓰레드를 정의합니다.
87~152   : 메인 쓰레드에서 실시간으로 스트림에서 비디오 프레임을 캡처하고 YOLOv5 결과 및 이미지 처리 결과를 통해 자동차를 제어하는 작업을 수행합니다.
88~90   : 스트림에서 데이터를 읽어 버퍼에 추가합니다.
92~148   : 예외 처리를 통해 프레임 처리, 객체 감지, 자동차 동작 제어, 화면 표시 작업을 수행합니다.
126~133 : 무게 중심을 계산하여 자동차의 위치를 결정합니다.
136   : 이미지 프로세싱이 완료되었음을 표시합니다.
139~142 : 백그라운드 쓰레드에서 이미지 처리가 완료되면 해당 프레임을 표시합니다.
143~145 : 'q' 키를 누르면 루프를 종료합니다.
147   : 예외 발생 시 에러 메시지를 출력하고 계속 진행합니다.
151~152 : 동작을 멈추기 위해 HTTP 요청을 보냅니다.
153   : 모든 OpenCV 창을 닫고 프로그램을 종료합니다.

이 코드는 YOLOv5 모델을 사용하여 객체 감지를 수행하고, 객체의 위치에 따라 자동차를 제어하며, 동시에 화면에 실시간 이미지를 표시하는 프로그램입니다. 'q' 키를 눌러 프로그램을 종료할 수 있습니다.

[▶Python 파일 실행] 버튼을 눌러 코드를 실행합니다.

stop을 검출하면 자동차를 멈춥니다. 자동차는 멈춘 상태로 유지하며 다른 객체를 검출해야 차량이 움직입니다.

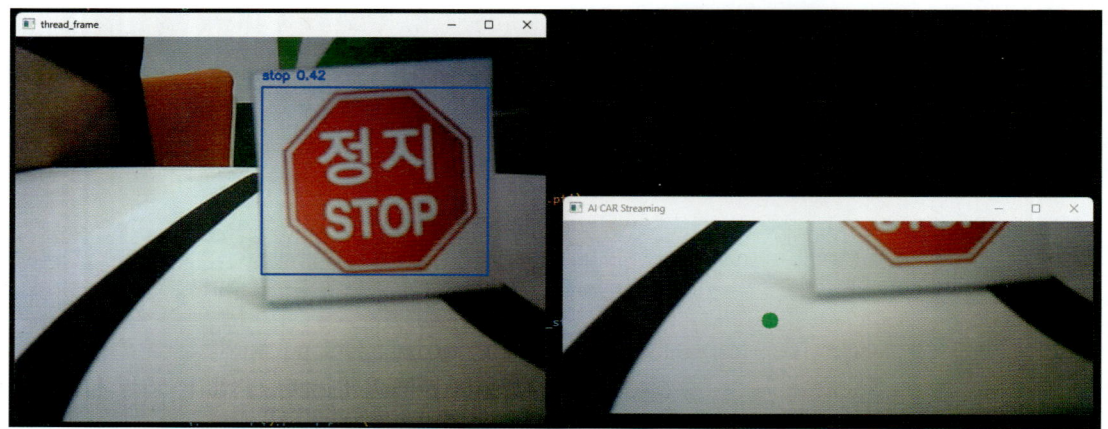

speed50을 검출하면 50의 속도로 속도를 변경합니다.

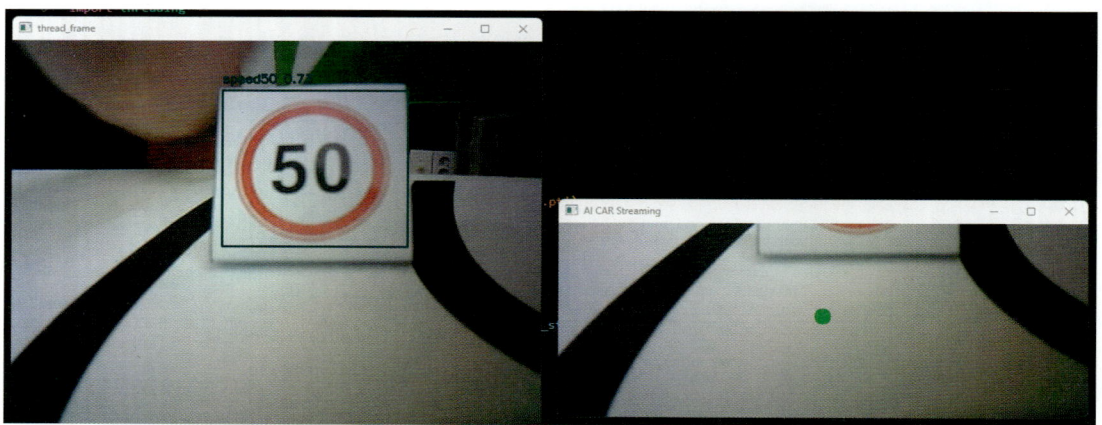

slow를 검출하면 가장 느린 속도인 40의 속도로 속도를 변경합니다.

yolo를 이용하여 객체를 검출하였고 없는 객체의 경우 학습을 통해 객체를 인식하였습니다. 인식한 객체를 바탕으로 자율주행에 구현하였습니다.

더 많은 객체들을 학습하여 다양한 인공지능에 활용하시길 바랍니다.

인공지능 객체 검출하여 자율주행하기 실습 결과 동영상 QR코드

https://youtu.be/DZBw0xmPoGw

CHAPTER

07

아두이노 자동차 개발환경 구성

아두이노 AI 자동차를 다루기 위해서 개발환경을 구성해보도록 합니다.

아두이노란?

아두이노란 무엇인가?

아두이노(Arduino)란 센서로부터 입력을 받고 외부 장치를 제어하는 마이크로컨트롤러(Microcontroller) 보드입니다.

아두이노는 이탈리아 이브레아 디자인 전문대학(Ivrea Interaction Design Institute)에서 전기, 전자 및 프로그래밍에 익숙하지 않은 학생에게 인터랙션 디자인 교육을 위해 만들어진 보드로 이탈리아어로 '절친한 친구'라는 뜻처럼 비전공자 또는 일반인들도 쉽게 사용할 수 있게 2005년에 마시모밴지(Masimo Banzi) 교수가 만들었습니다.

Arduino의 구성요소는 다음 그림과 같이 마이크로컨트롤러 보드, 아두이노 프로그래밍 언어, 소프트웨어 통합개발환경(IDE:Integrated Development Environment) 이며 각각 또는 전처를 호칭합니다.

우리는 아두이노를 어떻게 동작 시키는가?

1. 컴퓨터에 설치한 아두이노 통합개발환경에서 LED를 켜는 프로그램을 작성합니다.
2. 아두이노 보드에 LED 회로를 구성합니다.
3. 프로그램을 USB 케이블을 사용하여 아두이노 보드에 업로드합니다.
4. 아두이노는 프로그램에 의해 LED를 켜는 동작을 합니다.

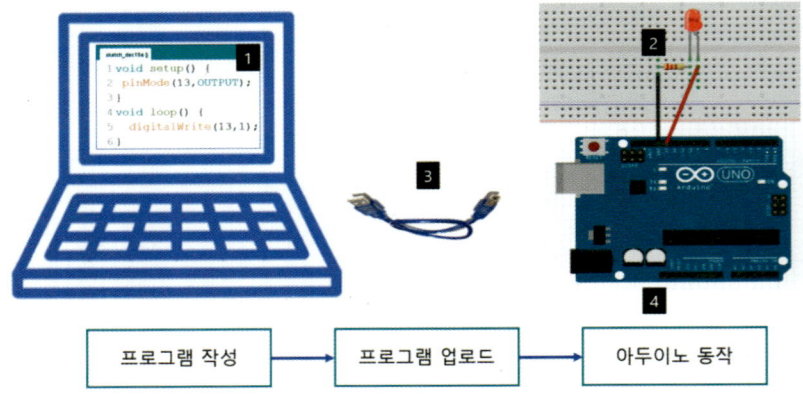

아두이노로 무엇을 만들 수 있나?

자동차

드론

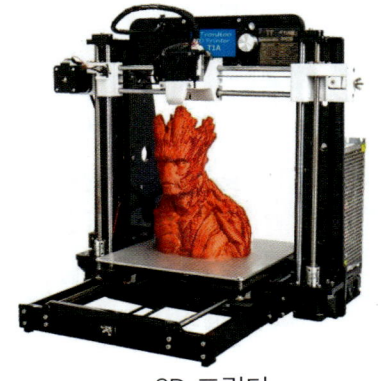

3D 프린터

앞의 사진은 아두이노로 만든 자율주행 자동차, 드론, 3D프린터, 프로젝트입니다. 아두이노 보드에는 여러 개의 스위치나 센서로부터 값을 읽어 작성된 프로그램으로 외부 전자장치, 모터 등을 동작시켜 환경과 상호작용이 가능한 다양한 프로젝트 작품들을 만들 수 있습니다.

예를 들면 미세먼지 키트, 도난방지기, 비접촉온도감지기 등을 만들 수 있습니다.

아두이노는 오픈소스, 오픈소스 하드웨어 환경이기에 다양한 프로젝트들이 공유되어 있고 이 순간에도 세계 여러 사용자들이 아두이노 프로젝트를 활발히 만들고 있습니다.

> **TIP** 오픈소스, 오픈소스 하드웨어
>
> 오픈소스란 오픈소스 소프트웨어를 뜻하는 용어입니다. 소프트웨어가 공개되어 있어 누구나 자유롭게 확인, 수정 및 배포를 할 수 있습니다.
> 오픈소스 하드웨어는 누구나 하드웨어 디자인을 확인, 수정 및 배포를 할 수입니다.
> 따라서 아두이노는 PC 프로그램은 오픈소스로 되어 있고, 아두이노 보드는 오픈소스 하드웨어로 되어 있어서 누구나 소프트웨어나 하드웨어를 수정하여 다시 만들 수입니다.

왜 세계 여러 사람이 아두이노를 사용하는가?

아두이노 보드와 같은 소형 마이크로컨트롤러 보드를 만들기 위해서는 비싼 프로그램을 구매해서 개발해야 하고 표준보드가 아닌 개인이 만든 비표준 보드로 프로그램을 업로드하기 위해서 ISP나 디버거와 같은 장비가 필요한 임베디드라는 전문가 영역입니다.

하지만 아두이노는 비표준보드를 아두이노 보드로 표준화 했고 USB 케이블을 사용해서 프로그램을 아두이노 보드에 편하게 업로드 하도록 만들었고 통합개발환경도 오픈소스로 완전 공개해 프로젝트를 다른 사람과 공유하며 누구나 쉽게 배울 수 있기 때문입니다.

또한, 아두이노 보드의 정가는 초기에 4만 원 정도였는데 오픈소스 하드웨어이기에 누구나 동일한 성능의 아두이노 호환 보드를 만들 수 있기에 중국에서 동일성능 보드를 1/4 가격인 1만 원 이하로 만들어 하드웨어 장치를 저렴하게 만들 수 있다는 장점으로 전 세계적으로 많이 사용하게 되었습니다.

인공지능과 아두이노의 만남

인공지능이 성큼성큼 다가오고 있습니다. 많은 전문가들은 인공지능을 알아야 한다고 합니다.

우리는 인공지능을 배우면 어떤 일을 할 수 있을까요? 인공지능이 활용되고 있는 분야는 어떤 것이 있을까요? 인공지능 알파고와 이세돌의 딥마인드 챌린지도 이미 몇 년 전 이야기입니다.

음성인식 기능을 통해서 가전제품을 동작시키고 곧, 사람이 운전하지 않는 자율주행 자동차가 나올 것이라는 뉴스를 우리는 이미 알고 있습니다. 인공지능이 그린 그림이 경매에 나오고 있습니다.

아두이노 보드 종류

아두이노에는 개발환경 또는 프로젝트에 따라서 사용할 수 있는 다양한 보드들이 있습니다. 다음의 여러 보드를 그림으로 살펴봅니다.

아두이노 우노 R3

아두이노 우노는 처음 만든 보드로 이탈리아어로 '우노'는 숫자 1을 뜻하며 첫 번째, 최고라는 뜻도 있습니다. 사진의 아두이노 우노는 처음 버전인 R1에서 업그레이드 된 R3 버전으로 안정적으로 사용되고 있고 아두이노 프로젝트에서 대중성이 있는 보드입니다.
PC에 아두이노 IDE(통합개발환경) 설치시 기본으로 선택되는 보드입니다.
아두이노 우노는 8bit ATmega328 칩을 사용하고 플래시 메모리는 32KB, 디지털 입출력 14개, 아날로그 입력 6개 핀 배열로 구성되어 있습니다.

TIP

이탈리아어 숫자 : Uno(우노) = 1, Due(듀에) = 2, Tre(트레) = 3, Quattro(콰트로) = 4

아두이노 메가 2560

아두이노 메가 2560으로 ATmega2560 칩을 사용하고 플래시 메모리는 256KB, 디지털 입출력 핀 54개, 아날로그 입력 핀 16개이며 클럭 주파수는 아두이노 우노와 동일한 16MHz로 동작합니다.

아두이노 DUE

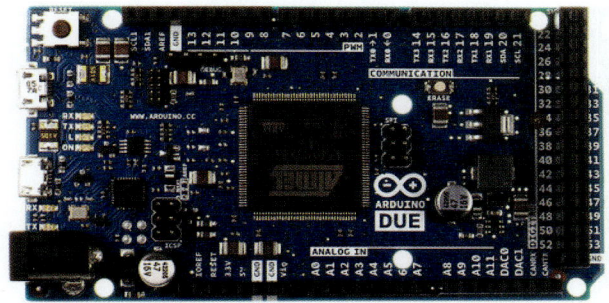

아두이노 두에(Due) 보드로 32Bit칩 84MHz로 아두이노 우노가 8Bit 칩 16MHz으로 속도로 동작하여 빠르지 않다는 단점을 보완한 보드입니다. 속도가 아두이노 우노나, 메가에 비해 월등히 빠르고, 입출력 핀의 수는 메가 2560과 동일합니다. 단점은 가격이 비싸고 핀의 출력이 3.3V로 동작하므로 아두이노 우노에 맞춰진 외부 장치들이 많이 있어서 5V로 동작하는 장치와는 호환되지 않을 수 있습니다. 두에(Due)는 많이 사용하지 않습니다.

아두이노 나노

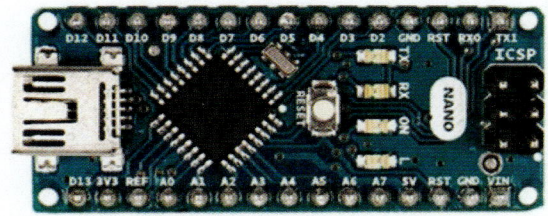

아두이노 우노의 1/3 크기로 우노와 동일한 구성이며 USB 2.0 미니B 케이블을 사용합니다.

아두이노 프로마이크로

아두이노 레오나르도 계열의 소형화 된 보드입니다.

아두이노 프로미니

소형화된 아두이노 보드로 크기나 무게에 제약을 받는 프로젝트들은 소형화된 보드로 사용할 수 있습니다. 8Bit 16MHz로 동작합니다.

아두이노 나노 33 BLE

2019년에 새로 나온 보드로 32bit 64Mhz 프로세서가 탑재되었습니다.

작동 전압	3.3V
USB 입력 전압	5V
입력 핀 전압	4.5V ~ 21V
칩	NINA-B3 - RF52840
클럭	64MHz
플래시	1MB
SRAM	256KB
무선 연결	Bluetooth 5.0 / BLE
인터페이스	USB, I2C, SPI, I2S, UART
디지털 I / O 핀	14
PWM 핀	6 (8 비트 해상도)
아날로그 핀	8 (10 비트 또는 12 비트 구성 가능)

구성은 위와 같으며 소형화된 보드로 인공지능, 머신러닝 등의 프로젝트로 활용되 지고 있습니다. 3만원대의 높은 가격과 업로드 시 일반 아두이노 보드 보다 시간이 오래 걸린다는 단점이 있습니다.

Wemos D1 R1

Wemos D1 R1 보드로 ESP8266 칩이 들어있는 개발 보드로 아두이노 우노와 동일한 크기와 핀 배열로 구성되어 있습니다.

아두이노 통합개발환경에서도 사용하고 32bit 80Mhz의 빠른 속도와 WIFI 기능이 있는데도 ESP8266칩은 1천 원 미만으로 구매할 수 있어 아두이노 우노보다 가격이 저렴합니다.

이처럼 많은 장점이 있어 아두이노에서 만든 표준제품은 아니어도 프로젝트로 많이 사용하고 있으며 거의 표준제품처럼 사용하고 있으며, 아두이노 통합개발환경으로 구성하면 아두이노의 다양한 라이브러리와 손쉬운 통합개발환경으로 사물인터넷 장치를 쉽고 저렴하게 만들 수 있다는 장점이 있습니다.

단점으로는 아두이노 개발환경 설치 후 추가적인 애드온 장치를 설치하고, USB 드라이버도 따로 설치해야 하고 특정 핀을 사용하여 업로드 시 업로드가 되지 않는 문제도 있습니다.

또한, WIFI는 2.4GHz 대역 만 접속 가능합니다.

이러한 단점에도 저렴한 가격과 WIFI 기능, 빠른 동작속도로 현재 많이 사용하고 있습니다.

NodeMcu V3

ESP8266칩이 들어있는 다른 형태의 보드입니다. 보드의 이름은 NodeMcu로 기능은 Wemos D1 R1와 같으나 크기가 작아서 다양한 프로젝트를 구성할 때 많이 사용합니다.

ESP32 D1 MINI

ESP32칩을 사용한 ESP32 D1 MINI 보드입니다. ESP8266의 업그레이드 된 버전으로 CPU코어가 듀얼코어로 늘어났고, 속도도 빨라졌고, 사용할 수 있는 입출력 핀도 늘어났고, 블루투스 기능도 추가되었습니다. 가격은 ESP8266에 비해 조금 비싸나 가지고 있는 기능에 비해서는 저렴하다고 볼 수 있습니다.

ESP32는 2021년 기준으로 상대적으로 최근에 나온 칩으로 ESP8266보다 덜 사용되고 있지만 블루투스 기능과 빨라진 속도, 입출력 핀이 늘어나 사용이 용이합니다.

NodeMcu계열의 ESP32도 있지만 생산 초기라 업로드 시에 자동 업로드가 되지 않는 문제가 발생하는데 ESP32 D1 MINI 보드의 경우 자동 업로드되도록 업로드 문제를 해결한 보드입니다. 자동 업로드의 문제는 핀의 리셋 시 업로드 타이밍이 맞지 않아 발생하는 문제로 1uF의 캐패시터를 달아주면 해결할 수 있습니다.

2018년 이전에는 아두이노에서 개발환경을 지원하지 않아 사용하기 어려웠으나 2018년 말쯤 아두이노의 개발환경에 추가되어 아두이노 개발환경에서 쉽게 사용 가능합니다.

사물인터넷 장치를 개발하기 위해서는 ESP8266이나 ESP32 보드를 고르면 좋은 선택이 될 수 있는데, ESP8266, ESP32 둘 중에서 선택기준은 최저가로 개발하고자 한다면 ESP8266을 핀의 입출력을 많이 사용하거나 블루투스 기능을 사용하려면 ESP32로 선택하면 됩니다.

아두이노 보드 종류에 대한 설명을 마치고 아두이노 개발환경 설치를 진행하도록 합니다.

아두이노 설치하기

아두이노 AI 자동차는 ESP32-CAM보드를 사용합니다. ESP32-CAM보드에 프로그램을 작성하기 위해서 아두이노를 사용합니다. 아두이노를 설치하고 ESP32-CAM의 개발환경을 구성해보도록 합니다.

구글에서 "아두이노"를 검색한 다음 아래 아두이노 사이트에 접속합니다.
www.arduino.cc 사이트의 주소를 입력하여 바로 접속하여도 됩니다.

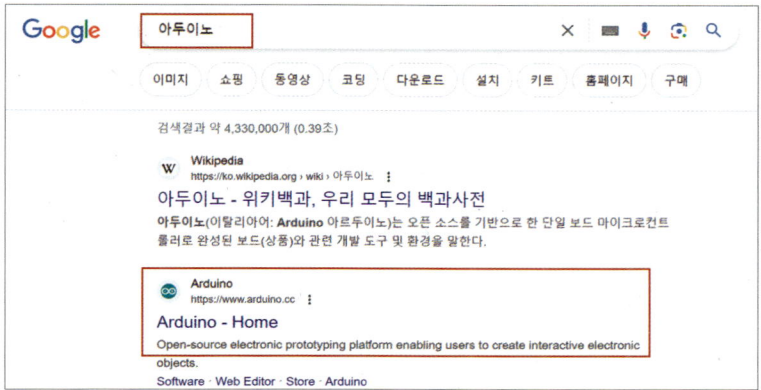

아두이노 PC 소프트웨어를 다운로드 받기 위해서 [SOFTWARE] 탭으로 이동합니다.

Downloads에서 [Windows Win10 and newer, 64bit] 부분을 클릭합니다. 2023년 08월 기준 버전은 2.1.1 버전이나 다운로드 시점의 최신 버전을 다운로드 받아 설치합니다.

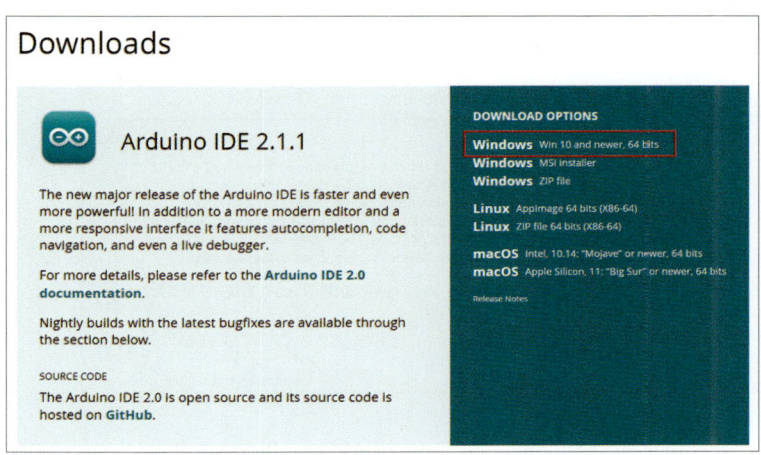

[JUST DOWNLOAD] 버튼을 클릭하여 아두이노 설치파일을 다운로드 받습니다.

다운로드 폴더에 아두이노 설치파일을 더블클릭하여 설치를 진행합니다.

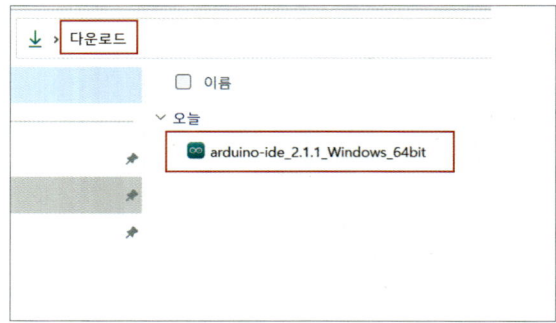

[동의함]을 눌러 계속 진행합니다.

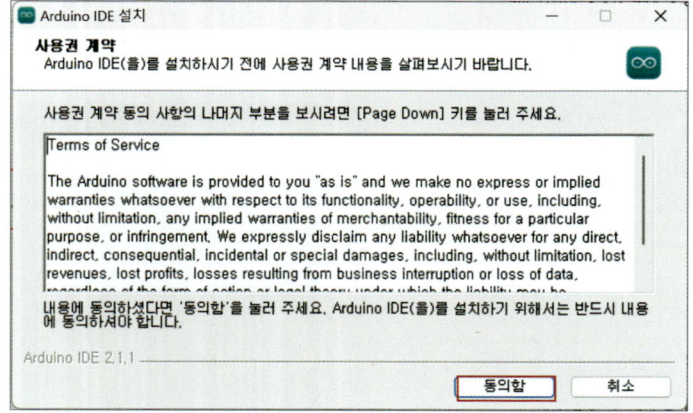

기본으로 선택되어 있는 [전용]으로 선택 후 [다음]을 눌러 설치를 계속 진행합니다.

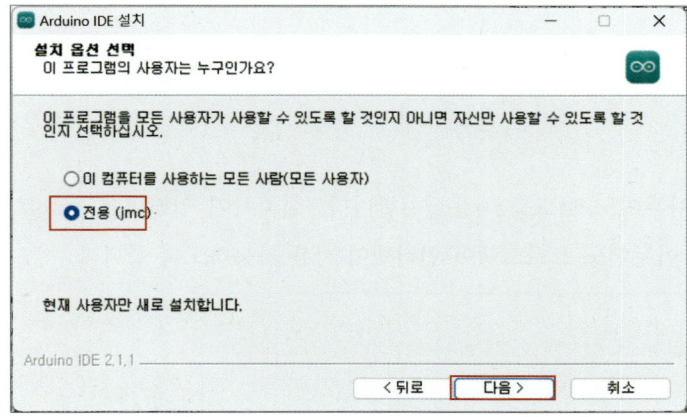

[설치]를 눌러 설치를 진행합니다.

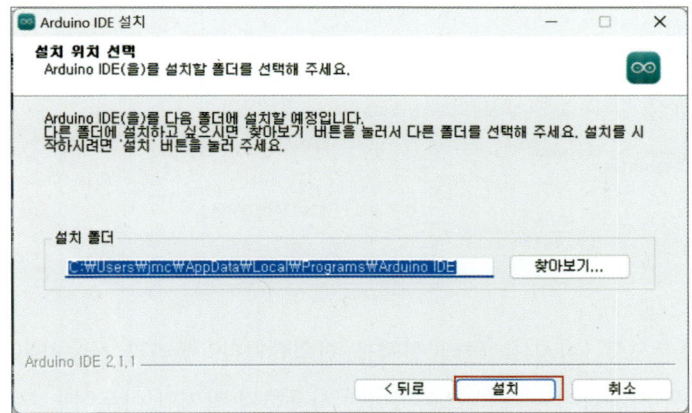

설치를 완료 후 [마침]을 눌러 설치를 종료합니다. 설치 완료 후 아두이노 프로그램 실행 부분이 체크되어 있어 자동으로 한번 실행됩니다.

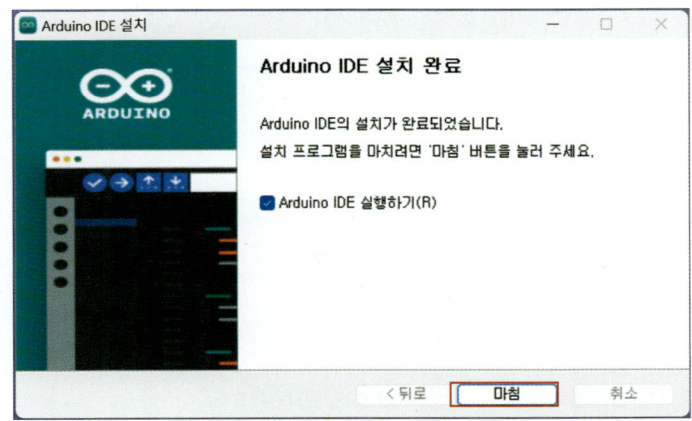

바탕화면에 아래 아이콘을 더블클릭하여 아두이노 프로그램의 실행이 가능합니다.

아두이노 프로그램이 처음 실행되면 아두이노 보드를 자동설치합니다. 설치시에 인터넷이 필요로 하므로 [액세서 허용] 부분을 클릭하여 아두이노 프로그램이 인터넷이 사용 가능하도록 합니다.

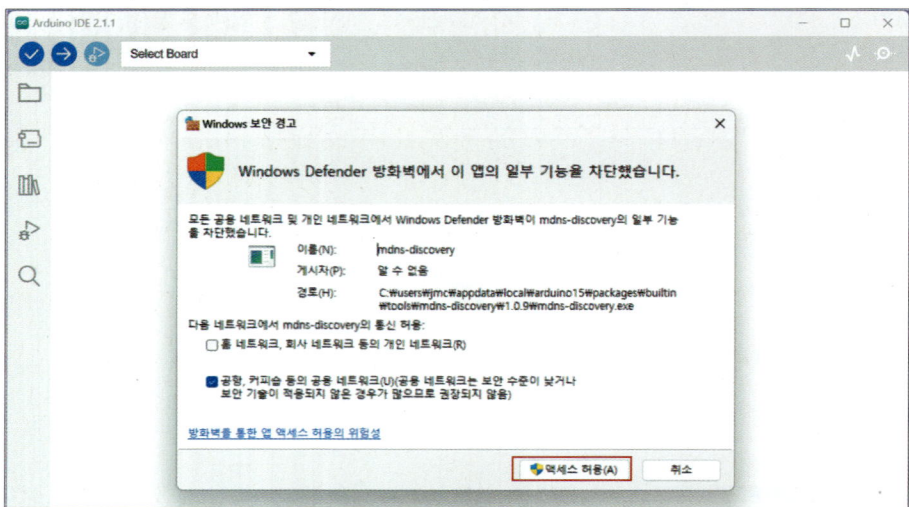

아두이노 USB드라이버를 설치하는 부분으로 [설치]를 눌러 설치를 진행합니다. 우리가 사용하는 ESP32-CAM의 경우 CH340드라이버를 사용하여 아래의 드라이버는 사용하지 않지만 아두이노 우노등의 보드에서는 아래 드라이버를 사용합니다. 컴퓨터의 USB 포트 수만큼 아래의 설치창이 나타나므로 몇 번 [설치]를 눌러 모두 설치합니다.

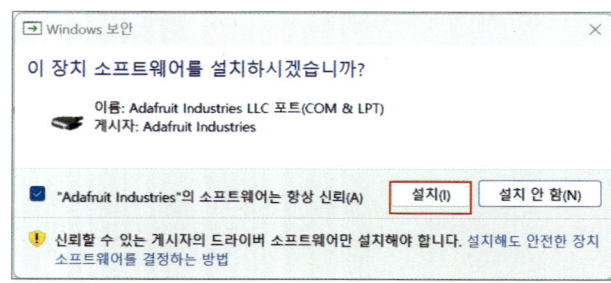

아두이노를 처음 실행시 자동으로 아두이노 우노 등 기본보드를 다운로드받습니다.

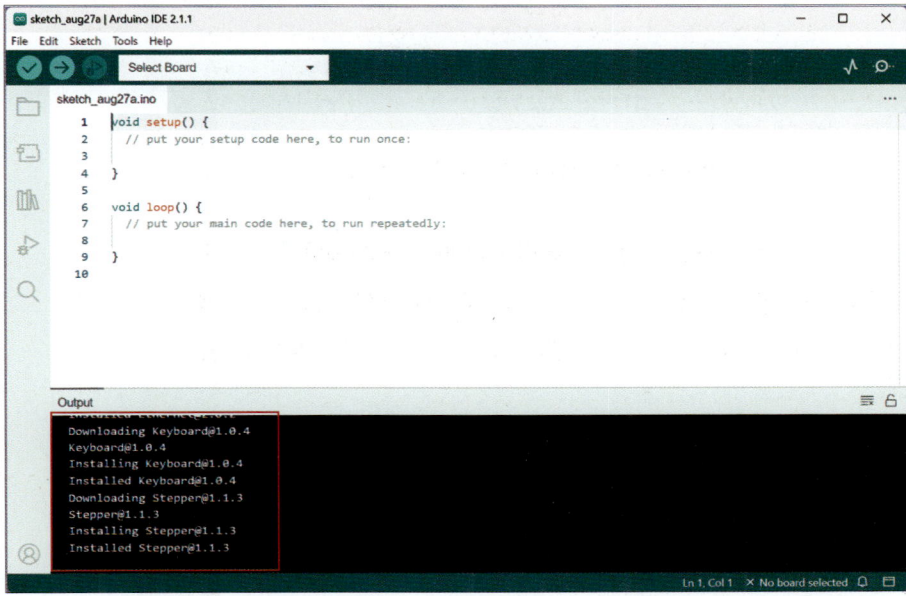

아두이노 프로그램을 한글로 사용하기 위해서 [File] -> [Preferences…]를 클릭합니다.

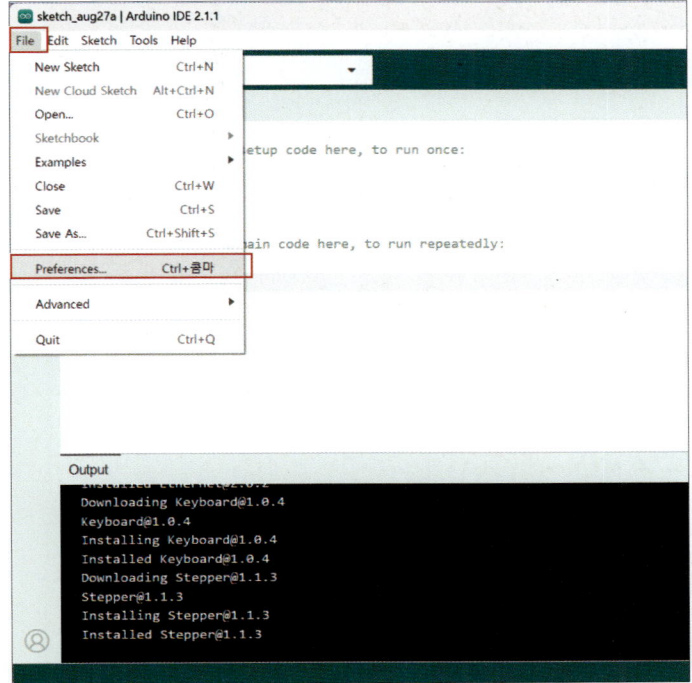

언어를 [한국어]로 설정 후 [OK]를 눌러 한국어로 변경합니다.

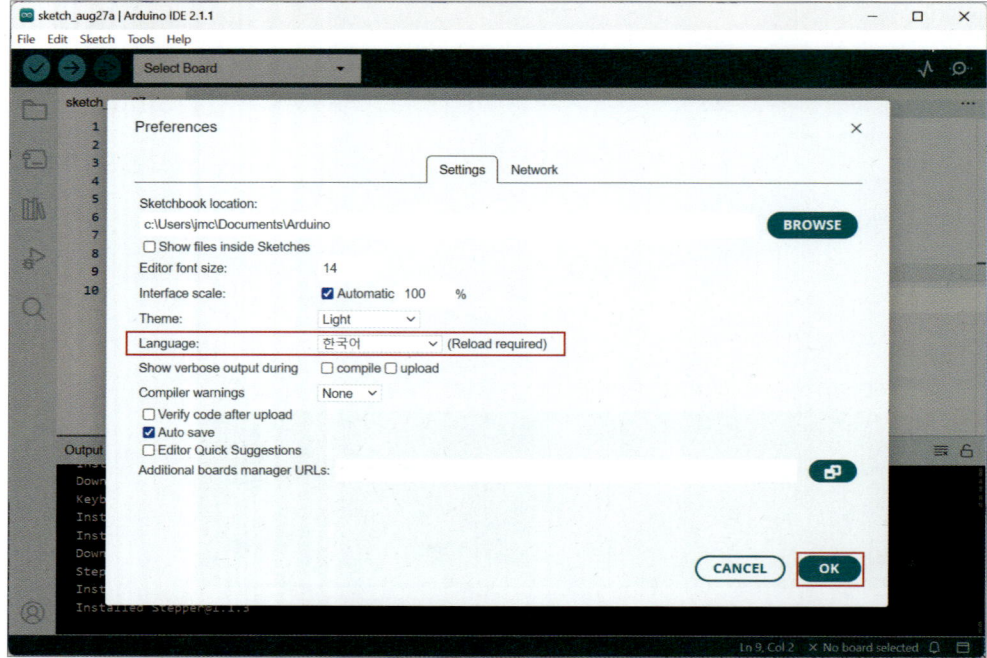

한글로 변경되었습니다. 아두이노의 설치를 완료하였습니다.

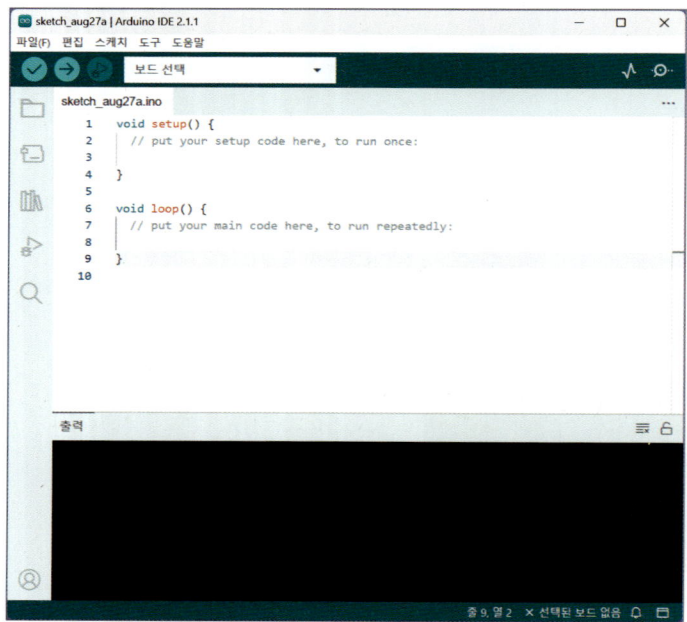

아두이노에 ESP32 개발환경 구성하기

아두이노에서 ESP32를 사용하기 위해서는 추가적인 보드를 설치해야 합니다.
구글에서 "arduino esp32 github"를 검색 후 아래 github 사이트에 접속합니다.

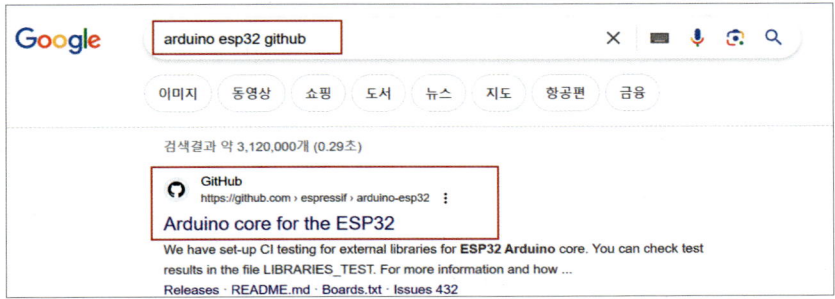

스크롤을 아래로 내려 Installing 부분을 클릭합니다. ESP32를 아두이노에 설치하기 위한 방법이 설명되어 있는 링크입니다.

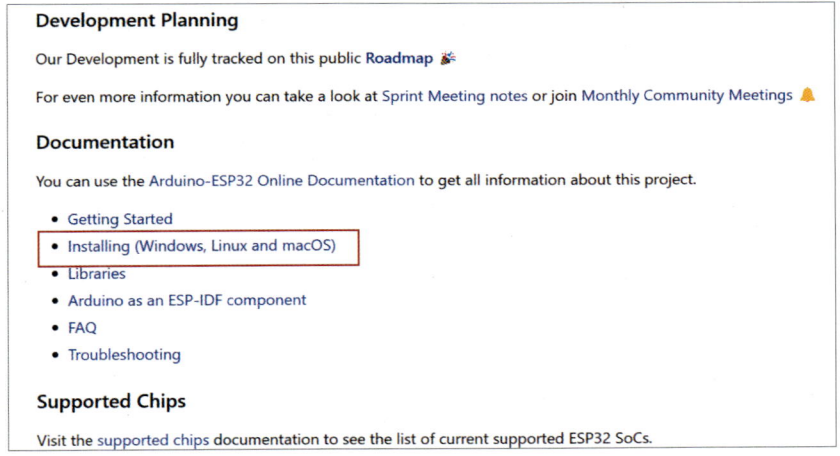

Stable release link 부분에서 아두이노에서 접속할 링크 주소를 복사합니다. [COPY] 아이콘을 클릭하여 링크를 복사합니다. Stable은 안정적인 버전으로 안정적인 버전을 적용하여 사용합니다.

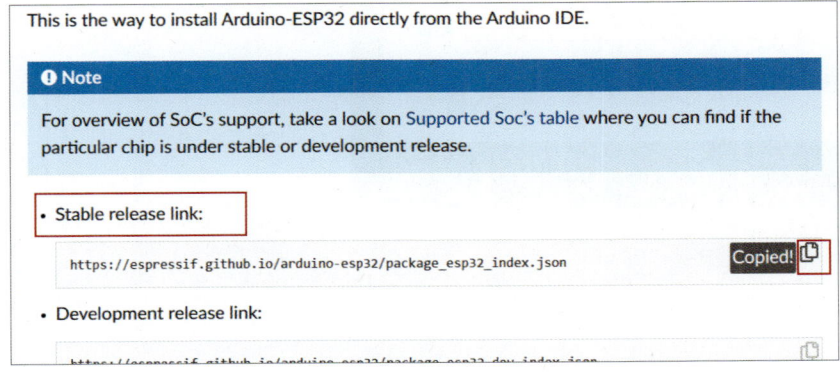

아두이노로 돌아와서 [파일] -> [기본 설정]을 클릭합니다.

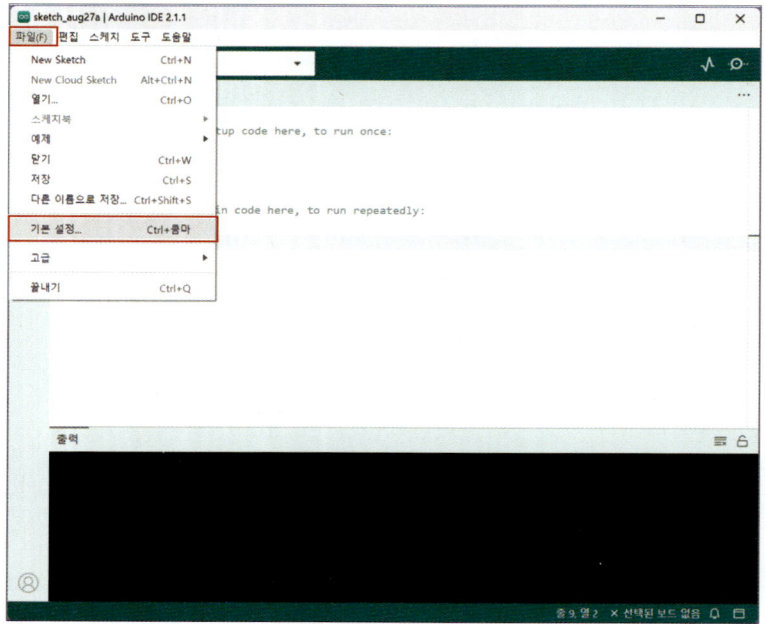

추가 보드 관리자 URL 부분에 복사한 링크 주소를 [Ctrl + v]를 눌러 붙여넣은 다음 [확인]을 클릭합니다.

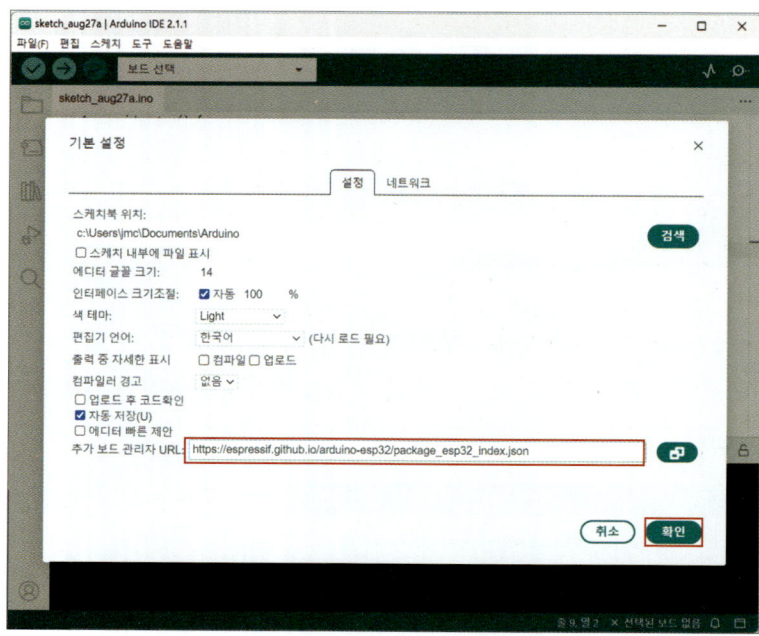

[보드매니저] 아이콘을 클릭한 다음 [보드매니저]에서 "esp32"를 검색 후 esp32 by Espressif 부분에서 [설치]를 눌러 설치를 진행합니다.

보드의 버전은 [2.0.11] 버전을 사용하였습니다. 설치 시점 시 최신 버전을 사용하면 되나 기능이 동작하지 않는다면 [2.0.11] 버전을 설치하여 진행합니다. 버전이 많이 변경되었을때는 기본 코드가 변경되었을 수도 있습니다.

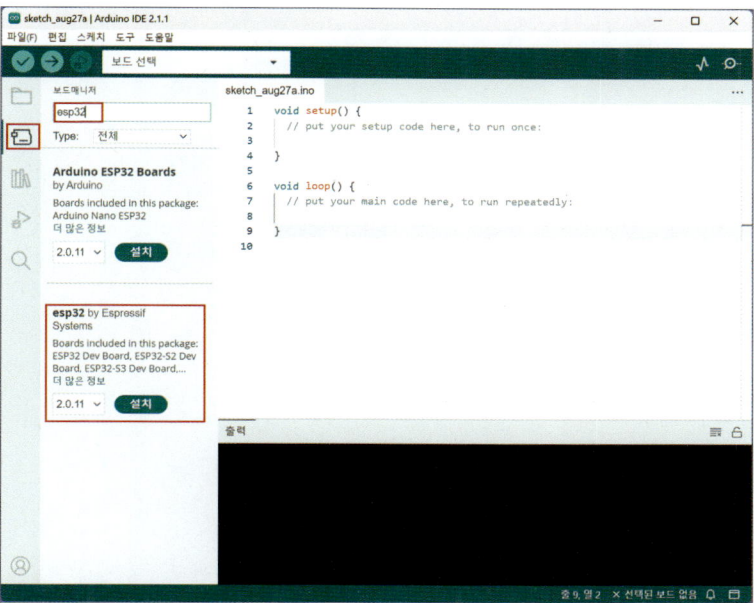

설치가 완료되면 [보드매니저] 아이콘을 다시 클릭하여 닫을 수 있습니다. installed 가 출력되면 보드의 설치가 완료된 것입니다.

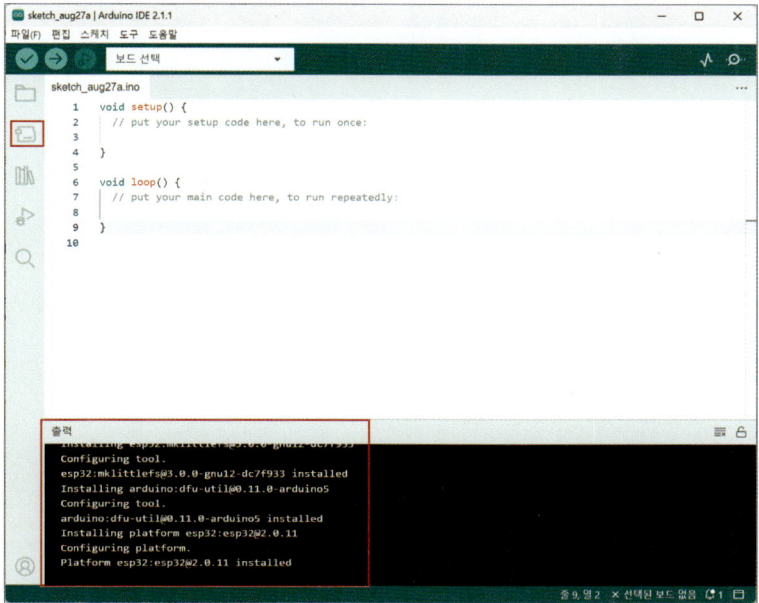

ESP32-CAM 보드에는 PC와 통신하기 위한 USB to Serial 칩인 CH340 칩을 사용합니다. 윈도우에서 CH340을 인식하기 위한 CH340 드라이버 설치를 진행합니다.

구글에서 "ch340 driver download"를 검색 후 gogo.co.nz 사이트에 접속합니다.

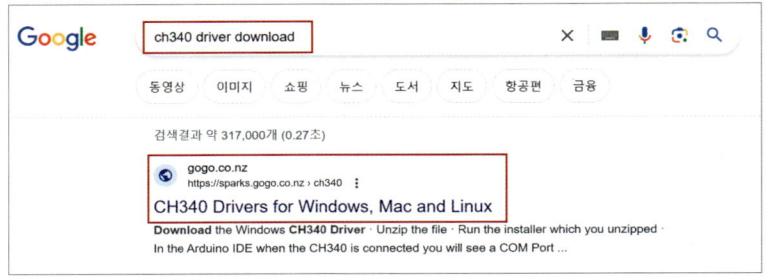

[Windows CH340 Driver] 부분을 클릭하여 설치 프로그램을 다운로드 받습니다.

다운로드 폴더에 다운로드 받은 파일의 압축을 풀어줍니다.

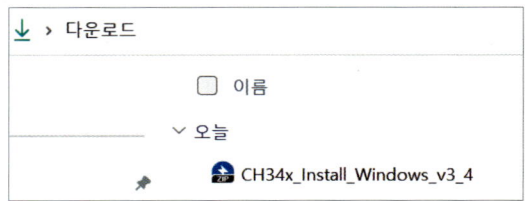

압축이 풀린 설치파일을 더블클릭하여 설치를 진행합니다.

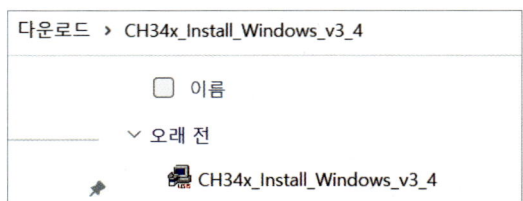

[INSTALL] 버튼을 클릭하여 드라이브의 설치를 진행합니다.

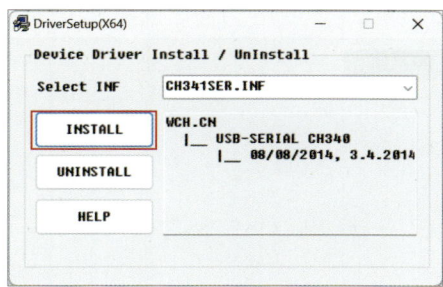

아두이노 AI CAR의 [업로드<->OLED] 선택 스위치를 [업로드] 쪽으로 이동합니다. 업로드에 사용하는 핀과 OLED에 사용하는 핀이 같은 핀을 사용하여 업로드시에는 [업로드] 방향으로 스위치를 이동해야 업로드를 할 수 있습니다. USB 케이블을 이용하여 컴퓨터와 연결합니다. 오른쪽의 큰 전원 스위치는 OFF로 하여도 USB 케이블의 전원을 이용하여 동작이 가능합니다. 다만 모터를 구동시에는 ON으로 이동해야 모터의 전원이 공급되므로 모터 구동시에는 ON으로 이동합니다.

아두이노에서 [보드 선택]을 클릭 후 [보드 및 포트를 선택하세요.]를 클릭합니다.

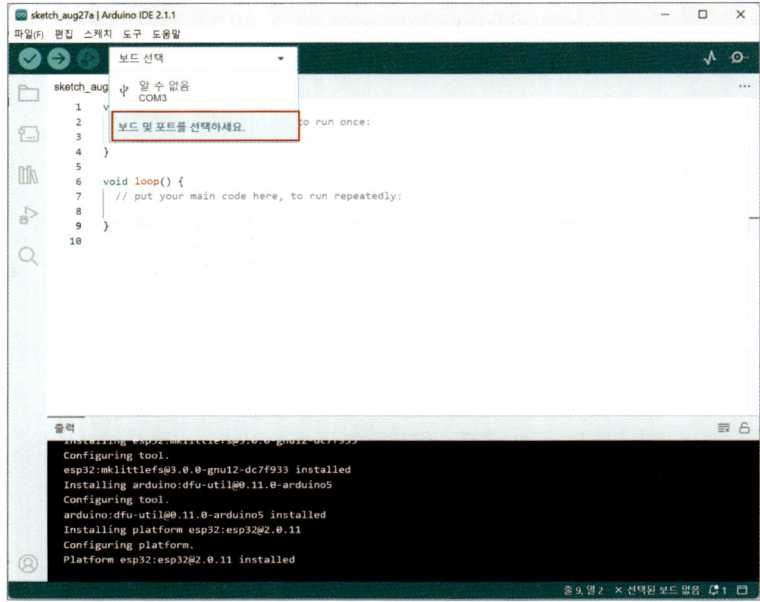

우리가 사용하는 보드의 이름은 [AI Thinker ESP32-CAM]으로 "esp32-cam"을 검색 후 [AI Thinker ESP32-CAM]을 선택합니다. PORTS는 (USB)로 연결된 포트를 선택합니다. 보드와 포트의 선택을 완료 후 [확인]을 눌러 보드와 포트의 선택을 완료합니다.

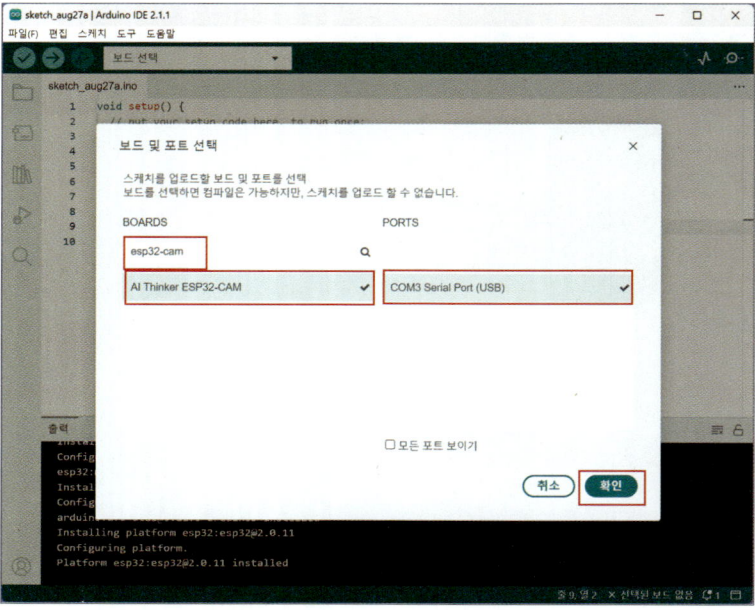

[→업로드] 버튼을 클릭하여 코드를 업로드합니다. 0~100%까지 코드가 업로드되고 Leaving… 문구가 출력되면 업로드가 잘 완료된 것으로 ESP32-CAM의 개발환경 구성을 완료 하였습니다.

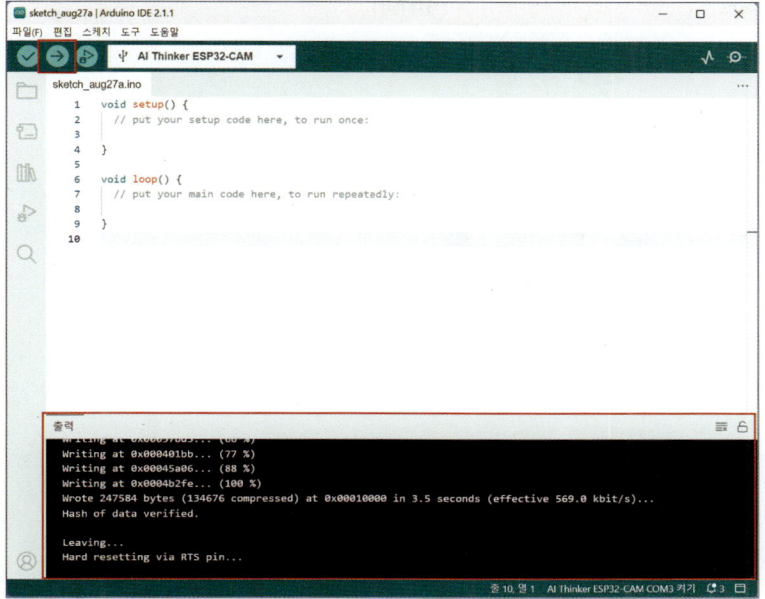

CHAPTER 08

아두이노 자동차 기능 테스트

아두이노를 활용한 자동차 프로젝트에서는 다양한 기능과 요소를 테스트하고 실습하여 차량을 더욱 똑똑하고 효율적으로 만들 수 있습니다.

아두이노 코드 폴더 구조

아두이노 코드는 제공 자료의 [아두이노 코드] 폴더에 저장되어 있습니다.

8-1-1은 8-1장 1번 코드로 아래와 같이 책의 챕터로 아두이노 파일이 구성되었습니다.

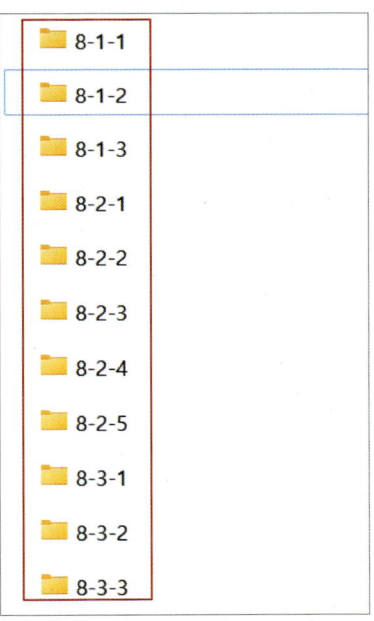

LED 테스트

아두이노의 디지털 출력기능을 활용하여 핀의 출력을 제어하여 핀에 연결된 LED를 껐다 켜는 코드를 만들어봅니다.

2초마다 LED를 깜빡이는 코드

아두이노의 디지털출력을 이용하여 4번핀에 연결된 LED를 2초마다 깜빡이는 코드를 작성합니다. 다음의 코드를 작성합니다.

```
8-1-1.ino
01  #define LED_BUILTIN 4
02
03  void setup() {
04    Serial.begin(9600);
05    pinMode(LED_BUILTIN,OUTPUT);
06  }
07
08  void loop() {
09    digitalWrite(LED_BUILTIN,HIGH);
10    delay(2000);
11    digitalWrite(LED_BUILTIN,LOW);
12    delay(2000);
13  }
```

01: LED_BUILTIN을 4로 정의합니다.
03: setup() 함수의 시작을 나타냅니다. 이 함수는 초기 설정을 수행하는 부분입니다.
04: 시리얼 통신을 9600 bps로 시작합니다.
05: LED_BUILTIN 핀을 출력 모드로 설정합니다.
08: loop() 함수의 시작을 나타냅니다. 이 함수는 반복적으로 실행되는 부분입니다.
09: LED_BUILTIN 핀에 HIGH(1) 값을 출력하여 LED를 켭니다.
10: 2000ms(2초) 동안 딜레이를 줍니다.
11: LED_BUILTIN 핀에 LOW(0) 값을 출력하여 LED를 끕니다.
12: 2000ms(2초) 동안 딜레이를 줍니다.

이 코드는 아두이노 플랫폼을 사용하여 LED를 깜박이는 예제입니다. setup() 함수에서는 시리얼 통신을 초기화하고 LED_BUILTIN 핀을 출력으로 설정합니다. loop() 함수에서는 LED를 켜고 2초 동안 유지한 다음 LED를 끄고 다시 2초 동안 유지합니다. 이렇게 하면 LED가 2초마다 한 번씩 깜박이게 됩니다.

[⬆업로드] 버튼을 눌러 업로드 완료 후 동작을 확인합니다.

자동차에 있는 흰색 LED가 2초마다 꺼졌다 켜졌다를 반복하며 점멸합니다.

LED의 밝기를 점점 밝게하는 코드

아두이노의 아날로그 출력을 이용하여 4번핀에 연결된 LED의 밝기를 1초마다 점점 밝게 조절하는 코드를 작성합니다.

다음의 코드를 작성합니다.

8-1-2.ino
```
01  #define LED_BUILTIN 4
02
03  void setup() {
04    Serial.begin(9600);
05    pinMode(LED_BUILTIN,OUTPUT);
06  }
07
08  void loop() {
09    analogWrite(LED_BUILTIN,0);
10    delay(1000);
11    analogWrite(LED_BUILTIN,50);
12    delay(1000);
13    analogWrite(LED_BUILTIN,100);
14    delay(1000);
15    analogWrite(LED_BUILTIN,150);
16    delay(1000);
17    analogWrite(LED_BUILTIN,200);
18    delay(1000);
19    analogWrite(LED_BUILTIN,255);
20    delay(1000);
21  }
```

- 01 : LED_BUILTIN을 4로 정의합니다.
- 03 : 'setup()' 함수의 시작을 나타냅니다. 이 함수는 초기 설정을 수행하는 부분입니다.
- 04 : 시리얼 통신을 9600 bps로 시작합니다.
- 05 : LED_BUILTIN 핀을 출력 모드로 설정합니다.
- 08 : 'loop()' 함수의 시작을 나타냅니다. 이 함수는 반복적으로 실행되는 부분입니다.
- 09~20: 연속적으로 LED 밝기를 바꾸는 일련의 작업을 수행합니다.
  - 09: LED 밝기를 0으로 설정하여 LED를 끕니다.
  - 10: 1000ms(1초) 동안 딜레이를 줍니다.
  - 11: LED 밝기를 50으로 설정하여 약간의 밝음을 표현합니다.
  - 12: 1000ms(1초) 동안 딜레이를 줍니다.
  - 13: LED 밝기를 100으로 설정하여 더 밝게 만듭니다.
  - 14: 1000ms(1초) 동안 딜레이를 줍니다.
  - 15: LED 밝기를 150으로 설정하여 더 밝게 만듭니다.
  - 16: 1000ms(1초) 동안 딜레이를 줍니다.
  - 17: LED 밝기를 200으로 설정하여 매우 밝게 만듭니다.
  - 18: 1000ms(1초) 동안 딜레이를 줍니다.
  - 19: LED 밝기를 255로 설정하여 최대 밝기로 만듭니다.
  - 20: 1000ms(1초) 동안 딜레이를 줍니다.

이 코드도 또 다른 아두이노 예제로, analogWrite() 함수를 사용하여 LED의 밝기를 변화시켜 보여줍니다. 코드의 loop() 함수에서는 LED를 점점 밝게 켜고 1초마다 바꾸는 과정을 반복합니다. 이를 통해 LED의 밝기 조절이 가능하다는 것을 시연하고 있습니다.

[🔄업로드] 버튼을 눌러 업로드 완료 후 동작을 확인합니다.
LED가 점점 밝아지면서 LED의 밝기가 조절됩니다.

map 함수 사용 밝기를 점점 밝게하는 코드

map 함수를 사용하여 범위를 변환하여 LED의 밝기를 조절하는 코드를 작성합니다.
다음의 코드를 작성합니다.

8-1-3.ino
```
01  #define LED_BUILTIN 4
02
03  int value =0;
04
05  void setup() {
06    Serial.begin(9600);
07    pinMode(LED_BUILTIN,OUTPUT);
08  }
09
10  void loop() {
11    value =map(0,0,255,0,100);
12    analogWrite(LED_BUILTIN,value);
13    delay(1000);
14
15    value =map(20,0,255,0,100);
16    analogWrite(LED_BUILTIN,value);
17    delay(1000);
18
19    value =map(40,0,255,0,100);
20    analogWrite(LED_BUILTIN,value);
21    delay(1000);
22
23    value =map(60,0,255,0,100);
24    analogWrite(LED_BUILTIN,value);
25    delay(1000);
26
27    value =map(80,0,255,0,100);
28    analogWrite(LED_BUILTIN,value);
29    delay(1000);
30
31    value =map(100,0,255,0,100);
32    analogWrite(LED_BUILTIN,value);
33    delay(1000);
34  }
```

01: LED_BUILTIN을 4로 정의합니다.
03: 정수형 변수 value를 선언하고 초기값을 0으로 설정합니다.
05: 'setup()' 함수의 시작을 나타냅니다. 이 함수는 초기 설정을 수행하는 부분입니다.
06: 시리얼 통신을 9600 bps로 시작합니다.

07 : LED_BUILTIN 핀을 출력 모드로 설정합니다.
10 : 'loop()' 함수의 시작을 나타냅니다. 이 함수는 반복적으로 실행되는 부분입니다.
11-34 : 연속적으로 'map()' 함수를 사용하여 value의 값을 변환한 후 LED의 밝기를 조절하는 일련의 작업을 수행합니다.
  - **11**: value 값을 0에서 0부터 255까지의 범위를 0에서 100까지의 범위로 매핑합니다.
  - **12**: 매핑된 value 값을 'analogWrite()' 함수를 사용하여 LED 밝기로 설정합니다.
  - **13**: 1000ms(1초) 동안 딜레이를 줍니다.
  - 이후에도 20 단위로 value 값을 증가시키며 같은 과정을 반복합니다.

이 코드는 'map()' 함수를 사용하여 범위를 변환하는 방법을 보여주는 아두이노 예제입니다. 'loop()' 함수에서는 value 값을 변환한 후 해당 값에 따라 LED의 밝기를 조절하고, 각 변환 값마다 1초의 딜레이를 추가합니다. 이를 통해 value 값이 변화함에 따라 LED의 밝기가 변경되는 것을 시연하고 있습니다.

[▶ 업로드] 버튼을 눌러 업로드 완료 후 동작을 확인합니다.
LED의 밝기가 변하는 동작을 합니다. map 함수를 사용하여 값의 범위를 0~100으로 조절하였습니다. 아날로그 출력의 경우 0~255범위의 값을 입력이 가능하나 map 함수를 이용하여 0~255범위를 0~100의 범위로 조절하여 값을 출력하였습니다.

시리얼통신

아두이노의 시리얼 통신은 아두이노 보드와 다른 장치 또는 컴퓨터 사이의 데이터 통신을 가능하게 해주는 방법입니다. 이를 통해 아두이노와 다른 장치 사이에서 정보를 주고받을 수 있으며, 디버깅, 센서 데이터 수집, 원격 제어 등 다양한 응용 분야에서 사용됩니다.

아두이노의 시리얼 통신은 주로 아두이노의 디지털 핀 0 (RX)와 1 (TX)을 사용하여 이루어집니다. 아두이노는 편리하게 Serial 라이브러리를 제공하여 시리얼 통신을 쉽게 다룰 수 있도록 도와줍니다.

시리얼통신으로 1초마다 hello 전송

시리얼통신을 이용하여 아두이노 AI 자동차 -> PC로 데이터를 전송합니다. 1초마다 hello를 전송하는 코드를 작성합니다.

다음의 코드를 작성합니다.

```
8-2-1.ino
01  void setup() {
02    Serial.begin(9600);
03  }
04
05  void loop() {
06    Serial.print("hello");
07    delay(1000);
08  }
```

02: 시리얼 통신을 9600 bps로 시작합니다.
06: "hello"를 시리얼 모니터에 출력합니다. 'Serial.print()' 함수는 텍스트를 시리얼 모니터에 출력하는 함수입니다.
07: 1000ms(1초) 동안 딜레이를 줍니다.

이 코드는 아두이노에서 간단한 시리얼 통신을 사용하여 "hello"라는 텍스트를 출력하는 예제입니다. 'setup()' 함수에서는 시리얼 통신을 초기화하고, 'loop()' 함수에서는 "hello"를 출력하고 1초마다 딜레이를 줘서 "hello"가 계속해서 표시되는 것을 확인할 수 있습니다.

[⊙업로드] 버튼을 눌러 업로드 완료 후 [⊙시리얼 모니터]를 눌러 동작을 확인합니다.

hello 가 1초마다 아두이노 -> PC로 전송되며 PC에서는 시리얼 모니터로 전송된 값의 확인이 가능합니다. 시리얼통신은 보내는쪽의 통신속도와 받은쪽의 통신속도가 같아야 합니다. 통신속도는 9600으로 설정하였습니다.

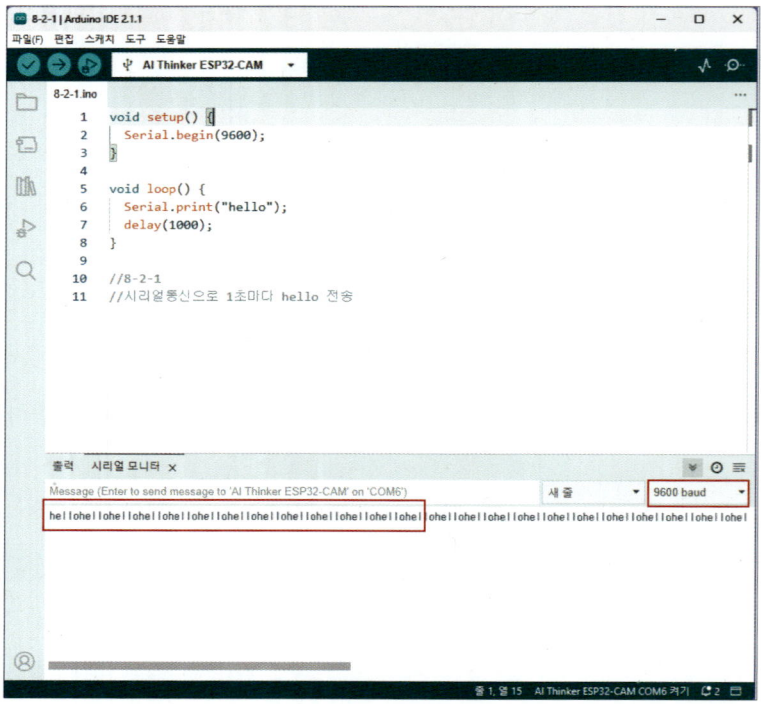

시리얼통신으로 1초마다 hello 전송 줄바꿈

hello의 끝에 줄바꿈을 같이 전송하여 줄바꿈이 될 수 있도록 코드를 작성합니다.
다음의 코드를 작성합니다.

```
8-2-2.ino
01  void setup() {
02    Serial.begin(9600);
03  }
04
05  void loop() {
06    Serial.println("hello");
07    delay(1000);
08  }
```

06: Serial.println 으로 ln 문자열을 전송 후 줄바꿈을 한다

[➡업로드] 버튼을 눌러 업로드 완료 후 [🔍시리얼 모니터]를 눌러 동작을 확인합니다.
hello의 끝에 줄바꿈이 되어 전송되었습니다.

통신속도 변경

통신속도를 115200으로 변경하여 데이터를 전송합니다. 통신속도가 빠르면 더 많은 데이터를 보낼 수 있습니다. USB 케이블을 사용할 때는 큰 차이를 느낄 수 없지만 외부에서 긴 케이블을 이용하여 시리얼통신을 할 때 통신속도가 빠르면 거리가 길어질수록 통신데이터의 오류가 많이 발생합니다. 멀리 보내고 싶다면 적은 데이터로 안정적으로 보내야합니다.

다음의 코드를 작성합니다.

```
8-2-3.ino
01  void setup() {
02    Serial.begin(115200);
03  }
04
05  void loop() {
06    Serial.println("hello");
07    delay(1000);
08  }
```

02: 통신속도를 115200으로 설정한다

[➡업로드] 버튼을 눌러 업로드 완료 후 [🔍시리얼 모니터]를 눌러 동작을 확인합니다.
보내는 쪽의 통신속도는 115200인데 받는 쪽은 통신속도는 9600으로 데이터가 정상적으로 표시되지 않습니다.

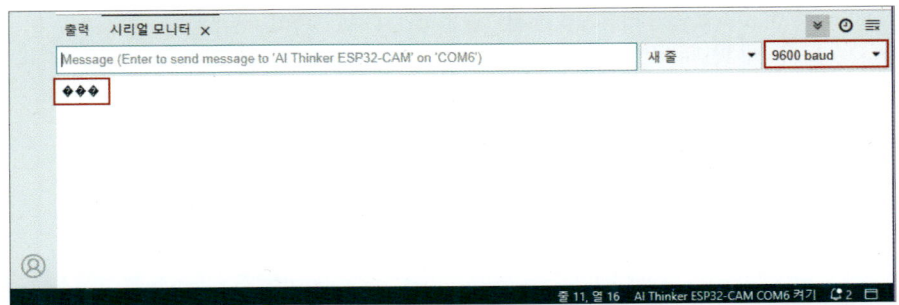

받는쪽의 통신속도도 115200으로 변경하여 데이터가 잘 수신되는지 확인합니다.

통신으로 응답하기

PC에서 -> 아두이노 AI 자동차로 데이터를 보내면 아두이노 AI 자동차가 응답하는 코드를 작성합니다.

다음의 코드를 작성합니다.

```
8-2-4.ino
01  void setup() {
02    Serial.begin(9600);
03  }
04  void loop() {
05    if(Serial.available() >0 )
06    {
07      char sData =Serial.read();
08      if(sData =='a') Serial.println("a ok");
09      else if(sData =='b') Serial.println("b ok");
10      else if(sData =='c') Serial.println("c ok");
11    }
12  }
```

02   : 시리얼 통신을 9600 bps로 시작합니다.
04   : loop() 함수의 시작을 나타냅니다. 이 함수는 반복적으로 실행되는 부분입니다.
05   : Serial.available() 함수를 사용하여 시리얼 입력 버퍼에 데이터가 있는지 확인합니다. 버퍼에 데이터가 있다면 조건문 내부의 코드 블록이 실행됩니다.
06   : 시리얼 입력 버퍼에 데이터가 있는 경우 실행되는 조건문의 시작을 나타냅니다.
07   : Serial.read() 함수를 사용하여 시리얼 입력 버퍼에서 한 문자를 읽어와 sData 변수에 저장합니다.
08~10 : 읽어온 문자가 'a', 'b', 'c' 중 하나인지 확인하고, 해당 문자에 따라 각각 "a ok", "b ok", "c ok"를 시리얼 모니터에 출력합니다.
11   : 조건문의 종료를 나타냅니다.

이 코드는 아두이노에서 시리얼 입력을 읽어와서 해당 입력에 따라 다른 메시지를 출력하는 예제입니다. Serial.available() 함수를 사용하여 시리얼 입력 버퍼에 데이터가 있는지 확인하고, Serial.read() 함수로 실제 데이터를 읽어옵니다. 읽어온 데이터가 'a', 'b', 'c' 중 어느 것인지 확인하여 각각에 해당하는 메시지를 출력합니다. 이를 통해 시리얼 입력에 따라 다른 동작을 수행할 수 있다는 것을 보여주고 있습니다.

[🠪업로드] 버튼을 눌러 업로드 완료 후 [🔍시리얼 모니터]를 눌러 동작을 확인합니다.
통신속도는 9600으로 설정합니다.
a를 입력 후 [Enter]를 눌러 데이터를 전송합니다.

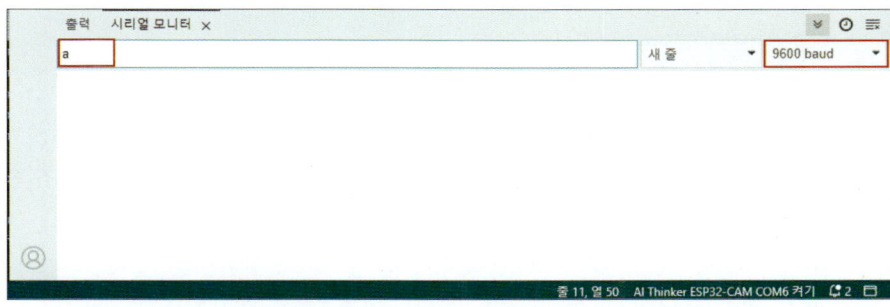

a,b,c를 각각 전송하여 응답하는지 확인합니다.

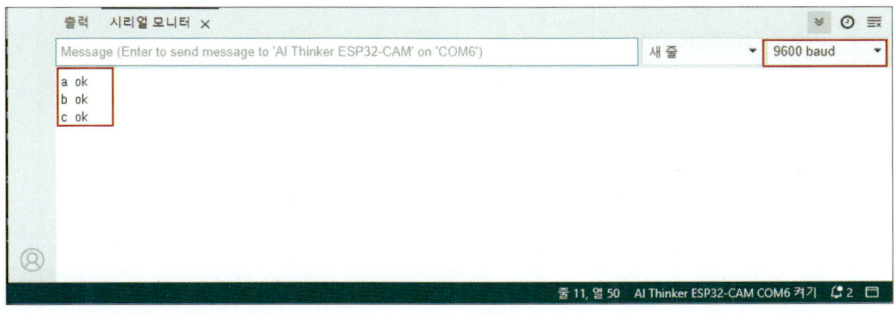

통신으로 LED 밝기조절

시리얼통신으로 PC -> 아두이노 AI 자동차로 데이터를 전송하면 LED의 밝기를 조건어 맞추어 변경하는 코드를 작성합니다.
다음의 코드를 작성합니다.

```
8-2-5.ino
01  #define LED_BUILTIN 4
02
03  void setup() {
04   Serial.begin(9600);
05  }
06
07  void loop() {
08   if(Serial.available() >0 )
09   {
10      char sData =Serial.read();
11      if(sData =='a') analogWrite(LED_BUILTIN,0);
12      else if(sData =='b') analogWrite(LED_BUILTIN,127);
13      else if(sData =='c') analogWrite(LED_BUILTIN,255);
14   }
15  }
```

08 : Serial.available() 함수를 사용하여 시리얼 입력 버퍼에 데이터가 있는지 확인합니다. 버퍼에 데이터가 있다면 조건문 내부의 코드 블록이 실행됩니다.
09 : 시리얼 입력 버퍼에 데이터가 있는 경우 실행되는 조건문의 시작을 나타냅니다.
10 : Serial.read() 함수를 사용하여 시리얼 입력 버퍼에서 한 문자를 읽어와 sData 변수에 저장합니다.
11~13 : 읽어온 문자가 'a', 'b', 'c' 중 하나인지 확인하고, 해당 문자에 따라 LED의 밝기를 조절합니다.

'a'인 경우, LED 밝기를 0으로 설정합니다.

'b'인 경우, LED 밝기를 127로 설정합니다.

'c'인 경우, LED 밝기를 255로 설정합니다.

14: 조건문의 종료를 나타냅니다.

이 코드는 아두이노에서 시리얼 입력을 읽어와서 해당 입력에 따라 LED의 밝기를 조절하는 예제입니다. 'a', 'b', 'c' 중 어느 것인지 확인하여 각각에 해당하는 밝기로 LED를 제어합니다. 이를 통해 시리얼 입력에 따라 다양한 동작을 수행할 수 있다는 것을 보여주고 있습니다.

[🔼업로드] 버튼을 눌러 업로드 완료 후 [🔍시리얼 모니터]를 눌러 동작을 확인합니다.
시리얼 모니터에 a,b,c를 전송하여 LED의 밝기를 조절합니다.

모터 구동하기

아두이노 AI 자동차의 모터를 좌우 모터를 동작시켜 자동차를 이동하는 방법에 대해 알아봅니다.

모터를 정방향으로 동작

왼쪽, 오른쪽 모터를 정방향으로 동작하여 자동차를 앞으로 이동하는 코드를 만들어봅니다.
다음의 코드를 작성합니다.

8-3-1.ino
```
01  #define IN_11 12
02  #define IN_12 13
03  #define IN_21 15
04  #define IN_22 14
05
06  void setup() {
07    Serial.begin(9600);
08    pinMode(IN_11,OUTPUT);
09    pinMode(IN_12,OUTPUT);
10    pinMode(IN_21,OUTPUT);
11    pinMode(IN_22,OUTPUT);
12  }
13
14  void loop() {
15    Serial.println("go");
16    //오른쪽모터
17    digitalWrite(IN_11,LOW);
18    analogWrite(IN_12,127);
19
20    //왼쪽모터
21    digitalWrite(IN_21,HIGH);
22    analogWrite(IN_22,127);
23    delay(2000);
24  }
```

01~04 : 각각의 핀 번호를 미리 정의하여 가독성을 높이는 매크로 정의합니다.
06 : 'setup()' 함수의 시작을 나타냅니다. 이 함수는 초기 설정을 수행하는 부분입니다.
07 : 시리얼 통신을 9600 bps로 시작합니다.
08~11 : 각각의 모터를 제어할 핀을 출력 모드로 설정합니다.
15 : "go"를 시리얼 모니터에 출력합니다.
17~18 : 오른쪽 모터를 제어하기 위해 IN_11 핀을 LOW로 설정하여 회전 방향을 지정하고, IN_12 핀을 127의 PWM 신호로 설정하여 모터의 속도를 조절합니다.
20~2 : 왼쪽 모터를 제어하기 위해 IN_21 핀을 HIGH로 설정하여 회전 방향을 지정하고, IN_22 핀을 127의 PWM 신호로 설정하여 모터의 속도를 조절합니다.
23 : 2000ms(2초) 동안 딜레이를 줍니다.

이 코드는 아두이노에서 DC 모터를 제어하는 예제입니다. 오른쪽 모터와 왼쪽 모터를 각각 제어하며, 모터의 회전 방향과 속도를 조절하여 전진하는 동작을 수행합니다. "go" 메시지를 출력하고 오른쪽 모터는 앞으로, 왼쪽 모터는 뒤로 동작하도록 설정되어 있습니다. 이를 통해 모터 제어와 PWM 사용을 간단한 예제로 보여줍니다.

[ 업로드] 버튼을 눌러 업로드 완료 후 동작을 확인합니다.

카메라가 비추고 있는 곳이 정방향으로 자동차의 바디에도 세모의 앞부분으로 표시되어 있습니다. 자동차를 앞으로 이동합니다.

※ 모터를 동작하기 위해서는 자동차의 전원 스위치가 ON의 위치로 자동차의 전원을 켜야 합니다.

자동차를 전진, 후진, 좌회전, 우회전으로 동작

좌우 모터를 제어하여 자동차를 전진, 후진, 좌회전, 우회전으로 동작하는 코드를 작성합니다.
다음의 코드를 작성합니다.

```
8-3-2.ino
01  #define IN_11 12
02  #define IN_12 13
03  #define IN_21 15
04  #define IN_22 14
05
06  void setup() {
07    Serial.begin(9600);
08    pinMode(IN_11,OUTPUT);
09    pinMode(IN_12,OUTPUT);
10    pinMode(IN_21,OUTPUT);
11    pinMode(IN_22,OUTPUT);
12  }
```

```cpp
13
14  void loop() {
15    //직진
16    Serial.println("go");
17    //오른쪽모터
18    digitalWrite(IN_11,LOW);
19    analogWrite(IN_12,127);
20
21    //왼쪽모터
22    digitalWrite(IN_21,HIGH);
23    analogWrite(IN_22,127);
24    delay(2000);
25
26
27    //후진
28    Serial.println("back");
29    //오른쪽모터
30    digitalWrite(IN_11,HIGH);
31    analogWrite(IN_12,127);
32
33    //왼쪽모터
34    digitalWrite(IN_21,LOW);
35    analogWrite(IN_22,127);
36    delay(2000);
37
38
39    //왼쪽 이동
40    Serial.println("left");
41    //오른쪽모터
42    digitalWrite(IN_11,LOW);
43    analogWrite(IN_12,127);
44
45    //왼쪽모터
46    digitalWrite(IN_21,LOW);
47    analogWrite(IN_22,0);
48    delay(2000);
49
50
51    //오른쪽 이동
52    Serial.println("right");
53    //오른쪽모터
54    digitalWrite(IN_11,HIGH);
55    analogWrite(IN_12,0);
56
57    //왼쪽모터
58    digitalWrite(IN_21,HIGH);
59    analogWrite(IN_22,127);
60    delay(2000);
61  }
```

16	: "go"를 시리얼 모니터에 출력합니다.
17-19	: 오른쪽 모터를 제어하여 직진하도록 설정합니다.
20-23	: 왼쪽 모터를 제어하여 직진하도록 설정합니다.
24	: 2000ms(2초) 동안 딜레이를 줍니다.
27	: "back"을 시리얼 모니터에 출력합니다.
28-31	: 오른쪽 모터를 제어하여 후진하도록 설정합니다.
32-35	: 왼쪽 모터를 제어하여 후진하도록 설정합니다.
36	: 2000ms(2초) 동안 딜레이를 줍니다.
39	: "left"을 시리얼 모니터에 출력합니다.
40-43	: 오른쪽 모터를 제어하여 좌측 이동하도록 설정합니다.
44-47	: 왼쪽 모터를 제어하여 좌측 이동하도록 설정합니다.
48	: 2000ms(2초) 동안 딜레이를 줍니다.
51	: "right"을 시리얼 모니터에 출력합니다.
52-55	: 오른쪽 모터를 제어하여 우측 이동하도록 설정합니다.
56-59	: 왼쪽 모터를 제어하여 우측 이동하도록 설정합니다.
60	: 2000ms(2초) 동안 딜레이를 줍니다.

이 코드는 아두이노로 두 개의 DC 모터를 사용하여 차량 제어 동작을 시뮬레이션하는 예제입니다.
[업로드] 버튼을 눌러 업로드 완료 후 동작을 확인합니다.
자동차가 전진, 후진, 좌회전, 우회전 반복하여 동작합니다.

자동차의 이동 방향을 함수를 사용하여 간결하게 수정

자동차의 이동 방향을 함수로 모듈화하여 코드를 간결하게 수정합니다. 또한 자동차의 왼쪽 회전, 오른쪽 회전의 함수도 추가합니다.

다음의 코드를 작성합니다.

```
8-3-3.ino
01  #define IN_11 12
02  #define IN_12 13
03  #define IN_21 15
04  #define IN_22 14
05
06  void setup() {
07    Serial.begin(9600);
08    pinMode(IN_11,OUTPUT);
09    pinMode(IN_12,OUTPUT);
10    pinMode(IN_21,OUTPUT);
11    pinMode(IN_22,OUTPUT);
12  }
13
14  void loop() {
```

```
15      //직진
16      Serial.println("go");
17      car_go(127);
18      delay(2000);
19
20      //후진
21      Serial.println("back");
22      car_back(127);
23      delay(2000);
24
25      //왼쪽 이동
26      Serial.println("left");
27      car_go_left(127);
28      delay(2000);
29
30      //오른쪽 이동
31      Serial.println("right");
32      car_go_right(127);
33      delay(2000);
34
35      //왼쪽 회전
36      Serial.println("left turn");
37      car_turn_left(127);
38      delay(2000);
39
40      //오른쪽 회전
41      Serial.println("right turn");
42      car_turn_right(127);
43      delay(2000);
44    }
45
46
47    void car_go(int speed){
48      //오른쪽모터
49      digitalWrite(IN_11,LOW);
50      analogWrite(IN_12,speed);
51
52      //왼쪽모터
53      digitalWrite(IN_21,HIGH);
54      analogWrite(IN_22,speed);
55    }
56
57    void car_back(int speed){
58      //오른쪽모터
59      digitalWrite(IN_11,HIGH);
60      analogWrite(IN_12,speed);
61
```

```
62    //왼쪽모터
63    digitalWrite(IN_21,LOW);
64    analogWrite(IN_22,speed);
65  }
66
67  void car_go_left(int speed){
68    //오른쪽모터
69    digitalWrite(IN_11,LOW);
70    analogWrite(IN_12,speed);
71
72    //왼쪽모터
73    digitalWrite(IN_21,LOW);
74    analogWrite(IN_22,0);
75  }
76
77  void car_go_right(int speed){
78    //오른쪽모터
79    digitalWrite(IN_11,HIGH);
80    analogWrite(IN_12,0);
81
82    //왼쪽모터
83    digitalWrite(IN_21,HIGH);
84    analogWrite(IN_22,speed);
85  }
86
87
88  void car_turn_left(int speed){
89    //오른쪽모터
90    digitalWrite(IN_11,LOW);
91    analogWrite(IN_12,speed);
92
93    //왼쪽모터
94    digitalWrite(IN_21,LOW);
95    analogWrite(IN_22,speed);
96  }
97
98  void car_turn_right(int speed){
99    //오른쪽모터
100   digitalWrite(IN_11,HIGH);
101   analogWrite(IN_12,speed);
102
103   //왼쪽모터
104   digitalWrite(IN_21,HIGH);
105   analogWrite(IN_22,speed);
106 }
```

16~17 : "go"를 시리얼 모니터에 출력합니다.
18   : 'car_go()' 함수를 호출하여 모터를 제어하여 전진하도록 설정합니다.
19   : 2000ms(2초) 동안 딜레이를 줍니다.
21~22 : "back"을 시리얼 모니터에 출력합니다.
23   : 'car_back()' 함수를 호출하여 모터를 제어하여 후진하도록 설정합니다.
24   : 2000ms(2초) 동안 딜레이를 줍니다.
26~27 : "left"를 시리얼 모니터에 출력합니다.
28   : 'car_go_left()' 함수를 호출하여 모터를 제어하여 왼쪽으로 이동하도록 설정합니다.
29   : 2000ms(2초) 동안 딜레이를 줍니다.
31~32 : "right"를 시리얼 모니터에 출력합니다.
33   : 'car_go_right()' 함수를 호출하여 모터를 제어하여 오른쪽으로 이동하도록 설정합니다.
34   : 2000ms(2초) 동안 딜레이를 줍니다.
36~37 : "left turn"을 시리얼 모니터에 출력합니다.
38   : 'car_turn_left()' 함수를 호출하여 모터를 제어하여 좌회전하도록 설정합니다.
39   : 2000ms(2초) 동안 딜레이를 줍니다.
41~42 : "right turn"을 시리얼 모니터에 출력합니다.
43   : 'car_turn_right()' 함수를 호출하여 모터를 제어하여 우회전하도록 설정합니다.
44   : 2000ms(2초) 동안 딜레이를 줍니다.

이 코드는 아두이노에서 차량 제어 동작을 시뮬레이션하는 예제입니다. 'car_go()', 'car_back()', 'car_go_left()', 'car_go_right()', 'car_turn_left()', 'car_turn_right()' 함수를 사용하여 모터를 제어하여 다양한 동작을 수행합니다. 각 함수는 모터를 제어하여 차량을 원하는 방향과 속도로 이동하도록 설정합니다. 이를 통해 모듈화된 코드를 사용하여 복잡한 동작을 수행하는 방법을 보여줍니다.

[🔼업로드] 버튼을 눌러 업로드 완료 후 동작을 확인합니다.
자동차가 전진, 후진, 좌회전, 우회전, 왼쪽 회전, 오른쪽 회전을 반복하여 동작합니다.
좌회전과 왼쪽 회전의 차이점은 좌회전의 경우 한쪽 바퀴반 움직여 크게 회전하는 반면 왼쪽 회전의 경우 제자리에서 회전합니다. 우회전의 경우도 마찬가지입니다.

OLED 테스트

아두이노 AI 자동차에서 wifi의 접속정보를 디스플레이하는 OLED의 사용방법을 알아보고 글자를 출력합니다.

라이브러리설치

[라이브러리 매니저] 아이콘을 클릭 후 라이브러리 매니저에서 "esp32 ssd1306"을 검색 후 [ESP8266 and ESP32 OLED driver for SSD1306 displays] 라이브러리를 설치합니다.

※ 버전은 설치 시점의 최신 버전으로 설치합니다. 만약 동작하지 않는다면 4.4.0 버전을 선택하여 사용합니다.

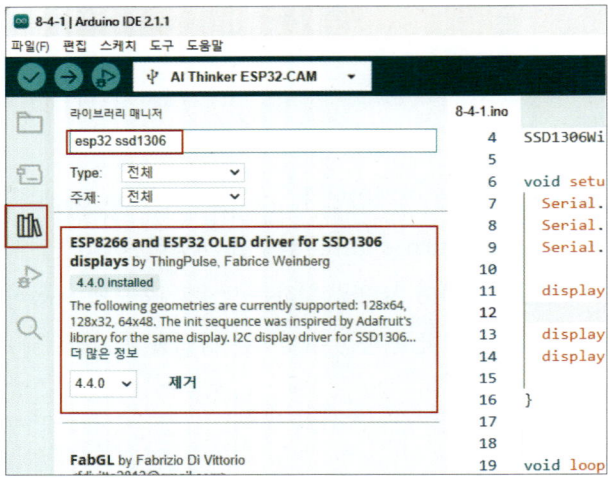

OLED를 테스트하는 코드

OLED에 글자를 출력하는 코드를 작성합니다.

다음의 코드를 작성합니다.

```
8-4-1.ino
01  #include <Wire.h>
02  #include "SSD1306Wire.h"
03
04  SSD1306Wire display(0x3c, 0, 2, GEOMETRY_128_32);
05
06  void setup() {
07    Serial.begin(115200);
08    Serial.println();
09    Serial.println();
```

```
10
11     display.init();
12
13     display.flipScreenVertically();
14     display.setFont(ArialMT_Plain_10);
15
16   }
17
18
19   void loop() {
20     display.clear();
21     display.setFont(ArialMT_Plain_10);
22     display.setTextAlignment(TEXT_ALIGN_LEFT);
23     display.drawString(0, 10, "HELLO");
24     display.display();
25     delay(2000);
26
27     display.clear();
28     display.setFont(ArialMT_Plain_10);
29     display.setTextAlignment(TEXT_ALIGN_LEFT);
30     display.drawString(0, 10, "AI CAR");
31     display.display();
32     delay(2000);
33   }
```

01 : Wire 라이브러리를 불러옵니다. I2C 통신을 위한 라이브러리입니다.
02 : "SSD1306Wire.h" 헤더 파일을 불러옵니다. SSD1306 기반 OLED 디스플레이를 제어하기 위한 라이브러리입니다.
04 : SSD1306Wire 클래스의 인스턴스인 display를 생성합니다. 이 때 OLED 디스플레이의 주소가 0x3c로 설정되며, 0번 핀과 2번 핀이 I2C 통신에 사용됩니다. 또한 디스플레이 해상도는 GEOMETRY_128_32로 설정됩니다.
06 : setup() 함수의 시작을 나타냅니다. 이 함수는 초기 설정을 수행하는 부분입니다.
07~10 : 시리얼 통신을 115200 bps로 시작하고, 공백 라인을 출력하여 시리얼 모니터를 초기화합니다.
11 : OLED 디스플레이를 초기화합니다.
13 : flipScreenVertically() 함수를 사용하여 화면을 수직으로 뒤집는다.
14 : setFont() 함수를 사용하여 폰트를 설정합니다.
16 : loop() 함수의 시작을 나타냅니다. 이 함수는 반복적으로 실행되는 부분입니다.
20 : 디스플레이를 지운다.
21~23 : "HELLO" 문자열을 디스플레이에 출력합니다.
24 : 디스플레이 내용을 갱신합니다.
25 : 2000ms(2초) 동안 딜레이를 줍니다.
27 : 디스플레이를 지운다.
28~30 : "AI CAR" 문자열을 디스플레이에 출력합니다.
31 : 디스플레이 내용을 갱신합니다.
32 : 2000ms(2초) 동안 딜레이를 줍니다.

이 코드는 아두이노에서 SSD1306 기반 OLED 디스플레이를 사용하여 텍스트를 표시하는 예제입니다. OLED 디스플레이에 "HELLO"와 "AI CAR"라는 텍스트를 번갈아가며 표시하고, 각각의 메시지를 2초마다 변경하여 나타내는 것을 보여줍니다. OLED 디스플레이를 초기화하고 폰트를 설정하며 텍스트를 출력하는 방법을 간단한 예제로 나타내고 있습니다.

[업로드] 버튼을 눌러 업로드 완료 후 동작을 확인합니다.
업로드시에는 [업로드<->OLED] 스위치를 [업로드]에 위치합니다. 업로드 완료 후 [업로드<->OLED] 스위치를 [OLED] 방향으로 설정한 다음 전원 스위치는 OFF로 합니다. 리셋 버튼을 눌러 아두이노 AI 자동차를 리셋하면 OLED에 HELLO와 AI CAR 글자가 번갈아 가면서 출력됩니다. 전원 스위치의 OFF로 하는 이유는 OLED핀을 자동차의 모터와 같은 핀을 사용합니다. OLED를 동작시에 부득이하게 자동차가 동작할 수 있으므로 자동차의 전원은 OFF한 다음 사용합니다.
실제 최종코드에서는 OLED와 모터를 같이 사용하고 있습니다. OLED는 초기에 출력하는 부분에 사용을한 다음 OLED 부분은 종료 후 모터를 동작하기 위한 핀으로 사용됩니다.

OLED와 모터를 같이 사용하기

OLED와 모터를 같이 사용하는 방법에 대해서 알아봅니다. OLED는 모터를 동작시키기 전에 출력한 다음 모터의 구동 이후에는 OLED의 사용이 불가능합니다. OLED를 동작시키고 모터를 구동하는 코드를 작성합니다.
다음의 코드를 작성합니다.

8-4-2.ino

```
01  #include <Wire.h>
02  #include "SSD1306Wire.h"
03
04  #define IN_11 12
05  #define IN_12 13
06  #define IN_21 15
07  #define IN_22 14
08
09  SSD1306Wire display(0x3c, 0, 2, GEOMETRY_128_32);
10
11  void setup() {
12    Serial.begin(115200);
13    Serial.println();
14    Serial.println();
15
16    display.init();
17
18    display.flipScreenVertically();
19    display.clear();
20    display.setFont(ArialMT_Plain_10);
21    display.setTextAlignment(TEXT_ALIGN_LEFT);
22    display.drawString(0, 10, "HELLO AI CAR");
23    display.display();
24    delay(2000);
25
26    pinMode(IN_11,OUTPUT);
27    pinMode(IN_12,OUTPUT);
28    pinMode(IN_21,OUTPUT);
29    pinMode(IN_22,OUTPUT);
30  }
31
32
33  void loop() {
34    //직진
35    Serial.println("go");
36    car_go(127);
37    delay(2000);
38
39    //멈춤
40    Serial.println("stop");
41    car_go(0);
42    delay(2000);
43  }
44
45  void car_go(int speed){
```

```
46      //오른쪽모터
47      digitalWrite(IN_11,LOW);
48      analogWrite(IN_12,speed);
49
50      //왼쪽모터
51      digitalWrite(IN_21,HIGH);
52      analogWrite(IN_22,speed);
53  }
```

01~02 : Wire 라이브러리와 SSD1306Wire 라이브러리를 불러옵니다.
04~07 : 각각의 핀 번호를 미리 정의하여 가독성을 높이는 매크로를 정의합니다.
09   : 0x3c 주소의 SSD1306 OLED 디스플레이 객체를 생성합니다.
11   : setup() 함수의 시작을 나타냅니다. 이 함수는 초기 설정을 수행하는 부분입니다.
12   : 시리얼 통신을 115200 bps로 시작합니다.
16   : OLED 디스플레이를 초기화합니다.
18   : 화면을 수직으로 뒤집는다.
19   : 디스플레이 화면을 지운다.
20   : 폰트와 텍스트 정렬을 설정합니다.
21   : 디스플레이에 "HELLO AI CAR"라는 문자열을 출력합니다.
23   : 디스플레이에 표시된 내용을 화면에 갱신합니다.
24   : 2000ms(2초) 동안 딜레이를 줍니다.
26~29 : 각각의 모터를 제어할 핀을 출력 모드로 설정합니다.
33   : loop() 함수의 시작을 나타냅니다. 이 함수는 반복적으로 실행되는 부분입니다.
35   : "go"를 시리얼 모니터에 출력합니다.
36   : car_go() 함수를 호출하여 모터를 제어하여 전진하도록 설정합니다.
37   : 2000ms(2초) 동안 딜레이를 줍니다.
39   : "stop"을 시리얼 모니터에 출력합니다.
40   : car_go() 함수를 호출하여 모터를 제어하여 정지하도록 설정합니다.
42   : 2000ms(2초) 동안 딜레이를 줍니다.

이 코드는 아두이노로 차량의 움직임을 제어하고, OLED 디스플레이에 텍스트를 표시하는 예제입니다. car_go() 함수를 사용하여 모터를 제어하여 전진하고 정지하도록 설정하며, 디스플레이에는 "HELLO AI CAR"라는 문자열을 표시합니다. 이를 통해 모터 제어와 OLED 디스플레이 사용을 조합한 예제를 보여줍니다.

[⬆ 업로드] 버튼을 눌러 업로드 완료 후 동작을 확인합니다.

OLED에 HELLO AI CAR가 표시됩니다. 자동차는 2초동안 직진하고 2초동안은 멈추는 동작을 반복합니다.
OLED에 글자를 출력 후 자동차를 움직이도록 모터를 같이 사용하였습니다.
자동차를 움직이기 위해서는 전원 스위치를 ON으로 합니다.

EEPROM 테스트

EEPROM은 전원이 꺼져도 유지되는 데이터영역으로 아두이노 AI 자동차의 이름을 부여하여 wifi 접속시에 접속되는 SSID의 정보를 유지하는 목적으로 사용됩니다.

EPROM에 데이터 쓰기

EEPROM에 데이터를 쓰는 코드를 작성합니다. EEPROM에 데이터를 쓰면 전원이 꺼져도 데이터가 유지됩니다. 다음의 코드를 작성합니다.

8-5-1.ino
```
01  #include "EEPROM.h"
02
03  #define SSID_EEP_ADDR 0
04
05  void setup() {
06    Serial.begin(115200);
07    delay(3000);
08
09    EEPROM.begin(10);
10    String eep_write_string ="eep_test";
11    EEPROM.writeString(SSID_EEP_ADDR, eep_write_string);
12    EEPROM.commit();
13
14    Serial.println("eep write finish");
15  }
16
17  void loop() {
18
19  }
```

01: EEPROM 라이브러리를 불러옵니다.
03: SSID 데이터를 EEPROM에 저장할 주소를 정의합니다.
05: setup() 함수의 시작을 나타냅니다. 이 함수는 초기 설정을 수행하는 부분입니다.
06: 시리얼 통신을 115200 bps로 시작합니다.
07: 3000ms(3초) 동안 딜레이를 줍니다.
09: EEPROM 메모리를 초기화하고 사용 가능하도록 설정합니다.
10: eep_write_string 변수에 "eep_test"라는 문자열을 저장합니다.
11: EEPROM의 SSID_EEP_ADDR 주소에 eep_write_string을 문자열로 저장합니다.
12: EEPROM에 변경 내용을 커밋하여 실제로 저장합니다.
14: "eep write finish"를 시리얼 모니터에 출력합니다.

이 코드는 아두이노의 EEPROM에 데이터를 쓰는 예제입니다. EEPROM 라이브러리를 사용하여 문자열 "eep_test"를 SSID_EEP_ADDR 주소에 저장하고, EEPROM.commit() 함수를 호출하여 변경 내용을 EEPROM에 반영합니다. 따라서 "eep write finish"가 출력되면 EEPROM에 데이터가 성공적으로 저장된 것입니다.

[🡒 업로드] 버튼을 눌러 업로드 완료 후 [🔍 시리얼 모니터]를 눌러 동작을 확인합니다. "eep_test" 라는 문자를 EEPROM의 0번지부터 썼습니다. 완료 후 eep write finish 문자가 시리얼 모니터를 통해 출력됩니다. 통신속도는 115200으로 설정합니다.

EEPROM에 데이터 읽기

EEPROM에서 데이터를 읽어 출력하는 코드를 작성합니다. EEPROM의 0번지에서 데이터를 읽어 읽은 데이터를 출력합니다.

다음의 코드를 작성합니다.

```
8-5-2.ino
01  #include "EEPROM.h"
02
03  #define SSID_EEP_ADDR 0
04
05  void setup() {
06    Serial.begin(115200);
07    delay(3000);
08
09    EEPROM.begin(10);
10    String read_eep_ssid = EEPROM.readString(SSID_EEP_ADDR);
11
12    Serial.print("read data:");
13    Serial.println(read_eep_ssid);
14  }
15
16  void loop() {
17
18  }
```

01: EEPROM 라이브러리를 불러옵니다.
03: SSID 데이터가 저장된 EEPROM 주소를 정의합니다.
05: setup() 함수의 시작을 나타냅니다. 이 함수는 초기 설정을 수행하는 부분입니다.

06: 시리얼 통신을 115200 bps로 시작합니다.
07: 3000ms(3초) 동안 딜레이를 줍니다.
09: EEPROM 메모리를 초기화하고 사용 가능하도록 설정합니다.
10: EEPROM.readString(SSID_EEP_ADDR) 함수를 사용하여 EEPROM의 SSID_EEP_ADDR 주소에 저장된 문자열을 읽어 옵니다.
12: "read data:"를 시리얼 모니터에 출력합니다.
13: read_eep_ssid 값을 시리얼 모니터에 출력합니다.

이 코드는 아두이노의 EEPROM에 저장된 데이터를 읽는 예제입니다. EEPROM 라이브러리의 readString() 함수를 사용하여 SSID_EEP_ADDR 주소에 저장된 문자열 데이터를 읽어온 후, 시리얼 모니터에 출력합니다. 이를 통해 EEPROM에 저장된 데이터를 읽어오는 방법을 보여줍니다.

[업로드] 버튼을 눌러 업로드 완료 후 [시리얼 모니터]를 눌러 동작을 확인합니다. EEPROM의 0번지에서 데이터를 읽어 출력하였습니다. EEPROM에 데이터 쓰기에서 쓰였던 eep_test를 읽어 출력하였습니다.

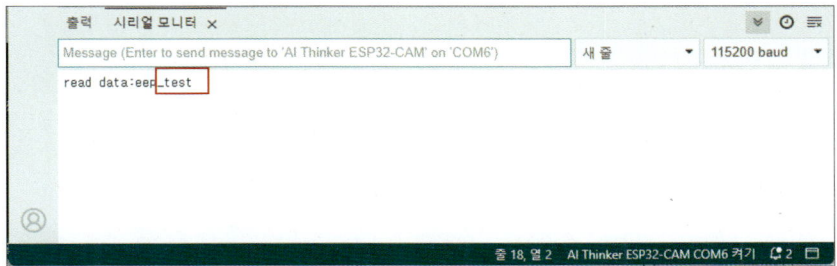

EEPROM에 랜덤한 이름 부여하기

아두이노 AI 자동차는 wifi 접속시에 접속할 SSID를 랜덤하게 부여합니다. SSID를 랜덤하게 생성하고 EEPROM에 저장하는 코드를 작성합니다.

다음의 코드를 작성합니다.

```
8-5-3.ino
01  #include "EEPROM.h"
02
03  #define SSID_EEP_ADDR 0
04
05  void setup() {
06    Serial.begin(115200);
07    delay(3000);
08
09    EEPROM.begin(10);
10    String read_eep_ssid = EEPROM.readString(SSID_EEP_ADDR);
11
12    if(read_eep_ssid.indexOf("car") >=0){
```

```
13        Serial.println(read_eep_ssid);
14    }
15    else{ //초기에 eeprom에 데이터가 없다면 car100000~car999999 까지 랜덤한 ID를 부여한다
16        int rand_num =random(100000,999999);
17        String eep_write_string ="car"+String(rand_num);
18        EEPROM.writeString(SSID_EEP_ADDR, eep_write_string);
19        EEPROM.commit();
20
21        Serial.println("eep write:");
22        Serial.println(eep_write_string);
23    }
24 }
25
26 void loop() {
27    String read_eep_ssid = EEPROM.readString(SSID_EEP_ADDR);
28    Serial.print("eep read:");
29    Serial.println(read_eep_ssid);
30    delay(5000);
31 }
```

10: EEPROM.readString(SSID_EEP_ADDR) 함수를 사용하여 EEPROM의 SSID_EEP_ADDR 주소에 저장된 문자열을 읽어 옵니다.
12: 만약 읽어온 문자열에 "car"가 포함되어 있다면 (indexOf로 검사), 그 문자열을 시리얼 모니터에 출력합니다.
15: "car"로 시작하는 데이터가 없다면 랜덤한 6자리 숫자를 생성하여 "car"와 함께 문자열을 생성합니다.
17: random(100000,999999) 함수를 사용하여 100000부터 999999 사이의 랜덤한 숫자를 생성합니다.
18: "car"와 랜덤한 숫자를 이어붙여서 새로운 문자열을 만듭니다.
19: 새로운 문자열을 EEPROM의 SSID_EEP_ADDR 주소에 저장하고, 변경 내용을 커밋하여 실제로 저장합니다.
21: "eep write:"를 시리얼 모니터에 출력합니다.
22: 새로 생성된 문자열을 시리얼 모니터에 출력합니다.
26: loop() 함수의 시작을 나타냅니다. 이 함수는 반복적으로 실행되는 부분입니다.
27: EEPROM의 SSID_EEP_ADDR 주소에 저장된 문자열을 읽어옵니다.
28: "eep read:"를 시리얼 모니터에 출력합니다.
29: 읽어온 문자열을 시리얼 모니터에 출력합니다.
30: 5000ms(5초) 동안 딜레이를 줍니다.

이 코드는 아두이노의 EEPROM을 사용하여 "car"로 시작하는 데이터를 생성하거나 읽어오는 예제입니다. 만약 EEPROM에 "car"로 시작하는 데이터가 없다면, 랜덤한 6자리 숫자와 함께 "car"로 시작하는 데이터를 생성하여 EEPROM에 저장합니다. 그리고 loop() 함수에서는 주기적으로 EEPROM에서 데이터를 읽어와 출력합니다. 이를 통해 EEPROM을 사용하여 데이터를 유지하고 읽는 방법을 보여줍니다.

[🢂 업로드] 버튼을 눌러 업로드 완료 후 [🔍 시리얼 모니터]를 눌러 동작을 확인합니다.
car422901 이라는 값을 랜덤하게 생성하여 EEPROM에 저장하였고 EEPROM에서 다시 값을 읽어 출력하였습니다.

WIFI 접속

wifi의 접속정보를 OLED에 표시하고 wifi에 연결되면 연결된 IP주소를 보여주는 코드를 작성합니다. 다음의 코드를 작성합니다.

```
8-6-1.ino
01  #include <WiFi.h>
02  #include <Wire.h>
03  #include "SSD1306Wire.h"
04  #include "EEPROM.h"
05
06  #define SSID_EEP_ADDR 0
07
08  SSD1306Wire display(0x3c, 0, 2, GEOMETRY_128_32);
09
10  void setup() {
11    Serial.begin(115200);
12
13    //EEPROM 초기화
14    EEPROM.begin(10);
15    String read_eep_ssid = EEPROM.readString(SSID_EEP_ADDR);
16
17    if (read_eep_ssid.indexOf("car") >=0) {
18        Serial.println(read_eep_ssid);
19    }
20    else { //초기에 eeprom에 데이터가 없다면 car100000~car999999 까지 랜덤한 ID를 부여한다
21        Serial.println("eep write");
22        int rand_num =random(100000, 999999);
23        String eep_write_string ="car"+String(rand_num);
24        EEPROM.writeString(SSID_EEP_ADDR, eep_write_string);
25        EEPROM.commit();
26
27        String read_eep_ssid = EEPROM.readString(SSID_EEP_ADDR);
28    }
29
30
31    //OLED 초기화
32    display.init();
33
34    display.flipScreenVertically();
35    display.setFont(ArialMT_Plain_16);
36    display.setTextAlignment(TEXT_ALIGN_LEFT);
37
38
39    //wifi 연결
```

```
40      const char* ssid = read_eep_ssid.c_str();
41      WiFi.begin(ssid, "123456789");
42
43      int wifi_status =0;
44      while (WiFi.status() != WL_CONNECTED) {
45          delay(500);
46          if(wifi_status ==0){
47            display.clear();
48            display.drawString(0, 0, "SSID:");
49            display.drawString(40, 0, ssid);
50            display.drawString(0, 16, "PASS:");
51            display.drawString(45, 16, "123456789");
52            display.display();
53          }
54          else{
55            display.clear();
56            display.drawString(0, 0, "SSID:");
57            display.drawString(40, 0, ssid);
58            display.drawString(120, 0, ".");
59            display.drawString(0, 16, "PASS:");
60            display.drawString(45, 16, "123456789");
61            display.display();
62          }
63
64          wifi_status =!wifi_status;
65      }
66
67      display.clear();
68      display.drawString(20, 0, "IP address:");
69      display.drawString(0, 16, ip2Str(WiFi.localIP()));
70      display.display();
71    }
72
73    void loop() {
74
75    }
76
77    String ip2Str(IPAddress ip){
78      String s="";
79      for (int i=0; i<4; i++) {
80        s += i ? "."+String(ip[i]) : String(ip[i]);
81      }
82      return s;
83    }
```

01 : WiFi 라이브러리를 불러옵니다.
02 : Wire 라이브러리를 불러옵니다. (Arduino 1.6.5 및 그 이전 버전에서만 필요)
03 : SSD1306Wire 라이브러리를 불러옵니다. (기존에는 SSD1306 라이브러리로 불렸음)
04 : EEPROM 라이브러리를 불러옵니다.
06 : EEPROM에서 SSID 정보를 저장할 메모리 주소를 정의합니다.
08 : SSD1306Wire 객체를 생성하고 OLED의 I2C 주소를 설정합니다.
10 : setup() 함수 시작.
11 : 시리얼 통신을 115200 보레이트로 초기화합니다.
13 : EEPROM을 초기화합니다.
14 : EEPROM을 사용하기 위해 초기화합니다.
15 : EEPROM에서 SSID 정보를 읽어옵니다.
17 : 읽어온 SSID 정보에 "car"가 포함되어 있는지 확인합니다.
18 : 읽어온 SSID 정보를 시리얼 모니터에 출력합니다.
20 : "car"이 포함되어 있지 않다면. 랜덤한 숫자를 생성하여 "car"와 결합하여 SSID를 생성합니다.
22 : 100000부터 999999 사이의 랜덤한 숫자를 생성합니다.
23 : 생성한 숫자와 "car"를 결합하여 새로운 SSID 문자열을 만듭니다.
24 : 새로운 SSID 문자열을 EEPROM에 쓴다.
25 : EEPROM 변경 사항을 커멋하여 저장합니다.
31 : OLED 초기화를 진행합니다.
32 : OLED 디스플레이를 초기화합니다.
34 : OLED 화면을 상하로 뒤집는다.
35 : 사용할 폰트를 설정합니다.
36 : 텍스트 정렬을 왼쪽으로 설정합니다.
40 : EEPROM에서 읽어온 SSID 정보를 const char 배열로 변환합니다.
41 : WiFi 연결을 시작합니다.
42 : WiFi 연결 상태를 확인하며 연결을 시도합니다.
44 : WiFi가 연결될 때까지 0.5초마다 대기합니다.
47-52 : WiFi 연결 시도 중에 OLED에 SSID와 패스워드 정보를 표시합니다.
54-62 : 화면을 번갈아가며 '.'을 표시하여 연결 시도 상태를 나타냅니다.
64 : wifi_status 변수를 번갈아가며 변경합니다.
67 : 연결이 완료되면 OLED 화면을 지운다.
68 : OLED에 IP 주소 정보를 표시합니다.
69 : IP 주소를 문자열로 변환하여 표시합니다.
73 : loop() 함수 시작.
77~83 : IP 주소를 문자열로 변환하는 함수를 정의합니다.
86~87 : 코드의 이름과 기능을 주석으로 설명합니다.

이 코드는 ESP32 보드와 OLED 디스플레이를 사용하여 WiFi에 연결하고 연결 정보를 OLED 화면에 표시하는 작업을 수행합니다.

[🠒 업로드] 버튼을 눌러 업로드 완료 후 동작을 확인합니다.

wifi에서 접속하기 전에는 OLED의 끝부분에 .(점)이 깜빡입니다.

SSID를 이용하여 wifi에 접속을 완료하였습니다. 연결된 IP 주소가 보입니다.

자동차의 OLED에서도 연결된 주소의 확인이 가능합니다.

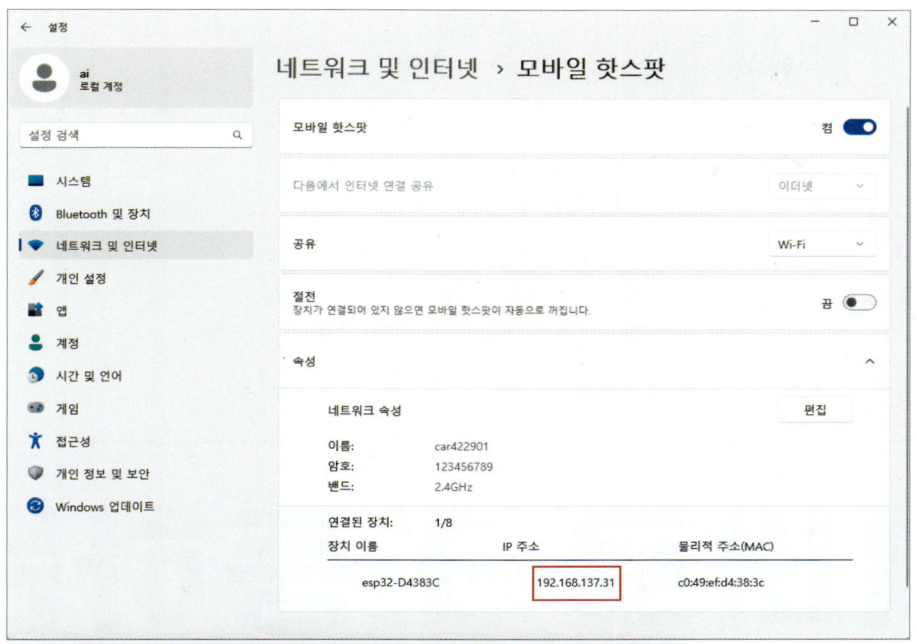

CHAPTER

09

웹서버로 조종하는 자동차 만들기

웹서버를 이용하여 영상을 스트리밍하고 자동차를 조종하는 버튼을 만드는 웹서버를 만들어 자동차를 완성합니다.

라이브러리 설치

[라이브러리 매니저] 아이콘을 클릭 후 라이브러리 매니저에서 "esp32 ssd1306"을 검색 후 [ESP8266 and ESP32 OLED driver for SSD1306 displays] 라이브러리를 설치합니다. 버전은 설치 시점의 최신 버전을 설치합니다. 만약 동작하지 않는다면 4.4.0 버전을 선택하여 사용합니다.

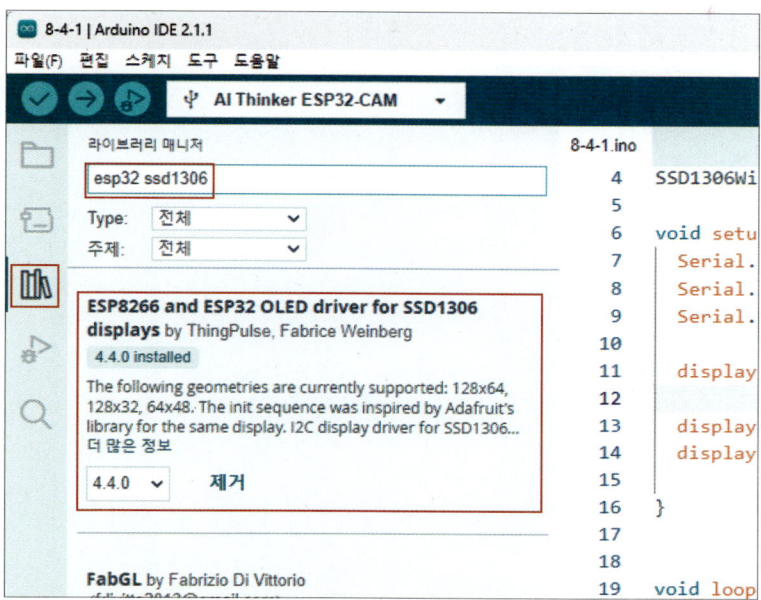

웹서버로 조종하는 자동차 최종 코드 작성하기

웹서버로 조종하는 최종 코드를 작성합니다.

다음의 코드를 작성합니다.

```
9-last.ino
1  // 라이브러리
2  // SSD1306 검색
3  // ESP8266 and ESP32 OLED driver for SSD1306 displays
4  // 버전 4.3.0
5  // wifi의 접속정보를 무작위로 발생하고 OLED에 wifi의 접속정보를 보여줌
6
7  #include <WiFi.h>
8  #include <Wire.h>
9  #include "SSD1306Wire.h"
10 #include "EEPROM.h"
11 #include "esp_camera.h"
12 #include "esp_timer.h"
13 #include "img_converters.h"
```

```
14  #include "Arduino.h"
15  #include "fb_gfx.h"
16  #include "soc/soc.h"
17  #include "soc/rtc_cntl_reg.h"
18  #include "esp_http_server.h"
19
20  int car_speed =map(40,0,100,0,255); //40%의속도로 설정
21
22  #define SSID_EEP_ADDR 0
23
24  #define IN_11 12
25  #define IN_12 13
26  #define IN_21 15
27  #define IN_22 14
28
29  #define PART_BOUNDARY "123456789000000000000987654321"
30
31  #define PWDN_GPIO_NUM 32
32  #define RESET_GPIO_NUM -1
33  #define XCLK_GPIO_NUM 0
34  #define SIOD_GPIO_NUM 26
35  #define SIOC_GPIO_NUM 27
36
37  #define Y9_GPIO_NUM 35
38  #define Y8_GPIO_NUM 34
39  #define Y7_GPIO_NUM 39
40  #define Y6_GPIO_NUM 36
41  #define Y5_GPIO_NUM 21
42  #define Y4_GPIO_NUM 19
43  #define Y3_GPIO_NUM 18
44  #define Y2_GPIO_NUM 5
45  #define VSYNC_GPIO_NUM 25
46  #define HREF_GPIO_NUM 23
47  #define PCLK_GPIO_NUM 22
48
49  SSD1306Wire display(0x3c, 0, 2, GEOMETRY_128_32);
50
51  static const char* _STREAM_CONTENT_TYPE ="multipart/x-mixed-replace;boundary=" PART_BOUNDARY;
52  static const char* _STREAM_BOUNDARY ="\r\n--" PART_BOUNDARY "\r\n";
53  static const char* _STREAM_PART ="Content-Type: image/jpeg\r\nContent-Length: %u\r\n\r\n";
54
55  httpd_handle_t camera_httpd =NULL;
56  httpd_handle_t stream_httpd =NULL;
57
58  static const char PROGMEM INDEX_HTML[] = R"rawliteral(
59  <html>
```

```
60  <head>
61    <title>DADUINO AI CAR</title>
62    <meta name="viewport" content="width=device-width, initial-scale=1">
63    <style>
64     body { font-family: Arial; text-align: center; margin:0px auto; padding-top: 30px;}
65     table { margin-left: auto; margin-right: auto; }
66     td { padding: 8 px; }
67     .button {
68        background-color: #2f4468;
69        border: none;
70        color: white;
71        padding: 10px 20px;
72        text-align: center;
73        text-decoration: none;
74        display: inline-block;
75        font-size: 18px;
76        margin: 6px 3px;
77        cursor: pointer;
78        -webkit-touch-callout: none;
79        -webkit-user-select: none;
80        -khtml-user-select: none;
81        -moz-user-select: none;
82        -ms-user-select: none;
83        user-select: none;
84        -webkit-tap-highlight-color: rgba(0,0,0,0);
85     }
86     img { width: auto ;
87        max-width: 100% ;
88        height: auto ;
89     }
90    </style>
91   </head>
92   <body>
93    <h1>DADUINO AI CAR</h1>
94    <img src="" id="photo" >
95   <table>
96    <div align="center">
97   <button class="button" onmousedown="toggleCheckbox('speed40');" ontouchstart="toggleCheckbox('speed40');">Speed 40</button>
98   <button class="button" onmousedown="toggleCheckbox('speed50');" ontouchstart="toggleCheckbox('speed50');">Speed 50</button>
99   <button class="button" onmousedown="toggleCheckbox('speed60');" ontouchstart="toggleCheckbox('speed60');">Speed 60</button>
100  <button class="button" onmousedown="toggleCheckbox('speed80');" ontouchstart="toggleCheckbox('speed80');">Speed 80</button>
```

```html
101     <button class="button" onmousedown="toggleCheckbox('speed100');" ontouchstart="toggleCheckbox('speed100');">Speed 100</button>
102   </div>
103
104   <tr>
105     <td colspan="6" align="center">
106       <button class="button" onmousedown="toggleCheckbox('forward');" ontouchstart="toggleCheckbox('forward');" onmouseup="toggleCheckbox('stop');" ontouchend="toggleCheckbox('stop');">Forward</button>
107     </td>
108   </tr>
109   <tr>
110     <td align="center">
111       <button class="button" onmousedown="toggleCheckbox('turn_left');" ontouchstart="toggleCheckbox('turn_left');" onmouseup="toggleCheckbox('stop');" ontouchend="toggleCheckbox('stop');">Turn Left</button>
112     </td>
113     <td align="center">
114       <button class="button" onmousedown="toggleCheckbox('left');" ontouchstart="toggleCheckbox('left');" onmouseup="toggleCheckbox('stop');" ontouchend="toggleCheckbox('stop');">Left</button>
115     </td>
116     <td align="center">
117       <button class="button" onmousedown="toggleCheckbox('stop');" ontouchstart="toggleCheckbox('stop');">Stop</button>
118     </td>
119     <td align="center">
120       <button class="button" onmousedown="toggleCheckbox('right');" ontouchstart="toggleCheckbox('right');" onmouseup="toggleCheckbox('stop');" ontouchend="toggleCheckbox('stop');">Right</button>
121     </td>
122     <td align="center">
123       <button class="button" onmousedown="toggleCheckbox('turn_right');" ontouchstart="toggleCheckbox('turn_right');" onmouseup="toggleCheckbox('stop');" ontouchend="toggleCheckbox('stop');">Turn Right</button>
124     </td>
125   </tr>
126   <tr>
127     <td colspan="6" align="center">
128       <button class="button" onmousedown="toggleCheckbox('backward');" ontouchstart="toggleCheckbox('backward');" onmouseup="toggleCheckbox('stop');" ontouchend="toggleCheckbox('stop');">Backward</button>
129     </td>
130   </tr>
131 </table>
132
133 <script>
134   function toggleCheckbox(x) {
135     var xhr = new XMLHttpRequest();
136     xhr.open("GET", "/action?go=" + x, true);
```

```
137        xhr.send();
138      }
139      window.onload = document.getElementById("photo").src = window.location.href.slice(0, -1) + ":81/stream";
140    </script>
141  </body>
142  </html>
143  )rawliteral";
144
145  static esp_err_t index_handler(httpd_req_t *req){
146    httpd_resp_set_type(req, "text/html");
147    return httpd_resp_send(req, (const char *)INDEX_HTML, strlen(INDEX_HTML));
148  }
149
150  static esp_err_t stream_handler(httpd_req_t *req){
151    camera_fb_t * fb =NULL;
152    esp_err_t res = ESP_OK;
153    size_t _jpg_buf_len =0;
154    uint8_t * _jpg_buf =NULL;
155    char * part_buf[64];
156
157    res = httpd_resp_set_type(req, _STREAM_CONTENT_TYPE);
158    if(res != ESP_OK){
159       return res;
160    }
161
162    while(true){
163       fb = esp_camera_fb_get();
164       if (!fb) {
165         Serial.println("Camera capture failed");
166         res = ESP_FAIL;
167       } else {
168         if(fb->width >400){
169            if(fb->format != PIXFORMAT_JPEG){
170              bool jpeg_converted = frame2jpg(fb, 80, &_jpg_buf, &_jpg_buf_len);
171              esp_camera_fb_return(fb);
172              fb =NULL;
173              if(!jpeg_converted){
174                Serial.println("JPEG compression failed");
175                res = ESP_FAIL;
176              }
177            } else {
178              _jpg_buf_len = fb->len;
179              _jpg_buf = fb->buf;
180            }
181         }
```

```
182        }
183        if(res == ESP_OK){
184          size_t hlen = snprintf((char *)part_buf, 64, _STREAM_PART, _jpg_buf_len);
185          res = httpd_resp_send_chunk(req, (const char *)part_buf, hlen);
186        }
187        if(res == ESP_OK){
188          res = httpd_resp_send_chunk(req, (const char *)_jpg_buf, _jpg_buf_len);
189        }
190        if(res == ESP_OK){
191          res = httpd_resp_send_chunk(req, _STREAM_BOUNDARY, strlen(_STREAM_BOUNDARY));
192        }
193        if(fb){
194          esp_camera_fb_return(fb);
195          fb =NULL;
196          _jpg_buf =NULL;
197        } else if(_jpg_buf){
198          free(_jpg_buf);
199          _jpg_buf =NULL;
200        }
201        if(res != ESP_OK){
202          break;
203        }
204        //Serial.printf("MJPG: %uB\n",(uint32_t)(_jpg_buf_len));
205    }
206    return res;
207 }
208
209 static esp_err_t cmd_handler(httpd_req_t *req){
210    char* buf;
211    size_t buf_len;
212    char variable[32] = {0,};
213
214    buf_len = httpd_req_get_url_query_len(req) +1;
215    if (buf_len >1) {
216        buf = (char*)malloc(buf_len);
217        if(!buf){
218          httpd_resp_send_500(req);
219          return ESP_FAIL;
220        }
221        if (httpd_req_get_url_query_str(req, buf, buf_len) == ESP_OK) {
222          if (httpd_query_key_value(buf, "go", variable, sizeof(variable)) == ESP_OK) {
223          } else {
224              free(buf);
225              httpd_resp_send_404(req);
226              return ESP_FAIL;
227          }
```

```
228        } else {
229          free(buf);
230          httpd_resp_send_404(req);
231          return ESP_FAIL;
232        }
233        free(buf);
234    } else {
235        httpd_resp_send_404(req);
236        return ESP_FAIL;
237    }
238
239    sensor_t * s = esp_camera_sensor_get();
240    int res =0;
241
242    if(!strcmp(variable, "forward")) {
243        Serial.println("Forward");
244        car_go(car_speed);
245    }
246    else if(!strcmp(variable, "left")) {
247        Serial.println("Left");
248        car_go_left(car_speed);
249    }
250    else if(!strcmp(variable, "right")) {
251        Serial.println("Right");
252        car_go_right(car_speed);
253    }
254    else if(!strcmp(variable, "turn_left")) {
255        Serial.println("Turn Left");
256        car_turn_left(car_speed);
257    }
258    else if(!strcmp(variable, "turn_right")) {
259        Serial.println("Turn Right");
260        car_turn_right(car_speed);
261    }
262    else if(!strcmp(variable, "backward")) {
263        Serial.println("Backward");
264        car_back(car_speed);
265    }
266    else if(!strcmp(variable, "stop")) {
267        Serial.println("Stop");
268        car_go(0);
269    }
270    else if(!strcmp(variable, "speed40")) {
271        Serial.println("speed40");
272        car_speed =map(40,0,100,0,255); //40%의속도로 설정
273        Serial.println(car_speed);
```

```
274     }
275     else if(!strcmp(variable, "speed50")) {
276         Serial.println("speed50");
277         car_speed =map(50,0,100,0,255); //50%의속도로 설정
278         Serial.println(car_speed);
279     }
280     else if(!strcmp(variable, "speed60")) {
281         Serial.println("speed60");
282         car_speed =map(60,0,100,0,255); //60%의속도로 설정
283         Serial.println(car_speed);
284     }
285     else if(!strcmp(variable, "speed80")) {
286         Serial.println("speed80");
287         car_speed =map(80,0,100,0,255); //80%의속도로 설정
288         Serial.println(car_speed);
289     }
290     else if(!strcmp(variable, "speed100")) {
291         Serial.println("speed100");
292         car_speed =map(100,0,100,0,255); //100%의속도로 설정
293         Serial.println(car_speed);
294     }
295     else {
296         res =-1;
297     }
298
299     if(res){
300         return httpd_resp_send_500(req);
301     }
302
303     httpd_resp_set_hdr(req, "Access-Control-Allow-Origin", "*");
304     return httpd_resp_send(req, NULL, 0);
305 }
306
307 void startCameraServer(){
308     httpd_config_t config = HTTPD_DEFAULT_CONFIG();
309     config.server_port =80;
310     httpd_uri_t index_uri = {
311         .uri ="/",
312         .method = HTTP_GET,
313         .handler = index_handler,
314         .user_ctx =NULL
315     };
316
317     httpd_uri_t cmd_uri = {
318         .uri ="/action",
319         .method = HTTP_GET,
```

```
320        .handler = cmd_handler,
321        .user_ctx =NULL
322    };
323    httpd_uri_t stream_uri = {
324        .uri ="/stream",
325        .method = HTTP_GET,
326        .handler = stream_handler,
327        .user_ctx =NULL
328    };
329    if (httpd_start(&camera_httpd, &config) == ESP_OK) {
330        httpd_register_uri_handler(camera_httpd, &index_uri);
331        httpd_register_uri_handler(camera_httpd, &cmd_uri);
332    }
333    config.server_port +=1;
334    config.ctrl_port +=1;
335    if (httpd_start(&stream_httpd, &config) == ESP_OK) {
336        httpd_register_uri_handler(stream_httpd, &stream_uri);
337    }
338 }
339
340 void setup() {
341    WRITE_PERI_REG(RTC_CNTL_BROWN_OUT_REG, 0); //disable brownout detector
342
343    pinMode(IN_11,OUTPUT);
344    pinMode(IN_12,OUTPUT);
345    pinMode(IN_21,OUTPUT);
346    pinMode(IN_22,OUTPUT);
347
348    Serial.begin(115200);
349    Serial.setDebugOutput(false);
350
351    //EEPROM 초기화
352    EEPROM.begin(10);
353    String read_eep_ssid = EEPROM.readString(SSID_EEP_ADDR);
354
355    if (read_eep_ssid.indexOf("car") >=0) {
356        Serial.println(read_eep_ssid);
357    }
358    else { //초기에 eeprom에 데이터가 없다면 car100000~car999999 까지 랜덤한 ID를 부여한다
359        Serial.println("eep write");
360        int rand_num =random(100000, 999999);
361        String eep_write_string ="car"+String(rand_num);
362        EEPROM.writeString(SSID_EEP_ADDR, eep_write_string);
363        EEPROM.commit();
364
365        String read_eep_ssid = EEPROM.readString(SSID_EEP_ADDR);
```

```
366    }
367
368    //OLED 초기화
369    display.init();
370
371    display.flipScreenVertically();
372    display.setFont(ArialMT_Plain_16);
373    display.setTextAlignment(TEXT_ALIGN_LEFT);
374
375    //wifi 연결
376    const char* ssid = read_eep_ssid.c_str();
377    WiFi.begin(ssid, "123456789");
378
379    int wifi_status =0;
380    while (WiFi.status() != WL_CONNECTED) {
381       delay(500);
382       if(wifi_status ==0){
383         display.clear();
384         display.drawString(0, 0, "SSID:");
385         display.drawString(40, 0, ssid);
386         display.drawString(0, 16, "PASS:");
387         display.drawString(45, 16, "123456789");
388         display.display();
389       }
390       else{
391         display.clear();
392         display.drawString(0, 0, "SSID:");
393         display.drawString(40, 0, ssid);
394         display.drawString(120, 0, ".");
395         display.drawString(0, 16, "PASS:");
396         display.drawString(45, 16, "123456789");
397         display.display();
398       }
399
400       wifi_status =!wifi_status;
401    }
402
403    //OLED에 IP주소 표시
404    display.clear();
405    display.drawString(20, 0, "IP address:");
406    display.drawString(0, 16, ip2Str(WiFi.localIP()));
407    display.display();
408
409    //camera 초기화
410    camera_config_t config;
411    config.ledc_channel = LEDC_CHANNEL_0;
```

```
412    config.ledc_timer = LEDC_TIMER_0;
413    config.pin_d0 = Y2_GPIO_NUM;
414    config.pin_d1 = Y3_GPIO_NUM;
415    config.pin_d2 = Y4_GPIO_NUM;
416    config.pin_d3 = Y5_GPIO_NUM;
417    config.pin_d4 = Y6_GPIO_NUM;
418    config.pin_d5 = Y7_GPIO_NUM;
419    config.pin_d6 = Y8_GPIO_NUM;
420    config.pin_d7 = Y9_GPIO_NUM;
421    config.pin_xclk = XCLK_GPIO_NUM;
422    config.pin_pclk = PCLK_GPIO_NUM;
423    config.pin_vsync = VSYNC_GPIO_NUM;
424    config.pin_href = HREF_GPIO_NUM;
425    config.pin_sscb_sda = SIOD_GPIO_NUM;
426    config.pin_sscb_scl = SIOC_GPIO_NUM;
427    config.pin_pwdn = PWDN_GPIO_NUM;
428    config.pin_reset = RESET_GPIO_NUM;
429    config.xclk_freq_hz =20000000;
430    config.pixel_format = PIXFORMAT_JPEG;
431
432    if(psramFound()){
433        config.frame_size = FRAMESIZE_VGA;
434        config.jpeg_quality =10;
435        config.fb_count =2;
436    } else {
437        config.frame_size = FRAMESIZE_SVGA;
438        config.jpeg_quality =12;
439        config.fb_count =1;
440    }
441
442    // Camera init
443    esp_err_t err = esp_camera_init(&config);
444    if (err != ESP_OK) {
445        Serial.printf("Camera init failed with error 0x%x", err);
446        return;
447    }
448
449    //웹서버 시작
450    startCameraServer();
451  }
452
453  void loop() {
454
455  }
456
457  String ip2Str(IPAddress ip){
```

```
458     String s="";
459     for (int i=0; i<4; i++) {
460         s += i ? "."+String(ip[i]) : String(ip[i]);
461     }
462     return s;
463 }
464
465 void car_go(int speed){
466     //오른쪽모터
467     digitalWrite(IN_11,LOW);
468     analogWrite(IN_12,speed);
469
470     //왼쪽모터
471     digitalWrite(IN_21,HIGH);
472     analogWrite(IN_22,speed);
473 }
474
475 void car_back(int speed){
476     //오른쪽모터
477     digitalWrite(IN_11,HIGH);
478     analogWrite(IN_12,speed);
479
480     //왼쪽모터
481     digitalWrite(IN_21,LOW);
482     analogWrite(IN_22,speed);
483 }
484
485 void car_go_left(int speed){
486     //오른쪽모터
487     digitalWrite(IN_11,LOW);
488     analogWrite(IN_12,speed);
489
490     //왼쪽모터
491     digitalWrite(IN_21,LOW);
492     analogWrite(IN_22,0);
493 }
494
495 void car_go_right(int speed){
496     //오른쪽모터
497     digitalWrite(IN_11,HIGH);
498     analogWrite(IN_12,0);
499
500     //왼쪽모터
501     digitalWrite(IN_21,HIGH);
502     analogWrite(IN_22,speed);
```

```
503     }
504
505     void car_turn_left(int speed){
506       //오른쪽모터
507       digitalWrite(IN_11,LOW);
508       analogWrite(IN_12,speed);
509
510       //왼쪽모터
511       digitalWrite(IN_21,LOW);
512       analogWrite(IN_22,speed);
513     }
514
515     void car_turn_right(int speed){
516       //오른쪽모터
517       digitalWrite(IN_11,HIGH);
518       analogWrite(IN_12,speed);
519
520       //왼쪽모터
521       digitalWrite(IN_21,HIGH);
522       analogWrite(IN_22,speed);
523     }
```

1 : 'car_speed = map(40,0,100,0,255);'
   – car_speed 변수를 40%의 속도로 설정하고, 실제 속도 값을 PWM 출력에 맞는 0~255 범위로 변환하여 저장합니다.
2 : 'String ip2Str(IPAddress ip)'
   – IPAddress 형식의 IP 주소를 문자열로 변환하여 반환합니다.
3 : 'void car_go(int speed)'
   – 자동차를 전진시키는 함수입니다. 지정된 속도로 모터를 구동합니다.
4 : 'void car_back(int speed)'
   – 자동차를 후진시키는 함수입니다. 지정된 속도로 모터를 역방향으로 구동합니다.
5 : 'void car_go_left(int speed)'
   – 자동차를 좌회전하며 전진시키는 함수입니다. 오른쪽 모터를 정속으로 구동하고, 왼쪽 모터를 지정된 속도로 전진시킵니다.
6 : 'void car_go_right(int speed)'
   – 자동차를 우회전하며 전진시키는 함수입니다. 왼쪽 모터를 정속으로 구동하고, 오른쪽 모터를 지정된 속도로 전진시킵니다.
7 : 'void car_turn_left(int speed)'
   – 자동차를 좌회전시키는 함수입니다. 지정된 속도로 모터를 구동합니다.

8 : 'void car_turn_right(int speed)'
   – 자동차를 우회전시키는 함수입니다. 지정된 속도로 모터를 구동합니다.
9 : 'esp_err_t cmd_handler(httpd_req_t *req)'
   – 웹 서버에서 전송된 명령에 따라 자동차의 동작을 제어하는 함수입니다. "go" 매개변수를 분석하여 전/후진 및 회전 동작을 수행합니다.
10 : 'esp_err_t index_handler(httpd_req_t *req)'
   – 웹 페이지를 표시하는 핸들러 함수입니다. 웹 브라우저에서 접속하면 해당 HTML 페이지를 반환합니다.
11 : 'esp_err_t stream_handler(httpd_req_t *req)'
   – 카메라 스트림을 처리하는 핸들러 함수입니다. 카메라로부터 이미지를 가져와 JPEG로 변환하여 스트리밍합니다.
12 : 'void startCameraServer()'
   – 웹 서버를 설정하고 카메라 스트리밍 및 제어 핸들러를 등록하여 원격으로 자동차를 제어할 수 있는 환경을 구축합니다.
13 : 'void setup()'
   – 초기 설정을 수행하는 함수로, WiFi 연결, OLED 초기화, 카메라 초기화, 웹 서버 시작 등의 작업을 수행합니다.
14 : 'void loop()'
   – 무한 루프 함수로, 현재 코드에서는 아무런 동작을 하지 않습니다.

이 코드는 웹 브라우저를 통해 자동차를 제어하고 카메라 스트림을 볼 수 있는 환경을 구축하는데 사용됩니다. "index.html"에서 버튼을 클릭하면 해당 명령이 웹 서버로 전송되며, cmd_handler 함수를 통해 자동차의 동작이 제어됩니다. 스트리밍은 "stream" 주소로 접속하여 확인할 수 있습니다.

[업로드] 버튼을 눌러 최종 코드를 업로드합니다.
웹서버를 이용하여 카메라 스트리밍 영상을 보여주고 조종이 가능한 자동차를 만들었습니다.

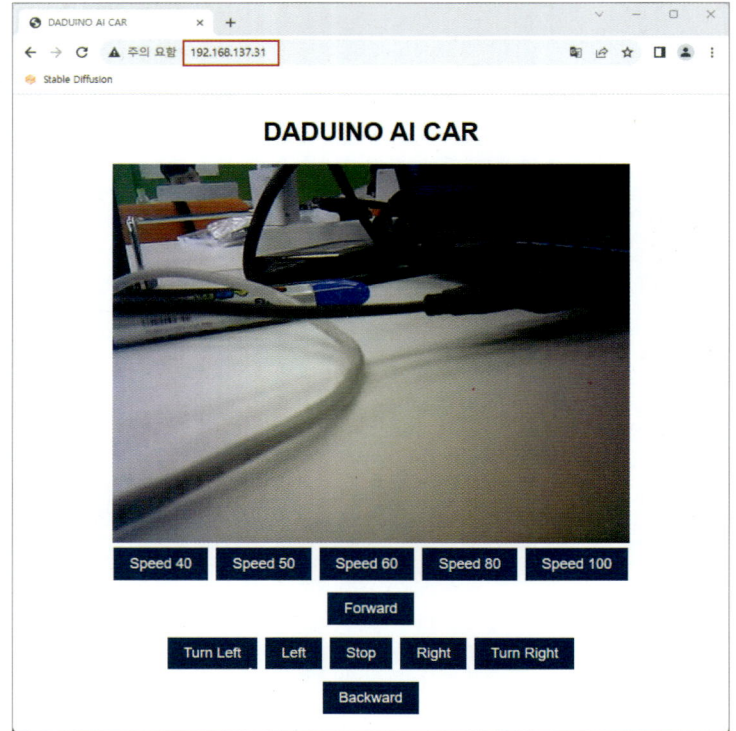

코드설명

HTML을 저장하는 코드입니다.

```
58    static const char PROGMEM INDEX_HTML[] = R"rawliteral(
59    <html>
.......중간생략
142   </html>
143   )rawliteral";
```

웹페이지의 버튼을 표시합니다.

```
95    <table>
96      <div align="center">
97        <button class="button" onmousedown="toggleCheckbox('speed40');" ontouchstart="toggleCheckbox('speed40');">Speed 40</button>
98        <button class="button" onmousedown="toggleCheckbox('speed50');" ontouchstart="toggleCheckbox('speed50');">Speed 50</button>
99        <button class="button" onmousedown="toggleCheckbox('speed60');" ontouchstart="toggleCheckbox('speed60');">Speed 60</button>
100       <button class="button" onmousedown="toggleCheckbox('speed80');" ontouchstart="toggleCheckbox('speed80');">Speed 80</button>
101       <button class="button" onmousedown="toggleCheckbox('speed100');" ontouchstart="toggleCheckbox('speed100');">Speed 100</button>
102     </div>
103
104     <tr>
105       <td colspan="6" align="center">
106         <button class="button" onmousedown="toggleCheckbox('forward');" ontouchstart="toggleCheckbox('forward');" onmouseup="toggleCheckbox('stop');" ontouchend="toggleCheckbox('stop');">Forward</button>
107       </td>
108     </tr>
109     <tr>
110       <td align="center">
111         <button class="button" onmousedown="toggleCheckbox('turn_left');" ontouchstart="toggleCheckbox('turn_left');" onmouseup="toggleCheckbox('stop');" ontouchend="toggleCheckbox('stop');">Turn Left</button>
112       </td>
113       <td align="center">
114         <button class="button" onmousedown="toggleCheckbox('left');" ontouchstart="toggleCheckbox('left');" onmouseup="toggleCheckbox('stop');" ontouchend="toggleCheckbox('stop');">Left</button>
115       </td>
116       <td align="center">
```

```
117        <button class="button" onmousedown="toggleCheckbox('stop');" ontouchstart="toggleCheckbox('sto
p');">Stop</button>
118      </td>
119      <td align="center">
120        <button class="button" onmousedown="toggleCheckbox('right');" ontouchstart="toggleCheckbox('ri
ght');" onmouseup="toggleCheckbox('stop');" ontouchend="toggleCheckbox('stop');">Right</button>
121      </td>
122      <td align="center">
123        <button class="button" onmousedown="toggleCheckbox('turn_right');" ontouchstart="toggleCheckb
ox('turn_right');" onmouseup="toggleCheckbox('stop');" ontouchend="toggleCheckbox('stop');">Turn Right</
button>
124      </td>
125    </tr>
126    <tr>
127      <td colspan="6" align="center">
128        <button class="button" onmousedown="toggleCheckbox('backward');" ontouchstart="toggleCheck-
box('backward');" onmouseup="toggleCheckbox('stop');" ontouchend="toggleCheckbox('stop');">Backward</
button>
129      </td>
130    </tr>
131  </table>
```

영상 스트리밍 서버를 설정합니다.

```
133  <script>
134  function toggleCheckbox(x) {
135      var xhr = new XMLHttpRequest();
136      xhr.open("GET", "/action?go=" + x, true);
137      xhr.send();
138  }
139  window.onload = document.getElementById("photo").src = window.location.href.slice(0, -1) + ":81/
stream";
140  </script>
```

카메라로 영상을 받아 스트리밍하는 함수입니다.

```
150  static esp_err_t stream_handler(httpd_req_t *req){
....중간생략
207  }
```

버튼을 누르면 자동차를 움직이는 부분입니다.

```
242     if(!strcmp(variable, "forward")) {
243         Serial.println("Forward");
244         car_go(car_speed);
245     }
246     else if(!strcmp(variable, "left")) {
247         Serial.println("Left");
248         car_go_left(car_speed);
249     }
250     else if(!strcmp(variable, "right")) {
251         Serial.println("Right");
252         car_go_right(car_speed);
253     }
254     else if(!strcmp(variable, "turn_left")) {
255         Serial.println("Turn Left");
256         car_turn_left(car_speed);
257     }
258     else if(!strcmp(variable, "turn_right")) {
259         Serial.println("Turn Right");
260         car_turn_right(car_speed);
261     }
262     else if(!strcmp(variable, "backward")) {
263         Serial.println("Backward");
264         car_back(car_speed);
265     }
266     else if(!strcmp(variable, "stop")) {
267         Serial.println("Stop");
268         car_go(0);
269     }
270     else if(!strcmp(variable, "speed40")) {
271         Serial.println("speed40");
272         car_speed =map(40,0,100,0,255); //40%의속도로 설정
273         Serial.println(car_speed);
274     }
275     else if(!strcmp(variable, "speed50")) {
276         Serial.println("speed50");
277         car_speed =map(50,0,100,0,255); //50%의속도로 설정
278         Serial.println(car_speed);
279     }
280     else if(!strcmp(variable, "speed60")) {
281         Serial.println("speed60");
282         car_speed =map(60,0,100,0,255); //60%의속도로 설정
283         Serial.println(car_speed);
284     }
285     else if(!strcmp(variable, "speed80")) {
286         Serial.println("speed80");
```

```
287        car_speed =map(80,0,100,0,255); //80%의속도로 설정
288        Serial.println(car_speed);
289    }
290    else if(!strcmp(variable, "speed100")) {
291        Serial.println("speed100");
292        car_speed =map(100,0,100,0,255); //100%의속도로 설정
293        Serial.println(car_speed);
294    }
```

웹 서버를 설정하고 카메라 스트리밍 및 제어 핸들러를 등록하여 원격으로 자동차를 제어할 수 있는 환경을 구축합니다.

```
307  void startCameraServer(){
308      httpd_config_t config = HTTPD_DEFAULT_CONFIG();
309      config.server_port =80;
310      httpd_uri_t index_uri = {
311          .uri ="/",
312          .method = HTTP_GET,
313          .handler = index_handler,
314          .user_ctx =NULL
315      };
316
317      httpd_uri_t cmd_uri = {
318          .uri ="/action",
319          .method = HTTP_GET,
320          .handler = cmd_handler,
321          .user_ctx =NULL
322      };
323      httpd_uri_t stream_uri = {
324          .uri ="/stream",
325          .method = HTTP_GET,
326          .handler = stream_handler,
327          .user_ctx =NULL
328      };
329      if (httpd_start(&camera_httpd, &config) == ESP_OK) {
330          httpd_register_uri_handler(camera_httpd, &index_uri);
331          httpd_register_uri_handler(camera_httpd, &cmd_uri);
332      }
333      config.server_port +=1;
334      config.ctrl_port +=1;
335      if (httpd_start(&stream_httpd, &config) == ESP_OK) {
336          httpd_register_uri_handler(stream_httpd, &stream_uri);
337      }
338  }
```